Christopher Ross
ist viele Monate des Jahres im amerikanischen Norden unterwegs, um dort für seine romantischen Abenteuerromane zu recherchieren. Der Autor lebt und arbeitet in München.

Christopher Ross

Das Geheimnis der Wölfe

UEBERREUTER

For Bernward and Gisela,
the real »Hansens« at Clearwater Lake,
and for the real Jessica

ISBN 3-8000-5070-6

Umschlaggestaltung von Init, Büro für Gestaltung, unter Verwendung
von Fotos von Getty Images

Druck: Ueberreuter Print
7 6

Ueberreuter im Internet: www.ueberreuter.at

1

Jessica Barnett stand am Fenster und blickte mit sorgenvoller Miene in den Schneesturm hinaus. Der Blizzard tobte seit einer halben Stunde über dem Chilcotin Country, peitschte Schnee gegen die Wände der Blockhütte und rüttelte an der massiven Tür. Der Riegel klapperte in der Halterung. Die meterhohen Schneewehen trieben wie die Wellen eines aufgebrachten Meeres über das Land und ließen die Schotterstraße und den Wald in weißer Gischt verschwinden. »So einen Blizzard hatten wir schon lange nicht mehr«, sagte sie zu Rusty. Als Leithund des kleinen Teams, das ihre Mutter vor den Schlitten spannte, wenn sie allein in den Busch fuhr, durfte er im warmen Haus schlafen. Die anderen sechs Hunde waren draußen, fühlten sich auch in der eisigen Kälte wohl. Nur der scheue Snowball, ein sibirischer Husky mit hellblauen Augen, hatte sich in seine Hütte verkrochen und blickte ängstlich in den tobenden Sturm hinaus.

In der Ferne glaubte Jessica das Heulen von Wölfen zu hören. Ein unheimlicher Laut, der wie ein schwaches Echo in dem tobenden Schneesturm verklang und ihr einen Schauer über den Rücken trieb. Sie hatte Angst vor Wölfen, obwohl sie seit ihrer Geburt in der Wildnis lebte und wusste, dass die geheimnisvollen Tiere einen großen Bogen um die Menschen machten. Nur wenn ein Winter besonders streng war und sie keine Nahrung fanden, griffen sie

Zweibeiner an. »Easy, Rusty!«, beruhigte sie den Husky. Sie kraulte ihn hinter den Ohren und tätschelte sein dichtes Fell. »Die Wölfe sind weit weg! Die tun dir nichts! Schlaf weiter!«

Sie ging in die Küche und goss Tee auf. Vor dem Fenster wirbelten die Flocken, drückte der Wind gegen die vereisten Scheiben. Der Schnee flimmerte in dem hellen Licht, das durch das Fenster nach draußen fiel. Sie füllte ihren Lieblingsbecher, schwarz mit roten Elchen, und nippte vorsichtig daran. Mit dem warmen Becher in beiden Händen blieb sie stehen. Sie erlebte einen solchen Sturm nicht zum ersten Mal, kannte das bedrückende Gefühl, inmitten eines tobenden Unwetters auf einer abgelegenen Insel gestrandet zu sein, und die unheimlichen Geräusche, wenn der Wind an den Türen und Fenstern rüttelte. Doch diesmal war es anders. Der Wind wehte heftiger und die Kälte war selbst im Haus zu spüren, obwohl die Heizung auf Hochtouren lief und sogar der Kamin im Wohnzimmer brannte. Erst vor wenigen Minuten hatte Jessica ein Holzscheit nachgelegt.

Sie löschte das Licht um besser sehen zu können und trat ans Fenster. Ihr Spiegelbild schien einer Fremden zu gehören. Vor dem düsteren Schneetreiben wirkte ihr Gesicht schmal und blass und ihre sonst so blauen Augen waren nur schattenhaft zu erkennen. Sie drückte ihre Nase gegen die eiskalte Scheibe und starrte in den Sturm hinaus. Irgendetwas war da draußen, eine unsichtbare Bedrohung, die sich wie eine schwere Last auf ihren Körper zu senken schien. Als lauerte der Wintergeist in der Wildnis, jene geheimnisvolle Macht, von der die Indianer sprachen, wenn der Winter seinen frostigen Atem über das Land blies. Sie trank einen Schluck von dem heißen Tee. Die Wölfe konnten es nicht sein, die waren weit draußen in der Wildnis und heulten den unsichtbaren Mond an.

Kopfschüttelnd wandte sie sich vom Fenster ab. Es war albern, sich wegen dieses Sturms zu sorgen. Er würde zwei oder drei Stunden um das Haus toben und danach weiterziehen. Im kanadischen Busch, weitab jeder größeren Siedlung, waren solche Unwetter keine Seltenheit. Vor zwei Jahren hatte es eine Woche lang ohne Unterbrechung geschneit und der Schnee hatte so hoch gelegen, dass selbst der Schneeräumer nicht durchgekommen war, und letztes Jahr hatte die Kälte einen tagelangen Stromausfall verursacht. Daran war man in den Chilcotins gewöhnt.

Jessica setzte sich auf das schwarze Ledersofa und trank ihren Tee. Sie mochte ihn süß und mit viel Milch. »Wie die verdammten Engländer«, sagte ihre Mutter immer und lachte dabei, weil sie selbst auch gern Süßes mochte und nur wegen der Figur darauf verzichtete. Emily Barnett war Constable bei der Royal Canadian Mounted Police, RCMP, und musste sich alle paar Monate einem Fitnesstest unterziehen. Sie war in Topform und trainierte jeden zweiten Tag, um gegen die jüngeren Kollegen nicht an Boden zu verlieren. Sie nahm schon zu, wenn die Zuckerdose nur in ihrer Nähe stand, deshalb trank sie ihren Kaffee schwarz und machte einen großen Bogen um alle Süßigkeiten.

Mit der Fernbedienung schaltete Jessica den Fernseher ein. Das Bild flackerte stark und nicht einmal der Ton war einwandfrei zu hören. Kein Wunder bei dem Sturm, dachte sie und legte die Fernbedienung auf den Tisch. Sie trug den leeren Becher in die Küche, hielt ihn unter das heiße Wasser und stellte ihn in den Schrank zurück. Ihre Bewegungen waren beinahe mechanisch. Sie musste irgendetwas tun, um sich von dem Sturm abzulenken und das bedrohliche Gefühl zu vertreiben, das mit dem Schnee gekommen war. Ohne darüber nachzudenken ging sie in das Schlafzimmer ihrer Mutter und räumte auf. Auf dem Nachttisch stand ein halb voller Becher mit kaltem Kaffee, daneben lag ein angegessener Apfel. Auf dem Boden war schmutzige Kleidung verstreut, ihr Trainingsanzug, ein T-Shirt, die alten Hausschuhe.

Jessica warf die schmutzige Wäsche in den Korb im Badezimmer und brachte den Becher und den Apfel in die Küche. Sie holte den Staubsauger aus dem Schrank und saugte den Teppich vor dem Bett. »So schlampig ist nicht mal der alte Moses!«, sagte sie zu Rusty, als sie den Staubsauger abschaltete. Moses Gunn war ein ehemaliger Rodeo-Reiter, der mit seiner kranken Frau in einem alten Blockhaus wohnte und für seine Unordnung bekannt war. Nicht mal die Plaketten, die er beim Rodeo gewonnen hatte, hingen an der Wand. »So findet sie nie einen Mann!«, lachte sie.

Sie stellte den Staubsauger in den Schrank zurück und beugte sich zu dem Husky hinunter. Während sie Rusty den Nacken kraulte, dachte sie an ihren Vater, der vor zwei Jahren mit einer Frau aus Vancouver durchgebrannt war. Sie war nicht einmal jünger als ihre Mutter und hübscher konnte man sie auch nicht nennen, aber sie war eine von diesen Frauen, die zufrieden damit waren, ihrem Mann den Haushalt zu führen und abends mit dem Essen auf ihn zu warten. »Warum bist du nicht wie andere Frauen?«, hatte Jack Barnett ihrer Mutter vorgeworfen, bevor es zur Scheidung gekommen war. »Warum bist du nicht zu Hause und kochst und putzt? Früher waren auch keine Frauen bei der RCMP. Warum trägst du die verdammte Uniform? Immer wenn ich nach Hause komme, fängt deine Schicht an!« Ihr Vater war ein Macho; noch übler nahm sie ihm allerdings, dass er sich die letzten zwei Jahre kaum gemeldet hatte. Als hätte er sich auch von ihr scheiden lassen. »Du bist ein Egoist!«, hatte sie ihn während ihres einzigen Besuchs in Vancouver beschimpft und das war über ein Jahr her. »Zuerst lässt du Mom im Stich und jetzt lässt du mich hängen!« Inzwischen wusste sie nicht einmal seine Telefonnummer. Er war aus ihrem Leben verschwunden.

Das Telefon machte sich bemerkbar. Ihre Mutter hatte die Melodie von »Star Wars« eingestellt und sie blickte jedes Mal zum Fernseher, wenn das Telefon läutete. Sie nahm den Hörer ab und meldete sich. »Gott sei Dank«, ertönte die Stimme ihre Mutter, »ich dachte schon, der Sturm hätte wieder die Leitung lahm gelegt! Wie geht's dir, Jess? Alles in Ordnung? Ein ganz schöner Sturm da draußen, wie? So was hatten wir lange nicht mehr!«

»Alles okay«, erwiderte Jessica, »das dauert bestimmt nicht lange. Weißt du noch, der letzte Sturm? Der schwere Blizzard im letzten Februar? Bevor wir die Fenster vernagelt hatten, war er vorbei.« Sie blickte dem Husky nach, der sich auf seinen Lieblingsplatz neben der Küchentür zurückzog. »Hast du viel Arbeit?«

»Geht so«, antwortete Emily. »Bei dem Wetter ist sowieso kaum einer draußen. Wir schreiben unsere Berichte und heften Akten ab, das muss auch mal gemacht werden.« Im Hintergrund ächzte John Bosley, einer der beiden anderen Constables, ein junger Mann, der von Regina nach Kleena Kleene versetzt worden war und den Tag herbeisehnte, an dem er wieder gehen konnte.

Jessica musste lachen. »War das John? Wenn er so weitermacht, meldet ihn der Corporal und er muss den Rest seines Lebens bei uns bleiben! Oder sie versetzen ihn nach Nova Scotia auf einen Leuchtturm!« Sie lehnte sich mit dem Rücken gegen die Wand. »Keine Bange, Mom! Ich hab alles im Griff.«

»Schau nach den Hunden, wenn der Sturm vorbei ist!«, bat ihre Mutter. »Ich mach mir Sorgen um Snowball, der ist in letzter Zeit etwas ängstlich. Und Lefty hat, glaube ich, einen Virus erwischt. Wenn es schlimmer wird, müssen wir zum Tierarzt.« Jessica hörte Papier rascheln. »Ich mach wohl besser weiter, Jess.«

»Auf Wiedersehen, Mom. Bis morgen früh.« Jessica legte den Hörer auf und kehrte ins Schlafzimmer ihrer Mutter zurück um das Bett frisch zu beziehen. Der Sturm war etwas schwächer geworden und die unheimlichen Geräusche verstummten allmählich. »Siehst du, Rusty?«, rief sie durch die offene Tür. »Jetzt dauert der Sturm nicht mehr lange!« Sie trug das schmutzige Laken ins Bad und stopfte es in den Wäschekorb. Sie breitete ein frisches Laken über die Matratze und war gerade damit fertig, als sie sah, wie Rusty von seinem

Lager hochschreckte und die Ohren aufstellte. Er knurrte verhalten. »Was ist denn, Rusty?«, fragte sie. Sie ging ins Wohnzimmer. Rusty war aufgestanden und blickte knurrend zur Tür. »Kommt jemand? Was hast du denn, Rusty?«

Der Husky wurde immer nervöser und bellte laut. »Easy, Rusty!«, sagte sie ruhig. »Da hat sich bestimmt jemand verfahren!« Ungefähr hundert Meter weiter zweigte die Straße zu einer Ferienlodge ab und es kam öfter vor, dass ein Besucher zu früh abbog. Allerdings gab es im Winter kaum Gäste, schon gar nicht im November, wenn das Wetter schlecht war. Sie trat an das Fenster neben der Haustür, schirmte ihre Augen mit der flachen Hand ab und blickte in die Nacht hinaus. Der Wind hatte nachgelassen, aber das Schneetreiben war immer noch dicht und sie konnte kaum etwas sehen. »Da ist kein Auto«, sagte sie leise.

Sie drehte sich zu dem Husky um, spähte noch einmal hinaus und entdeckte zwei Schatten in der Dunkelheit. Zwei Gestalten näherten sich dem Haus. Sie blickte genauer hin und sah, dass sie auf Schneeschuhen durch den Schnee stapften. Als sie den Lichtkegel vor dem Fenster erreichten, erkannte sie den jungen Indianer, der auf derselben Gästeranch wie sie arbeitete. Er war in Begleitung einer alten Frau. Sie öffnete die Tür und rief: »Danny! Was machst du denn hier?« Sie wartete im kalten Wind, bis der Junge und die Frau ihre Schneeschuhe ausgezogen hatten und ins Haus traten, und schloss dann rasch die Tür. »Puh, ist das kalt heute! Habt ihr euch verirrt? Was macht ihr da draußen?«

Der Junge half der alten Frau aus dem dicken Mantel und nahm ihr die Fellmütze und den Wollschal ab.

Dann zog er seinen eigenen Anorak aus und nahm die Mütze mit den umklappbaren Ohrenschützern ab. Er hängte die Kleider über die Couch und half der Frau auf einen der beiden Sessel. »Meine Urgroßmutter«, stellte er die greise Indianerin vor, »sie wohnt seit einiger Zeit bei mir.« Er lächelte dünn. »Sie heißt Wolfsfrau. Ihren Taufnamen hat sie vergessen oder sie will ihn mir nicht sagen. Wahrscheinlich Henrietta oder Justine!« Er zog die Handschuhe aus und rieb die kalten Hände gegeneinander. »Hast du heißen Tee?«, fragte er.

»Hol ich gleich«, antwortete Jessica. Sie ging in die Küche und setzte frisches Wasser auf. Rusty hatte sich beruhigt und saß wieder an seinem Lieblingsplatz. Er kannte den jungen Indianer, war nur wegen der Witterung der alten Frau nervös geworden. »Was tust du hier?«, fragte Jessica noch einmal, während sie den Tee aufgoss und mit zwei Bechern zurückkehrte.

Daniel »Short Bull« Weston trank einen Schluck und fühlte sich gleich wohler. Er war siebzehn und sah gar nicht wie ein Indianer aus, eher wie einer dieser jungen Asiaten, die sie in der Disco in Vancouver getroffen hatte. Seine Augen waren schmal, aber sehr ausdrucksstark, und um seine Lippen schien ständig ein spöttisches Lächeln zu liegen. Für einen Jungen, der sich um die Pferde der Clearwater Ranch kümmerte, schien er zu schwach und zierlich zu sein, aber dieser Eindruck täuschte. Sie hatte selten einen Menschen gesehen, der besser mit Pferden umgehen konnte. Vielleicht Doug Winslow, der schweigsame Fährtensucher vom Tatlayoko Lake, doch der war dreißig Jahre älter und hatte viel mehr Erfahrung.

»Wolfsfrau hatte sich verirrt«, rückte Danny endlich

mit einer Antwort heraus. »Sie war plötzlich verschwunden und ich musste zwei Stunden im Wald nach ihr suchen! Als der Sturm kam, hatte ich schon Angst, ich finde sie nie!«

Jessica blickte die Urgroßmutter des Jungen an, eine gebeugte Frau mit einem zerfurchten Gesicht und schlohweißen Haaren. Sie hielt ihren Teebecher mit beiden Händen fest und blickte mit leeren Augen in das Halbdunkel. »Sie ist fast blind«, erklärte der Junge. »Der Arzt wundert sich, dass sie überhaupt noch was sieht, und sagt, sie wird bald ganz blind sein. Aber sie war bei einem alten Schamanen unseres Stammes und der behauptet, sie könnte besser sehen als jeder andere Mensch.«

»Ich brauche keine Augen um zu sehen«, sagte die greise Indianerin. Sie drehte sich zu dem Mädchen um und ließ ein schwaches Lächeln erkennen. »Selbst wenn ich die Augen schließe, kann ich deine blonden Haare und deine blauen Augen sehen, und wenn ich die Ohren verschließe, höre ich deine klare Stimme. Du hast ein starkes Herz, kleine Schwester! Du heißt Jessica, nicht wahr?«

»Jessica Barnett«, antwortete das Mädchen.

»Das ist ein seltsamer Name«, meinte Wolfsfrau. »Ich weiß nicht, warum mein Urenkel mich hierher gebracht hat, aber ich fühle mich sehr wohl. Hast du was zum Rauchen? Eine Zigarre?«

Jessica wechselte einen erstaunten Blick mit dem jungen Indianer und schüttelte amüsiert den Kopf. »Nein«, antwortete sie, »meine Mutter raucht nicht mehr und ich habe nie damit angefangen. Doch ich kann dir Tee bringen. Möchtest du mehr Tee?«

»Wenn du nichts zu rauchen hast, trinke ich Tee«, erwiderte Wolfsfrau. Ihre Stimme ließ nicht erkennen, ob sie sich über Jessica lustig machte. »Du kochst guten Tee, fast so guten wie meine Mutter. Sie war eine heilge Frau!« Ihr Blick schien sich in der Ferne zu verlieren. »Sie ist schon lange tot. Als sie starb, gab es noch keine Weißen in diesen Bergen.«

Jessica holte frischen Tee und goss auch dem Jungen nach. Sie mochte Danny. Er war ruhig und zurückhaltend, trotz seines jungen Alters, nur an seinen spöttischen Humor musste man sich gewöhnen. Sie liebte ihn, wie eine Schwester ihren Bruder liebte, und hatte nicht den Eindruck, dass es bei ihm anders war. Vielleicht war er auch zu jung dafür. »Jungen brauchen ein paar Jahre länger«, hatte ihre Mutter gesagt, als sie ihr von dem Jungen aus Seattle erzählt hatte. Seinen Namen hatte sie längst vergessen. Sie war damals sechzehn gewesen, er war ein Jahr älter und hatte sie so unbeholfen geküsst, dass sie heulend davongerannt war.

»Ich weiß auch nicht, warum sie in den Wald gelaufen ist«, meinte Danny, als wäre seine Urgroßmutter gar nicht da. »Sie kann von Glück sagen, dass ich sie gefunden habe! Sie lag neben einem umgestürzten Baumstamm im Wald, da war der Sturm nicht so stark. Sonst wäre sie erfroren!« Er trank einen Schluck und blickte sie an. »Dürfen wir hier schlafen? Wir haben keinen Wagen dabei und bis nach Hause ist es zu weit!« Danny wohnte mit seinen Eltern und anderen Verwandten in einigen Blockhäusern im Wald, ungefähr vier Kilometer von der Hauptstraße entfernt.

»Kein Problem«, erwiderte Jessica, »ihr könnt auf

den Campingliegen schlafen.« Ihre Mutter hatte bestimmt nichts dagegen und es wäre mehr als unhöflich gewesen, den jungen Indianer und seine Urgroßmutter in das Schneetreiben zurückzuschicken. Mit Schneeschuhen brauchte man über zwei Stunden zu ihrer Blockhütte. »Sobald meine Mutter kommt, fahr ich euch nach Hause.«

Sie stellte die Campingliegen auf und legte einige Decken und Laken darauf. »Im Kühlschrank ist was zu essen und zu trinken«, sagte sie zu Danny. »Und lasst euch nicht durch Rusty stören, der wandert nachts gern mal durch die Gegend. Er beißt nicht.«

»Indianer haben keine Angst vor Hunden«, meinte Danny spöttisch. Um seine Lippen spielte ein leichtes Lächeln.

Bevor Jessica etwas erwidern konnte, kehrten die Wölfe zurück. Ihr Heulen klang über die verschneiten Berge und schien tief in ihre Seele zu dringen. »So nahe sind sie selten«, flüsterte sie.

»Das täuscht«, meinte Danny, »die sind in den Bergen.«

Die greise Indianerin blieb stehen und lauschte. Sie schien jeden Laut der Wölfe zu verstehen. »Sie wollen uns warnen«, sagte sie nach einer ganzen Weile.

2

Um sechs Uhr morgens wachte Jessica auf. Sie blickte aus dem Fenster und stellte erleichtert fest, dass es nicht mehr schneite und die Straße zum Highway einigermaßen befahrbar war. Im Morgenmantel ihrer Mutter und in Hausschuhen öffnete sie die Tür zum Wohnzimmer. Danny und seine Urgroßmutter waren verschwunden. Die Campingliegen lehnten an der Wand und die Decken und Laken lagen gefaltet auf einem Sessel. »Indianer!«, sagte Jessica zu dem Husky, als wäre das Erklärung genug. »Zu stolz, um sich von mir nach Hause fahren zu lassen!«

Sie stellte die Campingliegen in die Kammer und brachte die Schmutzwäsche ins Badezimmer. In der Küche setzte sie Teewasser auf. Ihre Mutter würde erst in einer halben Stunde kommen, wenn sie pünktlich von Anahim Lake wegkam, und ihr blieb noch genug Zeit, um sich anzuziehen und ein herzhaftes Frühstück zu bereiten. Im Winter aßen sie meist gemeinsam. Während der Saison von Mai bis September wohnte Jessica auf der Clearwater Ranch und übernachtete nur an ihren freien Tagen zu Hause. Im Winter ließen sich kaum Gäste auf der Ranch blicken.

Sie goss den Tee auf und blickte auf den Wandkalender. »10 Uhr. Jacksons und J. Rockwell in Anahim Lake abholen«, stand neben dem aktuellen Datum. Ein Ehepaar, das eine Snowmobil-Tour unternehmen und durch den Schnee reiten wollte, und einer dieser verrückten Manager, der den Prospekten der Ranch glaubte und hoffte, in der Wildnis seinen Stress abzubauen. Die einzigen Gäste in diesem Monat, hatte Bernie gesagt. Bernie und Kathryn Hansen bewirtschafteten die Clearwater Ranch, seit sie vor einigen Jahren aus Dänemark gekommen und das Anwesen gekauft hatten. Jessica arbeitete als »Mädchen für alles« auf der Ranch, half im Haushalt und bei den Pferden.

Nachdem sie sich gewaschen und angezogen hatte, die guten Jeans und den grauen Pullover, den ihre Tante in Quesnel gestrickt hatte, trank sie ihren Tee und kümmerte sich um die Hunde. »Na, Rusty?«, sagte sie zu dem Leithund. »Das war ein böser Sturm heute Nacht, was?« Sie beobachtete zufrieden, wie er sich über das Futter hermachte, und ging nach draußen um die anderen Hunde zu füttern. Es war empfindlich kalt und sie trug ihren Anorak und die Wollmütze, während sie in ihren festen Stiefeln durch den Schnee stapfte und die Futtertröge der Hunde füllte. Die Huskys begrüßten sie mit lautem Gebell und zerrten nervös an ihren Leinen, als sie das Futter rochen. »Immer mit der Ruhe!«, rief sie dem übermütigen Sonny zu. »Du kommst noch früh genug dran!« Der lebhafte Speedy sprang bellend an ihr empor. »Spar dir deine Energie für nachher auf, Speedy! Sobald Mom ausgeschlafen hat, geht sie mit euch auf Tour! Hast du gehört, Snowball? Es geht wieder los. Die Faulenzerei hat ein Ende!« Sie beugte sich zu dem kranken Lefty hinunter und streichelte ihn. »Das wird schon wieder, Lefty, hab keine Angst!«

Jessica sah den Hunden beim Fressen zu. Sie wirkten unruhiger als sonst, selbst Lefty hob zwischen jedem Bissen den Kopf und blickte nervös zum Waldrand. An dem heftigen Sturm, der nachts über die Lichtung gefegt war, konnte es nicht liegen. Huskys waren solches Wetter gewöhnt und liebten es sogar. Sie ging ein paar Schritte und blieb vor dem Haus stehen. Die Hunde hatten sie mit ihrer Nervosität angesteckt und sie bekam plötzlich Angst, dass sich ein wildes Tier am Waldrand verbergen könnte. Ein

Berglöwe? Ein einsamer Bär, der aus dem Winterschlaf geschreckt war? Unwahrscheinlich, dachte sie. Berglöwen ließen sich in dieser Gegend kaum blicken und Bären schliefen in entlegenen Höhlen. Die Wölfe? Sie lauschte in den morgendlichen Dunst hinein. Für einen Augenblick glaubte sie wieder das unheimliche Heulen der Wölfe zu hören, aber es war nur der Wind, der über die Lichtung strich und sich in den dichten Baumkronen verfing. Sie schüttelte den Kopf und kehrte ins Haus zurück.

Im Wohnzimmer legte sie den Anorak und die Wollmütze auf die Couch. In zwei Stunden musste sie sowieso los. Der Highway war noch nicht geräumt und sie durfte nicht zu spät kommen. Sie ging in die Küche und bereitete das Frühstück vor. Starken Kaffee, Rühreier mit Schinken, ein paar Scheiben Toast, Orangensaft. Nach der Nachtschicht war ihre Mutter immer besonders hungrig. Sie goss sich selbst etwas Orangensaft ein und nahm einen Schluck. Durch die beschlagenen Fenster konnte sie erkennen, wie die Hunde gierig fraßen und plötzlich die Köpfe hoben. Von der Zufahrtsstraße drang Motorengeräusch herauf. Ihre Mutter kam nach Hause. Jessica ging zur Haustür und trat auf die verschneite Veranda, wartete geduldig, bis der dunkelrote Chevy Blazer aus dem Wald gefahren kam. »Hi, Mom!«, rief sie, als ihre Mutter ausstieg. »Das Frühstück ist fertig!«

»Hi, Jess! Ich hab einen Bärenhunger!« So begrüßten sie sich jeden Morgen, wenn Emily Barnett von der Nachtschicht nach Hause kam, doch diesmal wirkte ihre Mutter nervös und angespannt und ihr Lächeln war nur flüchtig. Sie kam ins Haus, legte ihren Anorak und ihre Uniformmütze ab und schloss Rusty in die Arme. »Hallo, Rusty! Du hast mich wohl vermisst, was?« Sie drückte ihn liebevoll und blickte neugierig in die Küche hinein. »Hmm, das riecht verlockend! Eier mit Schinken, darauf hab ich mich die ganze Nacht gefreut!« Sie wirkte stämmiger als ihre Tochter, auch weil sie etwas kleiner war, aber ihre Augen waren von demselben Blau, und wenn sie lachte, erschienen kleine Falten neben ihren Mundwinkeln. Ihre honigblonden Haare, die nichts von ihrem Glanz verloren hatten, waren zu einem Pferdeschwanz gebunden. Sie setzte sich an den Tisch und nickte dankbar, als Jessica den Kaffee einschenkte. Sie nahm einen großen Schluck und stöhnte: »So eine Nacht hab ich lange nicht mehr erlebt!«

Jessica brachte das Rührei und den Toast und sie bedienten sich beide. »Gab's denn Ärger wegen des Sturms?«, fragte Jessica neugierig. »Sag bloß, ihr musstet wieder den Highway sperren!«

»Ein Banküberfall!«, platzte Emily mit der Neuigkeit heraus. »Die Royal Bank in Kamloops. Gestern Nachmittag, kurz vor sechzehn Uhr. Sie wollten gerade schließen. Zwei maskierte Männer zwangen die Kassiererin ihnen das ganze Bargeld zu geben. Waren nur fünftausend Dollar. An das große Geld kamen sie nicht ran, das liegt heute nicht so rum wie früher. Alle möglichen Sicherheitsvorkehrungen. Einer schoss auf die Kassiererin. Sie schwebt in Lebensgefahr!«

»Meinst du, sie kommt durch?«, fragte Jessica.

Ihre Mutter strich Butter auf eine Toastscheibe. Auf ihrer Stirn erschienen zwei Sorgenfalten. »Es sieht nicht gut aus. Die Ärzte mussten zwei Stunden operieren. Sie hatte zwei Kugeln im Bauch. Diese Bankräuber müssen ganz brutale Burschen sein!«

»Und was habt ihr damit zu tun?«, wollte Jessica wissen. »Kamloops ist weit weg.«

»Die Zentrale geht davon aus, dass sie nach Norden geflohen sind. Sie haben alle RCMP-Stationen alarmiert. Die Kollegen in Williams Lake glauben aber nicht, dass sie ausgerechnet in unserer Gegend auftauchen, und wenn, würden wir sie ja sowieso nicht erkennen. Auf dem Film der Überwachungskamera sieht man nur zwei Männer mit Kapuzen. Aber wir müssen verstärkt Kontrollen durchführen, und sollte die Kassiererin sterben, gibt man uns bestimmt den Befehl, eine Straßensperre zu errichten. Sie haben Angst, dass die Typen noch mal eine Bank überfallen. Mit den paar tausend Dollar geben sie sich bestimmt nicht zufrieden!« Sie biss in den Toast und kaute nachdenklich. »Sie haben die arme Frau einfach über den Haufen geschossen! Eine junge Frau, drei oder vier Jahre älter als du!«

Jessica nahm einen Schluck von ihrem Orangensaft und blickte ihre Mutter an. »Die erwischen sie nie! Wenn sie Kapuzen trugen, nützt die beste Überwachungskamera nichts. Obwohl … ich hab mal einen Krimi gesehen, da haben sie einen Verbrecher an seinen Bewegungen erkannt. Meinst du, die RCMP kann so was? Wäre doch toll, wenn sie die Kerle trotzdem einfangen!«

»Wir kriegen sie! Irgendwann kriegen wir sie!« Emily wischte den letzten Rest Ei mit etwas Toastbrot vom Teller und spülte den Bissen mit heißem Kaffee hinunter. Man sah ihr kaum an, dass sie nicht geschlafen hatte. »Hast du die Wölfe gehört?«, fragte sie unvermittelt. »Vor dem Sturm rief der alte Moses bei uns an. Angeblich treibt sich ein Rudel am Lonesame Lake rum! Er sagt, dass sie aus den Bergen kommen um sich ein Rind zu holen. Normalerweise glaub ich Moses kein Wort, der lebt doch in der Vergangenheit und erzählt immer noch die alten Geschichten! Aber dann rief Susan an. Sie hat die Wölfe gestern Abend auch gehört.«

»Ich auch«, meinte Jessica nachdenklich. »Ich hatte schon Angst, sie kommen jeden Augenblick aus dem Wald! Die Hunde dachten wohl dasselbe. Sie waren ziemlich unruhig. Zuerst glaubte ich, es läge am Wetter, aber wenn Susan sie auch gehört hat …« Susan Fletcher gehörte die Halfway Ranch an der Abzweigung zum Tatlayoko Lake. Der bodenständigen Ranchersfrau machte niemand etwas vor.

»Kein Grund, sich Sorgen zu machen«, sagte Emily. Sie wusste, dass sich ihre Tochter vor Wölfen fürchtete. »Die Bankräuber sind gefährlicher! Der Corporal vermutet sogar, dass sie mit einem Flugzeug geflohen sind. In Kanada hat jeder Zweite einen Pilotenschein, sagt er, wär doch kein Wunder, wenn sie einen Flieger genommen hätten, so abgebrüht wie die sind!« Sie trank ihren Orangensaft und wischte sich die Lippen trocken. »Also ich weiß nicht. Zwei Bankräuber in einem Flieger. Aber man kann nie wissen! Wir müssen auf alles vorbereitet sein, sagt der Corporal.«

»Dann habt ihr roten Alarm?«

Emily musste schmunzeln. Als Science-Fiction-Fan wusste sie natürlich, wie die höchste Alarmstufe in »Star Trek« hieß. »Bei uns heißt es etwas anders, aber es stimmt, ich stehe auf Abruf. Wenn Gefahr im Anmarsch ist, muss ich sofort los.«

»Bringst du mich trotzdem zur Ranch?«

»Du musst wieder Gäste in Anahim Lake abholen, nicht wahr? Kein Problem, ich hab mein Handy immer dabei, auch wenn's nur alle paar Stunden funktioniert. Aber mir wär's lieb, wenn du eine Runde mit den Hunden drehen könntest. Oder bleibst du den ganzen Tag auf der Ranch? Ich muss mich in der Nähe meines Wagens aufhalten, sonst kriege ich Ärger!«

Jessica stellte das Geschirr zusammen. »Glaube ich nicht. Heute passiert nicht mehr viel und bei so wenigen Gästen kümmert sich Kathryn allein ums Abendessen.« Sie grinste verschmitzt. »Dauert sowieso einige Zeit, bis sich die Leute aus der Stadt an das Leben in der Wildnis gewöhnt haben!«

Emily half ihrer Tochter das Geschirr abzuräumen und ließ das Spülwasser ein. »Wie geht's dem armen Lefty? Erholt er sich langsam?«

»Besonders munter sieht er nicht aus«, antwortete Jessica ehrlich, »du kümmerst dich besser um ihn! Den Abwasch schaffe ich allein.« Sie legte das schmutzige Geschirr ins Wasser und blickte lächelnd aus dem Fenster. »Schau dir Sonny an, der kann's gar nicht erwarten, dich zu sehen! Sogar Snowball zerrt an seinem Strick, hast du so was schon gesehen? Geh lieber raus.«

Emily ging nach draußen und ihre Tochter beobachtete durch das Fenster, wie sie einen Hund nach dem anderen umarmte, ihn streichelte oder kraulte und mit ihm redete. Jessica kannte niemanden, der so gut mit Hunden umgehen konnte wie ihre Mutter.

Wenn man sie aus der Ferne beobachtete, hätte man fast meinen können, dass sie die Sprache der Huskys verstand, und in gewisser Weise war es auch so. Jedes Bellen oder Jaulen, die Stellung der Ohren und des Schwanzes, jede noch so winzige Veränderung in ihrem Verhalten zeigte ihrer Mutter, was die Hunde dachten. »Du solltest beim Quest mitmachen«, hatte Jessica ihr vorgeschlagen, »so wie du mit Hunden umgehen kannst, gewinnst du ganz bestimmt!« Das Yukon Quest galt als das härteste Hundeschlittenrennen der Welt und fand jeden Winter im Yukon Territory statt.

Aber Emily zeigte wenig Interesse. »Weißt du, wie oft die Teilnehmer trainieren? Jeden Tag zehn Kilometer, mindestens, und die Hunde bekommen spezielles Futter! Wer weiß, was noch alles dranhängt! Das würde der RCMP bestimmt nicht gefallen! Ich fahr lieber zum Spaß durch die Wälder, das reicht mir!«

Jessica stellte das trockene Geschirr in den Schrank zurück und wischte die Arbeitsplatte sauber. Nachdem sie sich die Hände gewaschen hatte, kehrte sie ins Wohnzimmer zurück. Ein zufriedener Ausdruck lag auf ihrem Gesicht. Ihre Mutter hatte einen Job, in dem sie vollkommen aufging, ihr ging es auf der Ranch nicht viel anders, und wer scherte sich um die Zukunft, wenn in der Gegenwart alles okay war. Sie würde erst mal in Kleena Kleene bleiben, bis zum Frühjahr bestimmt, und dann konnte man immer noch darüber reden, ob sie den nächsten Sommer in Vancouver verbringen und dort auf eine Hotelfachschule gehen sollte. Die Hansens kannten den Direktor und hatten ihr eine bessere Stellung in Aussicht gestellt, wenn sie die Prüfung bestand. »Wir werden auch nicht jünger«, hatte Kathryn gesagt, »du könntest als Managerin bei uns weitermachen!«

Ein verlockendes Angebot und doch hatte sie bisher gezögert. Die Ausbildung dauerte einige Jahre und sie hatte Angst davor, so lange von ihrer Mutter getrennt zu sein. »Es wird höchste Zeit, dass du dir den Wind um die Nase wehen lässt«, ermutigte Emily ihre Tochter, »ich komme schon allein zurecht. Und wenn nicht, geb ich 'ne Heiratsanzeige auf und such mir 'nen Mann!«

Das war natürlich nur spaßhaft gemeint. Ihre Mutter war nicht der Typ, der sich einen Mann per Anzeige suchte, und schien außerdem gar kein Interesse daran zu haben, wieder zu heiraten: Die Scheidung von Jack Barnett hatte ihr ziemlich zugesetzt. »Wenn ich jemals wieder heirate, tanzt der Typ nach meiner Pfeife!«, scherzte sie. »Und du pass bloß auf, mit wem du dich einlässt, Jess!«

Jessica hatte keine große Erfahrung mit dem anderen Geschlecht. Nach dem Jungen aus Seattle waren noch einige andere Jungen gekommen, meist Söhne von Ranchgästen, die nach zwei oder drei Wochen wieder verschwunden waren, sie aber niemals weinend zurückgelassen hatten. Mit einem Jungen aus Williams Lake, den sie beim Rodeo kennen gelernt hatte, war sie nur einmal im Kino gewesen. Er war so zudringlich geworden, dass sie noch während des Films die Flucht ergriffen hatte. »Für Männer scheinen wir nicht geschaffen zu sein«, hatte ihre Mutter damals gelacht.

Emily kehrte mit Lefty auf dem Arm ins Haus

zurück. »Sieht nicht gut aus«, meinte sie besorgt. »Ich glaube, er hat Fieber! Ich rufe Doc Ryan an, er soll vorbeikommen und ihn sich ansehen.«

Sie legte den Hund auf die Couch und ging zum Telefon. Während sie mit dem Tierarzt sprach, tröstete Jessica den kränkelnden Hund. »In ein paar Tagen bist du wieder fit!«

Doc Ryan versprach am späten Vormittag vorbeizukommen. Er hatte noch die kranke Kuh der Witwe Baxter zu versorgen. Die stämmige Frau mit dem altmodischen Haarknoten und der bunten Kittelschürze führte den Gemischtwarenladen in Kleena Kleene, der gleichzeitig als Postamt diente. »Falls er bis Mittag kommt, kann ich mich noch ein paar Stunden hinlegen«, seufzte Emily. »Ich brauche dringend Schlaf. Wenn die Bankräuber in unsere Gegend kommen, muss ich ausgeschlafen sein!« Sie lächelte müde, glaubte wohl nicht daran, dass sich die Verbrecher in die Chilcotins absetzten. »Die wären schön dumm, wenn sie tatsächlich nach Norden fliehen würden«, sagte sie dann, »hier draußen würden sie sofort auffallen! Wäre ich ein Bankräuber, würde ich mich in die USA absetzen oder nach Toronto oder Quebec City. Solange wir nicht wissen, wie sie aussehen, haben sie dort nichts zu befürchten!«

»Vielleicht haben sie einen Unterschlupf in den Bergen«, überlegte Jessica. »Könnte doch sein, dass es einen Komplizen gibt. Woher will die Zentrale denn wissen, dass sie nach Norden unterwegs sind? Ich denke, die Typen hatten Kapuzen auf. Hat jemand gesehen, wohin sie geflohen sind? Warum hat sie niemand aufgehalten? Im Fernsehen verfolgen sie solche

Typen durch die halbe Stadt und dann kommt's zu einer Schießerei …«

Emily streichelte den kranken Husky und blickte sie von der Seite an. »Im Fernsehen hätte die Kassiererin den Alarmknopf gedrückt und wir hätten die Kerle vor der Bank abgefangen! In Kamloops lief es leider anders. Als die Bankleute den Alarm gaben, waren die Schurken längst über alle Berge! Doch einer der Manager will gehört haben, wie sie was von Norden gesagt haben.«

»Ziemlich vage, was?«

»Das meinen die Kollegen auch«, erwiderte Emily, »aber wir müssen auf alles gefasst sein.« Sie lächelte wieder. »Ich glaube, der Corporal träumt schon davon, wie er die beiden Kerle einsperrt und einen dicken Orden und eine Beförderung kassiert!«

»Etwas Aufregung könnte dieser Gegend nicht schaden«, spottete Jessica. Sie ging ins Bad, trug etwas Make-up auf und band ihren Pferdeschwanz neu. Auf die Gäste der Ranch musste sie einen gepflegten Eindruck machen, darauf legten die Hansens großen Wert. Sie zog den Anorak an und griff nach der Mütze und den Handschuhen. »Wir müssen los, Mom!«

3

Der Flughafen von Anahim Lake bestand aus einer einfachen Holzbaracke und einer asphaltierten Rollbahn, die notdürftig vom Schnee geräumt war. Jessica wartete neben dem schwarzen Ford Bronco der

Clearwater Ranch, als die kleine Maschine aufsetzte und vor der Baracke ausrollte. Sie wartete, bis die Tür geöffnet wurde und die Treppe nach unten klappte, und ging den Passagieren entgegen. Einige Einheimische, die das kalte Winterwetter gewöhnt waren und von Kollegen oder Verwandten abgeholt wurden, und die Gäste der Ranch, die sie schon daran erkannte, dass sie beim Aussteigen zögerten und misstrauisch in den feuchten Nebel blickten. »Mr und Mrs Jackson, Mr Rockwell«, grüßte Jessica freundlich, »willkommen in den Chilcotins!«

Sie besaß genug Erfahrung mit Gästen, um sie sofort einordnen zu können. Frank und Helen Jackson gehörten zu den besser verdienenden Ehepaaren, die sich für Wintersport begeisterten, in den Rocky Mountains und vielleicht sogar in Europa gewesen waren und sich darauf freuten, diesmal einen Winterurlaub der ganz besonderen Art erleben zu können. Snowmobiling gehörte zu den Trendsportarten und mit den Pferden durch hohen Pulverschnee zu galoppieren wurde in den Städten als letzter Schrei angeboten. Von Joseph L. Rockwell wusste sie, dass er bei einer Werbeagentur in Los Angeles arbeitete und im kanadischen Busch zu sich selbst finden wollte. Diese Art von Urlaub kam bei Managern immer mehr in Mode.

»Ich hoffe, Sie hatten einen guten Flug«, sagte Jessica, während sie den Gästen half das Gepäck zu verstauen, »über den Bergen schaukelt es manchmal ganz schön!« Sie blickte zum grauen Himmel empor. »Gestern Nacht hat es mächtig geschneit. Wir bestellen immer Schnee, wenn Gäste kommen.« Sie wartete, bis sie eingestiegen waren, das Ehepaar auf der Rückbank, der Manager auf dem Beifahrersitz, und kletterte in den Wagen. »Du musst die Leute auflockern, wenn du sie vom Flughafen abholst«, hatten die Hansens ihr gleich am ersten Tag eingeschärft. »Wer sein ganzes Leben in Vancouver oder Seattle gelebt hat, braucht etwas Zeit, um sich an eine abgelegene Wildnis wie die Chilcotins zu gewöhnen.« Im Rückspiegel beobachtete sie, wie die Jacksons angespannt nach draußen blickten. »Morgen soll die Sonne scheinen«, meinte sie zuversichtlich.

»Bei uns in L. A. scheint dauernd die Sonne«, sagte Joseph Rockwell. »Ich weiß gar nicht, warum ich in dieses verdammte Flugzeug gestiegen bin! Diese kleinen Dinger schaukeln wie verrückt und dann steigt man aus und steht mitten im Nebel!«

»Dafür sieht man in L. A. vor lauter Smog die Sonne nicht«, versuchte Jessica den Vorwurf des jungen Managers zu entschärfen. Er war drei oder vier Jahre älter als sie und sah ganz passabel aus, wenn man von seinem modischen Anorak absah, den er wohl in einem teuren Sportgeschäft gekauft hatte. Er war brandneu und leuchtete in grellen Neonfarben. Über der linken Brusttasche hing das Label des Sportherstellers, der auch die amerikanische Ski-Nationalmannschaft ausrüstete. »An die Kälte gewöhnt man sich schnell«, meinte sie aufmunternd, »und der Schnee ist genau richtig für eine Snowmobil-Tour oder einen Ausritt! Sie werden sehen, in ein paar Stunden fühlen Sie sich wie zu Hause!« Sie lächelte in den Rückspiegel. »Übrigens, ich bin Jessica!«

»Helen und Frank«, stellte der Mann auf dem Rücksitz sich und seine Frau vor. »Wir dürfen Sie doch beim Vornamen nennen?« Auch er trug einen Skianorak und eine Wollmütze mit dem eingestickten Namen eines bekannten Wintersportorts. Es konnte kein Zweifel daran bestehen, dass die Jacksons tatsächlich dort gewesen waren. Sie sahen wie passionierte Skifahrer aus, um die fünfzig, vielleicht sogar ein bisschen älter, sehr durchtrainiert und ihre Gesichter hatten die natürliche Bräune von Menschen, die sich oft an der frischen Luft aufhalten. »Wohnen Sie auf der Clearwater Ranch, Jessica?«

»Den ganzen Sommer über«, antwortete sie. »Ich bin das Mädchen für alles, helfe bei den Pferden und bin auf manchen Ausflügen dabei. Im Winter kommen weniger Gäste, da schlafe ich zu Hause. Meine Mutter und ich wohnen nur ein paar Kilometer entfernt. Sie arbeitet bei der RCMP, der Royal Canadian Mounted Police.«

»RCMP?«, wiederholte Frank Jackson. »Das sind die berühmten Mounties, nicht wahr? Die legendären Polizisten in den roten Röcken. Die kenne ich aus dem Fernsehen. Trägt Ihre Mutter auch eine rote Uniform? In Vancouver habe ich keine gesehen.«

Jessica verkniff sich ein Lachen. Die meisten Besucher aus den USA hatten eine falsche Vorstellung von der RCMP, kannten die Rotröcke nur aus alten Filmen und den Büchern von Jack London. Einsame Männer, die auf ihren Hundeschlitten durch die verschneite Wildnis zogen und Verbrecher jagten. Aber auch vor hundert Jahren hatten die Mounties ihre rote Uniform nur selten getragen. »Die ziehen die Mounties nur zu feierlichen Anlässen an«, erklärte sie, »zur großen Parade in Regina und beim Rodeo in Williams Lake. Die RCMP ist unsere Polizei. In ihren roten Jacken würden die sich gar nicht auf den Highway wagen. Außerdem sind sie unpraktisch. Hier draußen braucht man Kleidung, die warm hält.«

»Und Hundeschlitten? Gibt's die noch?«

»Die RCMP benutzt sie kaum noch, vielleicht in entlegenen Gebieten wie oben am Yukon. Das Snowmobil ist praktischer, auch wenn es einen Heidenkrach macht und Unmengen von Benzin frisst.« Sie wich einem Holztruck aus, der sie mit einem Anhänger voller Baumstämme überholte, und schaltete den Scheibenwischer ein. Unter den Hinterreifen des Aufliegers spritzten Dreck und Wasser hervor und klatschten gegen die Windschutzscheibe. »Wir haben einen Hundeschlitten«, verriet sie, »aber nur einen leichten. Mit sieben Hunden kommt man nicht weit. Für ein großes Rennen brauchen Sie doppelt so viele.«

»Meinen Sie, es wäre möglich, mal auf eine Tour mitzukommen?«, fragte Frank Jackson. »Ich würde natürlich bezahlen …«

»Ich glaube schon«, antwortete Jessica, »wenn meine Mutter nichts dagegen hat. Das lässt sich machen.«

»Das wäre großartig!«

Jessica war auf die Frage gefasst gewesen, freute sich sogar darüber, denn sie durfte das Geld, das sie für eine solche Tour bekamen, meist für sich behalten. Sie blickte den jungen Manager von der Seite an. Er machte einen mürrischen Eindruck, schien seinen Entschluss, zwei Wochen in der kanadischen Wildnis zu verbringen, längst zu bereuen. »Joseph, nicht wahr?«, sagte sie zu ihm. »Ich werde Sie Joey nennen, okay?«

»Joey?« Der Gesichtsausdruck des jungen Mannes veränderte sich kaum. »So nannte mich meine Mutter, als ich klein war. Ich hab den Namen nie leiden können.« Er wischte das Kondenswasser von der Seitenscheibe und blickte in den Nebel hinaus. »Wie hält man es in dieser tristen Gegend aus? Scheint hier überhaupt mal die Sonne? Die gibt's nur in den Prospekten, was? Möchte wissen, warum J. M. mich hierher geschickt hat!«

»J. M.?« Jessica blickte ihn fragend an.

»Johnny Meriwether, der Chef unserer Agentur. J. M. Advertising in Santa Monica, nie von uns gehört? Von uns kommt der Spot für die Kosmetikmarke Red Velvet mit dem rothaarigen Model. Die langbeinige Schöne, die von einem Vampir geküsst wird. Sie haben den Spot bestimmt mal im Fernsehen gesehen. Auf der letzten Convention haben wir einen Preis dafür bekommen. Ich habe die Dankesrede gehalten. Red Velvet gehört zu meinem Etat, wissen Sie?«

Jessica hatte noch nie etwas von Red Velvet gehört, benutzte nur gängige Marken wie Estée Lauder, die es zu Sonderpreisen im Einkaufszentrum von Williams Lake gab. »Red Velvet? Kriegt man davon Narben wie nach einem Vampirbiss? Ich weiß nicht, ob ich mir so was kaufen würde. Wohnen Sie schon lange in L. A., Joey?«

»Wir kommen aus Monterey«, antwortete der junge Mann so blasiert, als wäre es etwas Besonderes, in Kalifornien geboren zu sein. »Aber wer in meiner

Branche was werden will, der muss nach L. A. gehen. Da sind alle großen Agenturen, wissen Sie?«

»Was ist mit New York? Toronto? Dallas?«, fragte Jessica. »Paris? London? Rom?«

Joey verzog geringschätzig den Mund. »Die hinken hoffnungslos hinterher! Viel zu konservativ, wenn Sie verstehen, was ich meine! Wir arbeiten mit jungen Regisseuren aus Beverly Hills zusammen! Kreativen Leuten, die Musikvideos für MTV gedreht haben!« Sie wurden wieder von einem Truck überholt und nasser Schnee spritzte auf die Windschutzscheibe. »Mein Gott, das ist ja furchtbar!«, erregte er sich. »In L. A. würden solche Leute eingesperrt!«

Jessica verzichtete auf den bissigen Kommentar, der ihr auf der Zunge lag. Ihr gingen Angeber wie dieser Joseph L. Rockwell mächtig auf die Nerven. Sie wussten alles besser und glaubten hier im hintersten Winkel eines Entwicklungslandes gelandet zu sein. Die Bewohner waren Hinterwäldler, die nicht bis drei zählen konnten, und die Wildnis war ein Ärgernis, ähnlich einer Straße in Los Angeles, die man nach einem Unwetter nicht geräumt hatte. Auf der Clearwater Ranch waren solche Gäste schon öfter gewesen. Wenn sie sich erst mal an die neue Umgebung gewöhnt hatten, änderten sie meist ihre Meinung. Und nach einer Woche wollten sie gar nicht mehr weg. Solche Leute ließ man am besten gewähren. Oder man erteilte ihnen eine kleine Lektion, überlegte Jessica und kicherte bei der Vorstellung, wie Joey bei seiner ersten Reitstunde im hohen Bogen aus dem Sattel fliegen würde.

»Was gibt's denn da zu lachen?«, fragte Joey vorwurfsvoll. »Ich finde es im höchsten Maße unverantwortlich, in einem solchen Tempo über unbefestigte Wildnis-Highways zu fahren!« Er blickte ängstlich nach hinten, schien Angst zu haben, dass sie noch ein Holztruck überholte. »Also ich weiß wirklich nicht, was ich hier soll!«, brummte er. »Am Lake Tahoe oder im Yosemite National Park wäre es sicher schöner gewesen! Und erholsamer!«

»Nun warten Sie doch erst mal ab, Joey!«, widersprach Jessica. Anscheinend gehörte der junge Mann aus Los Angeles zu den härteren Fällen. »Bis zum Mittagessen ist der Nebel weg und die Welt sieht wieder freundlicher aus! Sie werden sich wundern, wie schön diese Gegend ist! Vergessen Sie den Stress in L. A. und erholen Sie sich! Dazu sind Sie doch hier, oder etwa nicht?«

»Ich soll mich selbst finden«, sagte Joey und betonte jedes einzelne Wort. »So ein Blödsinn! Ich steh nicht auf diesen esoterischen Quatsch und die Wildnis kann mir gestohlen bleiben. Wenn ich mich entspannen will, geh ich in ein Straßencafé auf der Melrose Avenue oder ich mach einen Ausflug nach Monterey oder Carmel. Hier sagen sich ja Fuchs und Hase gute Nacht!«

»Und trotzdem haben Sie sich hierher schicken lassen?«, konnte Jessica sich nicht verkneifen zu sagen. »Ich hab auch keine besonders hohe Meinung von Los Angeles, viel zu groß und schmutzig und zu laut, aber ich fahre erst gar nicht hin!«

»Da sagen Sie was«, meldete sich Frank Jackson zu Wort. »Wir kommen aus Seattle, und obwohl man Seattle nachsagt, dass es dort dauernd regnet, würde ich für kein Geld der Welt mit L. A. tauschen!«

»Dabei sind wir beide dort geboren«, ergänzte Helen lachend.

»Was machen Sie in Seattle?«, fragte Jessica, um das Thema zu wechseln und für eine bessere Stimmung zu sorgen.

»Wir haben zwei Restaurants, unten am Lake Washington. Nichts Besonderes, gewöhnliche Lokale, wie man sie in jeder Stadt findet, aber wir servieren den besten Fisch der Stadt, das sagen sogar Feinschmecker. Ich bin passionierter Angler, deshalb sind wir ja nach Seattle gezogen. Stellen Sie sich vor, sogar meine Frau hab ich beim Angeln kennen gelernt!«

»Dann müssen Sie auch mal im Sommer kommen!«, schlug Jessica vor. Die Jacksons waren ihr auf Anhieb sympathisch gewesen, sehr zurückhaltende und freundliche Leute, die nicht so auf den Putz hauten wie der unangenehme Typ neben ihr. »Bei uns gibt's die besten Forellen der Welt ... und die größten!«

»Das haben wir auch vor«, versprach Frank Jackson. »Wenn die Chilcotins wirklich so schön sind wie auf den Fotos im Prospekt ... Wir haben es gern etwas ruhiger, wissen Sie? Am Lake Tahoe und in den Nationalparks geht es uns viel zu touristisch zu! Zu viele Menschen! Wir haben festgestellt, dass uns die Einsamkeit sehr gut bekommt. Wir sind beide fünfzig und es wird langsam Zeit, dass wir es etwas ruhiger angehen lassen. Um die Restaurants sollen sich unsere Söhne kümmern!«

Sie hatten die Abzweigung zur Ranch erreicht und Jessica schaltete auf Allradantrieb um besser durch den Schnee zu kommen. Der Ford Bronco schlingerte etwas, als sie ihn über die abschüssige Straße lenkte. Hier war der Nebel lange nicht so dicht. In der Ferne glänzte der zugefrorene Clearwater Lake.

»So, da wären wir«, sagte Jessica, als sie vor dem Haupthaus am Seeufer hielt. Ein zweistöckiges Blockhaus mit einer Veranda, die sich um das ganze Haus zog, und einem roten Dach, das sich farbenfroh gegen die eher düstere Umgebung abhob. Die kleinen Blockhütten lagen im nahen Wald versteckt. Es gab einen großen Stall für die Pferde, eine Koppel und einen Schuppen, in dem Bernie die Snowmobile, sein Werkzeug und das Brennholz aufbewahrte. Hinter dem schwarzen Pick-up, der neben dem Haus parkte, kamen zwei Hunde hervorgesprungen und bellten laut, ein Schäferhund und ein zottiger Mischling. »Easy, Rocky! Easy, Chilco!«, brachte Jessica sie zur Ruhe. »Wollt ihr euch wohl benehmen? Das sind unsere neuen Gäste!« Die Hunde schnupperten neugierig an den Neuankömmlingen und kehrten zufrieden in ihr Versteck zurück, nachdem Jessica sie gestreichelt hatte.

Aus dem Haupthaus traten Bernie und Kathryn Hansen. Die Besitzer der Clearwater Ranch waren so blond, wie man sich Skandinavier vorstellte, und sahen in ihren Jeans und den karierten Hemden so kanadisch aus, als hätten sie ihr ganzes Leben in den Chilcotins gelebt. Bernie war etwas kleiner als seine Frau und wirkte mit dem schütteren Haar und der großen Brille auch älter. Kathryn bewegte sich wie eine junge Frau und begrüßte ihre neuen Gäste so herzlich, dass selbst Joey auf eine hochnäsige Bemerkung verzichtete. Allerdings nur bis Danny aus dem Pferdestall kam und ihm die Hand reichte. »Ziemlich ländlich hier«, sagte Joey.

»Joey kommt aus L. A.«, meinte Jessica spöttisch.

Diese Antwort schien den Hansens zu genügen. »Danny bringt Sie zu Ihrem Blockhaus«, sagte Kathryn rasch. »Richten Sie sich erst mal häuslich ein. Wir essen in einer Stunde. Danach zeigen Ihnen Jessica und Danny die Ranch, okay?« Sie wartete, bis Danny mit den Gästen im Wald verschwunden war, dann wandte sie sich an Jessica. »Du kannst mir bei den Sandwiches helfen!«

In der offenen Küche, die durch eine massive Theke vom großen Wohnzimmer getrennt war, berichtete Jessica von ihrer Unterhaltung mit den neuen Gästen. Auch Kathryn war mit »schwierigen Fällen« wie Joey vertraut. »Der wird schon«, meinte sie, während sie den Salat unters Wasser hielt, »bis jetzt haben wir noch jeden geschafft! Ich hatte mir schon so was gedacht, als ich Los Angeles und den Namen einer Werbeagentur auf der Anmeldung las. Diese Firmengäste sind die schwierigsten.«

Zum Lunch gab es einen bunten Salat mit Eiern und Radieschen, dazu Sandwiches mit Tunfischsalat und Tomatenscheiben. Das frische Gemüse hatten die Hansens von Ella Sampson bekommen, einer Frührentnerin, die aus dem fruchtbaren Okanagan Valley kam und zwei Gewächshäuser auf ihrem Anwesen unterhielt. Sie versorgte das ganze Tal mit frischem Gemüse.

Jessica deckte den Tisch und kostete den Eistee, den Kathryn wie immer mit viel Zitrone und Zucker zubereitet hatte. »Hm, der schmeckt köstlich«, meinte sie. »Aber wie ich diesen Joey kenne, trinkt er bestimmt einen Cappuccino nach dem Essen!«

Kathryn lachte. »Du hältst wohl nicht viel von dem jungen Mann, was? Dabei sieht er doch gar nicht schlecht aus! So einen hübschen Jungen hatten wir schon lange nicht mehr auf der Ranch!«

»Und was ist mit mir?«, rief Bernie von der Veranda. Er war nach draußen gegangen um eine Zigarette zu rauchen, ein Laster, das er aus Dänemark mitgebracht und trotz mehrerer Anläufe noch immer nicht losgeworden war. Er drückte die Zigarette in den Aschenbecher, den er den ganzen Tag auf der Veranda stehen hatte, und kehrte ins warme Zimmer zurück. »Als wir zwanzig Jahre jünger waren, hast du noch anders geredet!«

»Da hattest du ja auch noch keinen Bauch!«, erwiderte Kathryn fröhlich. »Du solltest öfter auf eine Wanderung mitkommen! Wie wär's mit einer Schneeschuh-Tour auf den Perkins Peak? Die frische Luft würde dir gut tun!« Sie stellte die Salatschüssel auf den Tisch und beobachtete, wie ihr Mann neues Holz in den offenen Kamin warf. Das Feuer knisterte angenehm und warf sprühende Funken, die von einem Schutzgitter aufgefangen wurden.

Kathryn Hansen blickte auf die Wanduhr. »So, jetzt könnten sie allmählich kommen. Ich hoffe, die Hütten gefallen ihnen.« Sie wandte sich an Jessica. »Sei ein bisschen nett zu dem Jungen, hörst du? Wir müssen ihm Zeit geben, sich einzugewöhnen.«

Doch dann betrat Joseph L. Rockwell den Raum, hinter ihm Danny mit seinen beiden Koffern, und warf alle guten Vorsätze über den Haufen. »Tut mir furchtbar Leid«, überfiel er die Hansens, »aber hier kann ich nicht bleiben! Kein Fernsehen, kein Telefon, kein Internetanschluss … wie soll ich denn Kontakt zu meiner Firma halten? Wir sind eine renommierte Agentur und ich verwalte einen der wichtigsten Etats. Da gibt es jeden Tag etwas abzustimmen! Mein Gott, ich hab J. M. ja gleich gesagt, so ein Urlaub bringt nur Ärger! Er wusste bestimmt nicht, dass ich hier vollkommen von der Umwelt abgeschnitten bin. Ich fahre, Mrs Hansen! Tut mir Leid, dass ich Ihnen solche Umstände mache.«

»Wir haben einen Computer im Haus«, erwiderte Kathryn Hansen verstört, »den können Sie gern benutzen! Und ein Telefon.«

»Und wie stellen Sie sich das vor? Soll ich jedes Mal ins Haupthaus laufen, wenn irgendwas ist? Was geschieht, falls man mich nachts erreichen will? Wir arbeiten rund um die Uhr!«

Kathryn legte dem aufgebrachten Manager eine Hand auf die Schulter und lächelte verhalten. »Nun setzen Sie sich erst mal hin und essen Sie!«, redete sie beruhigend auf ihn ein. »Vor morgen früh geht sowieso keine Maschine! Kommen Sie, Mr Rockwell!«

Joey gab widerwillig nach. »Okay, heute bleibe ich hier! Aber morgen früh fliege ich nach Vancouver! Buchen Sie mir einen Flug, ja? Um den Weiterflug nach L. A. kümmere ich mich dort.«

»Natürlich, Mr Rockwell! Aber wenn Sie sich jetzt nicht hinsetzen und essen, werde ich ernsthaft böse, und das würde ich mir an Ihrer Stelle ersparen! Haben Sie verstanden?«

Der junge Mann blickte sie verwundert an und setzte sich kleinlaut auf einen Stuhl. »Natürlich, Mrs Hansen! Natürlich!«

4

Jessica unterdrückte nur mühsam ein Grinsen. Wenn Kathryn Hansen einem Gast auf diese Weise zusetzte, war sie wirklich sauer. Natürlich meinte sie ihre Drohung nicht ernst. Sie verstand es, auch mit schwierigen Menschen umzugehen, und das schelmische Lächeln, das sich jetzt auf ihrem Gesicht ausbreitete, ließ erkennen, dass sie die Hoffnung noch nicht aufgegeben hatte. Joseph Rockwell wäre nicht der erste Stadtmensch, der sich lautstark darüber beschwerte, in einer »unzivilisierten Wildnis« ohne Fernsehen und Telefon gelandet zu sein, und bereits wenige Stunden später bereute darüber gelästert zu haben. Manche dieser »City Slicker« oder »Stadtfräcke« wurden sogar zu begeisterten Naturmenschen, die so großen Gefallen an den »Hinterwäldlern« und dem ruhigen Leben in der abgelegenen Wildnis fanden, dass sie nicht mehr nach Hause fliegen wollten.

Noch machte Joey allerdings keine Anstalten, seine Meinung zu ändern. Beim Mittagessen zeigte er eine grimmige Miene, und als er den gesüßten Eistee probierte, verzog er angewidert das Gesicht und sagte: »Haben Sie keinen Caffè Latte, wie man ihn bei Starbucks bekommt?«

»Starbucks gibt's hier oben nicht«, erwiderte Kathryn Hansen erstaunlich ruhig, »aber einen Kaffee können Sie haben. Den besten Kaffee von ganz Nordamerika! Das hat mir ein Cowboy aus Montana versichert, der letzten Sommer bei uns war. Und die *Latte*«, sie betonte das italienische Wort und lächelte, »können Sie selbst dazugießen.« Sie holte den Kaffee und ein Kännchen mit Milch aus der Küche und stellte beides vor den jungen Gast: »*Prego, Signore!*«, meinte sie spöttisch. »Ein Mal lass ich mir das gefallen. Schmeckt Ihnen das Sandwich?«

Entweder hatte Joey gemerkt, dass er zu weit gegangen war, oder das Sandwich schmeckte ihm tatsächlich. »Das ist wirklich gut«, sagte er. Er trank von seinem Caffè Latte, lächelte zufrieden und schien fast selbst darüber zu erschrecken. Verlegen nahm er noch einen Schluck. »Sie sollten ein Starbucks aufmachen, Ma'am, der schmeckt erstklassig.« Er nahm einen weiteren Schluck, als könnte er es nicht glauben, und vermied dabei Kathryn Hansen direkt anzusehen. Seine Augen flackerten nervös. Er zuckte mit den Achseln und blickte auf das kitschige Ölgemälde an der Wand, einen Grizzly beim Lachsfischen.

»Gibt's hier wirklich Bären?«, fragte er nach einer Weile. »Das ist ein Grizzly, nicht wahr? Ich hab gehört, die sind gefährlich ...«

»Nur wenn sie einen Menschen nicht leiden können«, antwortete Kathryn Hansen scheinbar ernst. Ihr Mann, Jessica und Danny bemühten sich, nicht in lautes Gelächter auszubrechen. »Verraten Sie auf keinen Fall, dass Sie aus Los Angeles kommen, wenn Sie einem begegnen! Stadtmenschen mögen sie nicht! Letztes Jahr haben sie einen Mann aus L. A. gefressen!«

»Sie machen sich über mich lustig!«

»Was denn sonst?«, erwiderte Kathryn lachend. »Und nennen Sie mich nicht Ma'am. Auch nicht Mrs Hansen. Wir sind eine große Familie auf der Clearwater Lake Ranch. Ich heiße Kathryn und das ist Bernie, mein Mann. Jessica und Danny arbeiten für uns. Nach dem Essen zeigen sie Ihnen die Ranch, einverstanden?« Sie blickte auch die Jacksons an. »Wir wollen, dass Sie sich hier wohl fühlen! Wir haben eine Menge zu bieten in dieser Gegend. Was meinen Sie, wie viel Spaß ein Ausritt im Winter macht! Oder eine Snowmobil-Tour! Wie wär's mit einem Flug zum Monarch Mountain? Wir kennen einen Piloten, der fliegt Sie zum Jacobson Lake, wenn Sie wollen! Ein einsamer See. Da oben gibt es Gletscher, da kommen nicht mal Grizzlybären hin! Um diese Zeit schon gar nicht!«

»Bären halten Winterschlaf«, erklärte Frank Jackson spöttisch als er das fragende Gesicht des Jungen sah.

Joey schüttelte unwirsch den Kopf. »Ich fahr lieber Jetski auf dem Meer, da ist es nicht so kalt!« Er wischte sich den Mund ab und blickte Kathryn an. »Nichts gegen Ihre Ranch, Ma'am … äh, ich meine Kathryn … wer so was mag, ist bei Ihnen sicher gut aufgehoben. Aber ich bin hier fehl am Platz. J. M. hatte sicher keine Ahnung, wie es hier aussieht. Ich fliege morgen zurück.«

»Schauen Sie sich die Ranch wenigstens mal an«, glaubte Kathryn Hansen immer noch an einen Sinneswandel ihres Gastes. »Machen Sie die Führung mit! Reiten Sie ein bisschen oder gehen Sie am See spazieren … immer noch besser als griesgrämig im Blockhaus zu sitzen und die Wand anzustarren!« Sie lächelte schwach. »In den Blockhäusern gibt es keine Fernseher, vergessen Sie das nicht! Dort sind Sie allein!«

Diese Vorstellung behagte Joey anscheinend auch nicht. »Meinetwegen«, lenkte er ein, »ich kann mir die Sache ja mal ansehen. Aber ich mach keinen Ausritt mit! Bei dem Wetter bleib ich lieber hier!«

»Wir zwingen Sie zu nichts!«, beruhigte Kathryn den jungen Mann. Sie wandte sich an Jessica und Danny. »Seid ihr so weit? Danny, du kannst schon mal die Pferde satteln! Zeig unseren Gästen, wie man richtig im Sattel sitzt!« Sie blickte die Jacksons an. »Danny versteht was von Pferden. Er ist ein Ulkatcho-Indianer. Sein Vater hat letzten Sommer das Rodeo gewonnen!«

Helen Jackson sah den Indianer an. »Wir waren schon mal auf einer Ferienranch in Arizona, aber das ist einige Jahre her und ich bin seitdem nicht mehr geritten. Ich hoffe, es klappt wieder.«

»Reiten verlernt man nicht«, machte Danny ihr Mut.

Die Gäste folgten dem Indianer nach draußen. »Geh nur!«, sagte Kathryn zu Jessica, »in der Küche komme ich allein klar.«

Jessica trat vor das Haus und sah, wie die Neuankömmlige sofort von den bellenden Hunden umkreist wurden. »Easy, Rocky! Easy, Chilco!«, rief Danny. »Ihr kennt unsere neuen Gäste doch schon! Benehmt euch gefälligst!«

Die Hunde verschwanden hinter dem Pick-up. »Sobald sie sich an euch gewöhnt haben, geben sie Ruhe«, sagte Danny, »die würden sowieso keiner Fliege was zuleide tun. Aber sagen Sie's nicht weiter! Sonst hat keiner mehr Angst vor ihnen!«

Jessica bemerkte, wie Joey einen großen Bogen um die Hunde machte, und lächelte amüsiert. Ein komischer Kauz, dieser Joey, dachte sie. Obwohl er nicht übel aussah, das musste ihm der Neid lassen! Seine Augen waren so dunkel wie bei einem Indianer, und wenn er lächelte, konnte er beinahe mit Brad Pitt mithalten. Okay, seine Lippen waren etwas schmaler und sein Kinn energischer und seine Zähne glänzten nicht ganz so weiß, aber man wusste ja, mit welchen Tricks diese Filmstars arbeiteten. Wenn er bloß nicht so ein Angeber wäre, dachte sie betrübt. Was soll's, morgen früh fliegt er nach Hause. Es lohnt sich nicht, über ihn nachzudenken.

Auf einer Lichtung zwischen den fünf Blockhütten blieb Jessica stehen. Danny war schon zu den Pferden vorgegangen und sie hatte die Führung übernommen. Der Indianer und sie arbeiteten seit einigen Monaten zusammen und waren perfekt aufeinander eingespielt. Sie deutete auf die Feuerstelle, die man unter dem Schnee nur noch erahnen konnte. »Hier zünden wir unsere Lagerfeuer an, auch im Winter. Natürlich nur wenn das Wetter etwas besser ist. Aber das wird wieder!« Sie ging langsam weiter und blieb neben der bunten Zielscheibe aus geflochtenen Bastringen stehen, die zwischen den Bäumen auf einem Dreibein stand. Neben einer Fichte lagen Bernies großer Bogen und drei Pfeile. »Bernie ist ein erstklassiger Bogenschütze«, sagte sie.

Joey betrachtete die Zielscheibe und verzog den Mund. »Das kann doch nicht so schwer sein«, meinte er herausfordernd. Er hob den Bogen auf und wog ihn in der Hand. »Kinderspielzeug!«

Jessica hätte ihm am liebsten eine Ohrfeige gegeben. »Wenn es so leicht ist, können Sie's ja mal versuchen! Von da drüben!« Sie deutete auf die andere Seite der Lichtung, ungefähr dreißig Meter von der Zielscheibe entfernt. »Nehmen Sie die Pfeile mit!«

Sie reichte ihm die gefiederten Pfeile und beobachtete amüsiert, wie er zum Waldrand stapfte. »Wir gehen besser aus der Schusslinie!«, sagte sie zu den Jacksons. Sie traten hinter die Feuergrube. »Haben Sie schon mal mit Pfeil und Bogen geschossen?«, fragte sie den jungen Mann. »Sie dürfen den Pfeil nicht verziehen, sonst landet er in den Bäumen! Passen Sie auf!«

»Ich komm schon zurecht«, erwiderte Joey hochnäsig. Er legte einen Pfeil auf den Bogen, zog daran und fluchte erschrocken, als er viel zu früh von der Sehne schnellte. »Der Bogen ist viel zu hart gespannt!«, lästerte er. Mit dem zweiten Pfeil war er vorsichtiger. Er zog ihn weit zurück, visierte das Ziel an und fluchte unterdrückt, als er die Zielscheibe um mehrere Meter verfehlte. »So einen Bogen bin ich nicht gewöhnt! Viel zu schwer und unhandlich! Bei uns in L. A. haben sie superleichte Sportbogen aus Metall! Aber den dritten setze ich ins Schwarze, ganz bestimmt!«

Er legte den Pfeil auf den Boden und konzentrierte sich. An den tiefen Falten in seinen Mundwinkeln erkannte man, dass er es diesmal unbedingt wissen wollte. Er hielt den Pfeil viel zu lange gespannt, ein Anfängerfehler, der den Bogen schwer und ein genaues Zielen unmöglich machte. Dann ließ er den Pfeil von der Sehne sausen. Er traf den äußersten Ring der Zielscheibe und blieb wippend in dem Bastring stecken. »Mit so einem Bogen kann man ja nicht treffen!«, schimpfte er. Er sammelte die Pfeile ein und drückte sie der schmunzelnden Jessica in die Hand. Als er sich abwenden wollte, sagte Helen Jackson: »Darf ich mal?«

Jessica und Joey blickten sie erstaunt an. Frank Jackson schien nichts Besonderes an dem Wunsch seiner Frau zu finden. »Natürlich«, antwortete Jessica. »Jetzt bin ich aber gespannt!«

Schon die Art, wie Helen Jackson den Bogen hielt, zeigte deutlich, dass sie nicht zum ersten Mal damit schoss. Sie stand breitbeinig im Schnee, den Bogen fest in der linken Hand, und visierte das Ziel nur kurz an, bevor sie die Sehne losließ. Der erste Pfeil traf den äußersten Ring. Der zweite landete beinahe und der dritte genau im Schwarzen. »Joey hat Recht, der Bogen ist etwas zu schwer«, sagte sie scheinbar ungerührt, als sie zurückkehrte.

Jessica starrte sie entgeistert an und lachte dann. »Das war sensationell, Helen! Haben Sie so was schon öfter gemacht?«

»Meine Frau war Jugendmeisterin im Bogenschießen«, verriet Frank Jackson. »Wenn sie will, trifft sie besser als ein Indianer!«

»Wow!«, stieß Joey leise hervor.

»Das ist schon 'ne Weile her«, winkte Helen ab. »Heute würde ich nicht mal unter die ersten zehn kommen! Aber es geht noch!«

»Das war riesig!«, lobte Jessica noch einmal und freute sich diebisch über das sprachlose Gesicht des jungen Managers. »So, jetzt wird's aber Zeit, dass wir zu den Pferden gehen! Danny wartet sicher schon.« Sie blickte Helen fröhlich an. »Und sagen Sie mir bloß nicht, dass Sie Weltmeisterin beim Rodeo waren!«

»Keine Angst«, erwiderte die Frau lachend. »Ich weiß, dass ein Pferd vier Beine hat, und ich kann mich dunkel daran erinnern, dass man darauf reiten kann. Ich bin eine blutige Anfängerin!«

Danny hielt einen kräftigen Braunen an den Zügeln, als sie den Stall erreichten. Sein »Vorzeigepferd«, wie er es nannte. Etwas stämmiger und gemütlicher als die anderen Pferde und geduldiger, wenn es darum ging, einen ungeübten City Slicker durch die Koppel zu tragen. Es bekam immer den schlechtesten Reiter. »Das ist Agatha«, erklärte Danny. »Die Stute ist schon seit ein paar Jahren bei uns. Vor ihr brauchen Sie keine Angst zu haben!«

Jessica kroch zwischen den Holmen des Holzzauns hindurch und tätschelte Agatha den Hals. »Die wäre genau richtig für Sie«, schlug sie Joey vor. »Die macht keinen Mucks, wenn Sie in den Sattel steigen! Sie ist die zahmste Stute, die ich kenne!«

»Wollen Sie sich über mich lustig machen?«, wehrte sich der junge Mann entrüstet. »Ich hab schon mal auf einem Pferd gesessen! Nach dem College war ich ein halbes Jahr in England! Natürlich reiten sie dort nach der klassischen Methode, nicht wie die Cowboys oder Indianer!«

»Das sollten sie aber«, mischte Danny sich ein. »Wer nach der englischen Methode reitet, will sich das Pferd untertan machen! Haben Sie schon mal von einem Pferdeflüsterer gehört? Genau, es gab mal einen Film mit Robert Redford, der so hieß. Pferdeflüsterer sind Menschen, die auf ihre Pferde eingehen. Die niemals Gewalt anwenden, wenn sie von einem Tier etwas wollen. Sie lenken ein Pferd mit den Schenkeln, bräuchten nicht mal Zaumzeug um darauf zu reiten. Die Indianer machten es ähnlich. Sie zähmten ein wildes Pferd mit Worten, brauchten kein Lasso und keine Peitsche wie die meisten Cowboys. Erinnern Sie sich an die Reiter in ›Der mit dem Wolf tanzt‹? Das waren Indianer! Comanchen! Indianer sind die besten Reiter der Welt!«

»Warum haben sie dann gegen die US-Kavallerie verloren?«, fragte Joey spöttisch. Die Pleite beim Bogenschießen hatte ihn noch mürrischer gemacht. »Im Kino reiten doch nur Stuntmen!«

Danny verlor langsam die Beherrschung. »In ›Der mit dem Wolf tanzt‹ waren es keine Stuntmen«, erwiderte er und fügte nachdrücklich hinzu: »Es waren Indianer!« Er spielte eine Weile mit den Zügeln und lächelte wieder. »Und wie die Indianer reiten wir auch auf der Clearwater Ranch. Aber keine Angst! Sie sollen nicht wie ein Comanche auf dem Kriegspfad reiten! Beim ›Centered Riding‹ geht es darum, mit dem Pferd zu einer Einheit zu verschmelzen. So hat eine bekannte Reiterin aus New England diese Methode genannt. Man denkt sich in das Pferd hinein und macht jede Bewegung mit. Dann ist Reiten ganz einfach. Es geht beinahe wie von selbst«

Der Indianer schwang sich in den Sattel und ritt ein paar Meter. Durch ein leichtes Schwenken der Zügel lenkte er die Stute nach links und rechts. »Sehen Sie? Sie brauchen nicht an den Zügeln zu reißen! Eine leichte Bewegung genügt, dann merkt Agatha, was

Sie wollen!« Er stieg ab. »Wer will es als Erster versuchen?«

Joey hatte anscheinend nicht aus seiner Niederlage beim Bogenschießen gelernt. »Das ist doch Kinderkram!«, tönte er. »Dazu brauch ich doch keinen Reitunterricht!« Er kletterte zwischen den Holmen hindurch und griff nach den Zügeln. Beim Aufsteigen stellte er sich recht geschickt an, fand Jessica, aber seine Haltung war viel zu verkrampft, und ein Blick in seine Augen sagte ihr, dass er nicht lange im Sattel bleiben würde. Er war viel zu wütend, selbst für ein zahmes Pferd wie Agatha.

»Heya!«, feuerte er die Stute an, noch bevor Danny etwas sagen konnte, doch als er dem Tier die Hacken seiner Stiefel in die Seite stieß und an den Zügeln zerrte, drehte es sich aufgebracht im Kreis und er flog aus dem Sattel. »Mistvieh!«, schimpfte er laut.

Die Jacksons lachten ungeniert und auch Jessica konnte jetzt nicht mehr an sich halten. Danny beließ es bei einem zufriedenen Grinsen. »So sind sie bei der US-Kavallerie auch geritten«, meinte er spöttisch. »Wollen Sie es noch mal versuchen, Mister?«

»Das haben Sie extra gemacht!«, wütete Joey. Er stand auf und klopfte sich den Schnee von den Kleidern. »Sie haben das Mistvieh mit einem Trick dazu gebracht, mich abzuwerfen! Ich werde mich beschweren! Ich werde dafür sorgen, dass Ihnen gekündigt wird!« Er kletterte aus der Koppel und stapfte zum Seeufer.

»Gar nichts habe ich gemacht!«, rief Danny ihm nach. »Sie haben Agatha zu hart angefasst, deshalb hat sie sich gewehrt!«

Jessica spürte, dass sie zu weit gegangen waren. Natürlich hatte Danny der Stute nichts ins Ohr geflüstert, aber er hätte Joey daran hindern müssen, in dieser Stimmung in den Sattel zu steigen. »Ich mache das schon«, beruhigte sie den Indianer. Sie rannte dem jungen Mann nach und erreichte ihn am Schuppen.

»Joey!«, beschwor sie den aufgebrachten Manager. »Warten Sie auf mich, Joey, und hören Sie mir zu!« Sie überholte ihn und stellte sich ihm in den Weg. »Stellen Sie sich nicht so an, Joey!«

Joey blieb stehen und blickte an ihr vorbei. »Der Indianer hat mich reingelegt und wollte mich vor den Jacksons bloßstellen!«

»Hat er nicht«, konterte Jessica mit gerötetem Gesicht. »Aber wenn er's getan hätte, könnte man es ihm nicht verübeln! Sie haben sich wie ein ungezogener Junge benommen! Und wie ein Dummkopf dazu! Wer so an den Zügeln zerrt, braucht sich nicht zu wundern, wenn das Pferd sich wehrt! Sie sind selbst schuld, dass Sie runtergefallen sind!« Eigentlich hatte sie vorgehabt sich bei ihm zu entschuldigen, aber sein großspuriges Verhalten ließ auch sie langsam die Geduld verlieren. »Warum ziehen Sie so eine Show ab, Joey? Kein Mensch verlangt, dass Sie wie Robert Redford reiten und wie Robin Hood mit dem Bogen schießen! Sie sollen sich erholen! Hier draußen interessiert es keinen, ob Sie in L. A. eine große Nummer sind!« Sie merkte, dass sie sich in Rage geredet hatte, und musste plötzlich lachen. »Ich glaube, Sie sind gar nicht so hochnäsig, wie Sie tun! Wenn Sie endlich mal von Ihrem hohen Ross runtersteigen würden, wären Sie ganz nett. Hab ich Recht?«

»Was weiß ich?«, brummte er. Er überlegte eine Weile und sagte dann: »Ich habe auf dieser Ranch nichts verloren! Dieser Wildniskram ist nichts für mich. Ich bleibe bis morgen früh, aber dann verschwinde ich! Morgen sind Sie mich los!«, ohne eine Antwort abzuwarten stapfte er davon.

5

Mit einem Jeep der Clearwater Ranch fuhr Jessica nach Hause. Der Wind hatte nachgelassen und die verschneite Landschaft lag unter einem basaltfarbenen Himmel, der sich im Westen langsam dunkel färbte. Das Radio lief, die lokale Country Station, und sie wollte gerade abschalten, als sich eine Sprecherin mit angespannter Stimme meldete: »Wir hören gerade, dass die junge Kassiererin, die gestern Nachmittag bei einem Überfall auf die Royal Bank in Kamloops angeschossen wurde, ihren Verletzungen erlag. Dr. Edmund C. Waters, der behandelnde Chirurg, berichtete während einer Pressekonferenz, in solchen Fällen sei auch die moderne Medizin hilflos. Die Patientin habe zu viel Blut verloren. Gleichzeitig wurde bekannt, dass zwei Gefangene einer Strafanstalt bei Calgary ausgebrochen sind! Dean Stockwell und Larry Hatcher, die beide wegen eines Raubüberfalls und gefährlicher Körperverletzung einsaßen, verschwanden während eines Arbeitseinsatzes außerhalb des Zuchthauses. Auf die Frage, warum es zwei so gefährlichen Straftätern gestattet sei, an einem Arbeitseinsatz teilzunehmen, gab die RCMP in Calgary keine Antwort. Nach den Fingerabdrücken, die einer der Männer am Bankschalter hinterließ, steht es außer Zweifel, dass die Ausbrecher für den Banküberfall in Kamloops verantwortlich sind. Die Polizei mahnt alle Bürger zu erhöhter Vorsicht. Dean Stockwell und Larry Hatcher sind äußerst gefährlich und für ihre Brutalität bekannt! Sie besitzen Schusswaffen und haben keine Hemmungen, davon Gebrauch zu machen! Autofahrer werden gebeten keine Anhalter mitzunehmen. Sachdienliche Hinweise nimmt jede Polizeidienststelle entgegen.« Es folgte die Notrufnummer der RCMP.

Jessica erreichte die Abzweigung zu ihrem Blockhaus und schaltete den Allradantrieb ein. Die Beschreibung der beiden Täter ging im Heulen des Motors unter. Sie schaltete das Radio aus und konzentrierte sich auf die Straße. Sie war noch immer nicht geräumt und der Jeep konnte die Spur nur mühsam halten. Schlingernd erreichte sie die Lichtung. Sie parkte hinter dem Blazer ihrer Mutter und stieg aus. Es war kalt geworden und sie freute sich auf einen heißen Tee mit viel Milch und Zucker. Falls ihre Mutter noch schlief, würde sie eine Packung Kekse öffnen, die weichen mit den Schokosplittern, und sie genüsslich verzehren.

Doch Emily Barnett stand in Uniform und Mütze im Wohnzimmer, die Pistole am Gürtel, und starrte auf den Fernseher, der wieder ein normales Bild zeigte. »Ich hab's schon gehört«, sagte Jessica, als sie den Sprecher von den beiden Ausbrechern reden hörte. Ihre Mutter brachte sie mit einer Handbewegung zum

Schweigen und deutete auf die Gesichter der Männer. Der Sprecher las die Beschreibung der Täter vor. Dean Stockwell war zweiundvierzig, ungefähr 1,82 Meter groß, fünfundachtzig Kilo schwer, hatte dunkelblonde Stoppelhaare, graue Augen und ein etwas zu breites, kantiges Gesicht. Ein Gewohnheitsverbrecher, der im Zuchthaus täglich Krafttraining betrieben hatte und seine Intelligenz maßlos überschätzte. Larry Hatcher war vierunddreißig, etwas größer und leichter als sein Kumpan, ein schlanker Mann mit hagerem Gesicht, grünen Augen, schmalen Lippen und einem dünnen Pferdeschwanz. Ein emotionsloser Bursche, der einen Wärter der Strafanstalt mit einer Feile lebensgefährlich verletzt hatte. Er stand unter dem Verdacht, seine junge Freundin, eine Prostituierte aus einem Vorort von Calgary, brutal erstochen zu haben. »Mehr über den Ausbruch in den Nachrichten um zehn.«

Emily schaltete den Fernseher aus und legte die Fernbedienung auf den Couchtisch. »Ich muss gleich los«, sagte sie. »Kann sein, dass es morgen früh etwas später wird. Seitdem wir wissen, dass Stockwell und Hatcher ausgebrochen sind, spielt die Zentrale verrückt. Wir haben alle Hände voll zu tun. Deshalb muss ich auch früher zum Dienst. Du glaubst gar nicht, was für ein Papierkram und wie viele Telefonate anfallen, wenn zwei Gewaltverbrecher auf freiem Fuß sind! Und jetzt haben sie auch noch die Kassiererin auf dem Gewissen …« Sie blickte eine Weile auf den ausgeschalteten Fernseher. »Wir müssen die beiden so schnell wie möglich erwischen … bevor sie noch ein Verbrechen begehen.« Sie zwang sich zu einem Lächeln. »Wenigstens wissen wir jetzt, mit wem wir es zu tun haben.« Sie ging zur Tür und blieb noch einmal stehen. »Ist schon ein bisschen spät, aber drehst du noch eine Runde mit den Hunden? Und kümmere dich ein bisschen um Lefty! Es ist nichts Schlimmes, sagt Doc Ryan. Morgen oder übermorgen ist er wieder ganz der Alte. Er hat ihm eine Spritze gegeben. Gib ihm etwas Brühe, wenn er morgen früh aufwacht. Nimm meine Lampe mit, falls du mit den Hunden rausfährst! Sie liegt in der Vorratskammer. Auf den Mond kannst du dich nicht verlassen.«

»Aye, Constable«, salutierte Jessica amüsiert, »und wie ich dich kenne, muss ich auch dein Schlafzimmer aufräumen. Was tut man nicht alles als folgsame Tochter einer erfolgreichen Polizistin. Wie kommst du nur zurecht, wenn ich nicht zu Hause bin?«

»Dann sieht's hier ziemlich finster aus«, antwortete ihre Mutter grinsend. »Sei mir nicht böse, okay? Bis morgen früh irgendwann!« Sie verließ das Blockhaus und wenige Sekunden später heulte der Motor des Blazers auf. Jessica trat ans Fenster und blickte dem Wagen nach, bis er zwischen den Bäumen verschwunden war. Ihre Mutter war eine erstklassige Autofahrerin.

In der Küche trank Jessica heißen Tee. Sie machte sich ein Sandwich mit Wurst und Käse und schlang es hastig hinunter. Es wurde schon dunkel und sie wollte nicht zu spät mit den Hunden unterwegs sein. »He, Rusty!«, weckte sie den Leithund. »Wird Zeit, dass wir eine kleine Runde drehen!« Der Husky schreckte aus seinem Dämmerschlaf und sprang aufgeregt zur

Tür. Ungeduldig wartete er auf Jessica, die bereits ihre Wollmütze aufgesetzt und die Stirnlampe über den Kopf gezogen hatte. Sie war an einem elastischen Stoffband befestigt und wurde von einer kleinen Batterie mit Strom versorgt. Eine Musherin musste beide Hände freihaben, wenn sie mit den Hunden unterwegs war. »Es geht los, Rusty! Bist du so weit?« Sie griff nach dem Revolver, der griffbereit in einer Schublade lag, und öffnete die Tür.

Der 44er Colt war eine reine Vorsichtsmaßnahme. Jeder Musher hatte eine Waffe dabei, um sich gegen Bären und Wölfe wehren zu können, falls sie seinen Weg kreuzten und sich feindselig verhielten. Vor allem war sie gegen Elche gedacht, die oft in Panik gerieten, wenn sie auf dem fest gestampften Trail standen und von einem Hundeschlitten überrascht wurden. Sie wichen ungern in den Tiefschnee aus, blieben stehen und griffen manchmal sogar an, wenn ihnen die Hunde zu nahe kamen. Die Hufe eines ausgewachsenen Bullen konnten tödlich sein.

Jessica verstaute den Revolver in der gefütterten Tasche des Schlittens und spannte die Hunde an. Rusty vornweg, dann Snowball und den jungen Dandy, Sonny und den ausdauernden Speedy. Der träge Pacer und Lefty mussten zu Hause bleiben und jaulten klagend, als Jessica einen scharfen Pfiff ertönen ließ und von der Lichtung fuhr. Sie war eine gute Musherin, ging alle paar Tage auf den Trail und half ihrer Mutter bei der Aufzucht und der Pflege der wertvollen Hunde. Schlittenhunde waren wie Rennpferde, bekamen eine ausgesuchte Kost, meist getrockneten Fisch oder gekochte Rinderherzen, und mussten oft laufen, wenn sie nicht einrosten sollten. »Huskys sind zum Laufen geboren«, hatte eine Teilnehmerin des Yukon Quest einmal gesagt. Frauen waren keine Seltenheit bei den großen Rennen, gewannen sogar öfter als Männer. »Weil wir besser mit den Hunden umgehen können«, behauptete eine Gewinnerin des Iditarod-Rennens in Alaska. »Wir sind besser!«

»Go! Go!«, feuerte Jessica die Hunde an. Sie hatte die Stirnlampe eingeschaltet und der Lichtstrahl geisterte flackernd über den Schnee. Die Hunde schienen dem Licht zu folgen, setzten mit weiten Sprüngen über den Schnee und rannten über die Forststraße, die Emily Barnett als Trainingsstrecke benutzte. Tagsüber rollten schwere Holztrucks über die verschneite Schotterstraße. Ihre schweren Räder hatten den Schnee platt gedrückt und in eine ideale Piste verwandelt, wie geschaffen für die hechelnden Hunde. Links und rechts von der Straße ragten dunkle Fichten empor und bildeten eine scheinbar undurchdringliche Wand in der hereinbrechenden Nacht. Der Mond und die Sterne lagen hinter einer dichten Wolkendecke versteckt.

Jessica stand mit beiden Beinen auf den Kufen, verlagerte geschickt ihr Gewicht, wenn es in eine Kurve ging oder ein Hindernis sie zum Ausweichen zwang. Mit einem lauten »Haw!« lenkte sie nach links, mit einem »Gee!« nach rechts. Als der Lichtstrahl ihrer Stirnlampe einen knorrigen Ast auf der Straße traf, ging sie rasch in die Hocke und belastete die linke Kufe so stark, dass sie beinahe das Gleichgewicht verloren hätte und mit dem Schlitten umgekippt wäre. Die Hunde rannten mit voller Kraft durch den Schnee, selbst der ängstliche Snowball war diesmal in Hochform, und man sah ihnen an, wie sehr sie sich über diesen Ausflug freuten. Ihre Pfoten, die mit ledernen Booties geschützt waren, schienen über den Boden zu fliegen und ließen den Schlitten durch aufwirbelnde Schneeschleier sausen. Wie silbernes Konfetti glitzerten die Eiskristalle im künstlichen Licht. »Go! Go!«, rief Jessica immer wieder. »Wollt ihr wohl laufen, ihr müden Burschen!« Und sie lachte dabei, genoss den kalten Fahrtwind, wie andere Menschen sich an einer warmen Brise am Meeresstrand erfreuten.

Auf einer Lichtung, die wie eine riesige Zunge in den Wald hineinreichte und mit gefällten Baumstämmen bedeckt war, hielt sie an. »Whoaa! Whoaa!«, hieß das Kommando, das im hohen Norden jeder kannte. Sie rammte den eisernen Anker in den Schnee und stieg von den Kufen. »Kurze Verschnaufpause!«, rief sie den Hunden zu. Sie half dem ungeschickten Dandy seine Hinterbeine aus der Gespannleine zu befreien und schimpfte mit Speedy, der sich mit Snowball angelegt hatte. »Benimm dich, Speedy! Spar dir deine Kräfte lieber für den Sprint auf, den wir gleich hinlegen werden!« Sie hatte vor, die Abzweigung hinter den gestapelten Baumstämmen am Wegesrand zu nehmen und über eine andere Forststraße zur Hauptstraße und zu ihrem Blockhaus zurückzukehren. »He, Rusty!«, sagte sie zu dem Leithund. Sie kraulte ihn hinter den Ohren. »Alles okay? Ich weiß schon, Mom gibt die besseren Kommandos. Ich werde üben!«

Sie ging ein paar Schritte und blickte in die dunkle Nacht hinein. Ein seltsames Gefühl breitete sich in ihrem Körper aus. Sie war beinahe sicher, dass sie jemand beobachtete. Sie drehte sich einmal im Kreis, leuchtete mit ihrer Stirnlampe den Waldrand ab und konnte nichts entdecken. Doch das Gefühl blieb. Sie zog die Taschenlampe, die sie auf jeder Nachtfahrt bei sich trug, aus ihrem Anorak und leuchtete noch einmal in die Runde, diesmal weiter und gründlicher. Wieder nichts. Sie lauschte eine Weile, bis ihr auffiel, dass auch die Hunde verstummt waren, und kehrte nervös zum Schlitten zurück. Sie steckte die Taschenlampe ein und griff nach dem Revolver. Mit einem geübten Blick überzeugte sie sich noch einmal davon, dass er geladen war. »Hab keine Angst, Rusty! Uns kann gar nichts passieren!«

Sie verstaute den Revolver wieder und löste den Anker. »Go!«, feuerte sie die Hunde an und mit einem ebenso lauten »Haw!« lenkte sie das Gespann auf die andere Forststraße, die in einem weiten Bogen zur Hauptstraße zurückführte. Nur für einen Augenblick kamen ihr die Bankräuber in den Sinn, die sich irgendwo in British Columbia auf der Flucht vor der RCMP befanden. Sie waren wohl kaum so dumm, sich in der nächtlichen Wildnis zu verstecken. Ihre Mutter hatte Recht. Sie hatten sich bestimmt nach Toronto oder über die Grenze in die USA abgesetzt. Sie dachte an die tote Kassiererin. Sie überlegte, ob sie die junge Frau schon einmal gesehen hatte, und kam zu keinem Ergebnis. Ihr Foto war im Fernsehen nur wenige Sekunden zu sehen gewesen.

Sie war so in Gedanken versunken, dass sie eine Schneewehe übersah, die weit in die Straße hineinreichte, den Halt verlor und von den Kufen geschleudert wurde. »Whoaa! Whoaa!«, schrie sie noch im Fallen, aber die Hunde rannten weiter, zerrten den leeren Schlitten durch den tiefen Schnee und auf die Straße zurück und verschwanden in der Nacht, die zwischen den Bäumen noch dunkler und undurchdringlicher zu sein schien. Jessica landete in der Schneewehe und grub sich fluchend und prustend hinaus. »Rusty! Komm zurück!«, rief sie, obwohl sie aus Erfahrung wusste, dass die Hunde nicht umkehren würden. »Wenn du dein Team verlierst, bist du erledigt«, lautete ein altes Mushersprichwort.

Jessica klopfte sich den Schnee von den Kleidern und hob die Stirnlampe auf, die ihr beim Sturz vom Kopf gerutscht war. Sie schaltete sie aus und verstaute sie in ihrer Anoraktasche. Zu Fuß kam sie auch ohne Lampe weiter. Wütend machte sie sich auf den Weg. Bis zur Hauptstraße waren es ungefähr sechs Kilometer, und obwohl die Holztrucks auch hier den Schnee festgefahren hatten, kam sie nur langsam voran. Sie würde über eine Stunde brauchen, wenn die Hunde nicht angehalten hatten. Zum Glück war sie nicht irgendwo im abgelegenen Busch vom Schlitten gefallen. Dort konnte ein solcher Unfall zum Tod führen. Wenn man gegen einen Felsen oder auf den harten Boden prallte und ohnmächtig wurde, war man eine leichte Beute für wilde Tiere. Menschen waren in der Einsamkeit der Schneewüste auch schon verdurstet und verhungert oder verrückt geworden.

Sie hatte sich diesen Unfall selbst zuzuschreiben. Wer einen Hundeschlitten durch die Wildnis steuerte, durfte sich nicht ablenken lassen, nicht einmal durch die eigenen Gedanken. Wenn sie wenigstens den Revolver behalten hätte. Obwohl die Gefahr, von einem

Berglöwen oder einem hungrigen Wolf überrascht zu werden, in dieser Gegend nur sehr gering war, hätte sie sich damit sicherer gefühlt. »Ich werde nicht mal Mom davon erzählen!«, beschloss sie laut. Jetzt wusste sie, wie der junge Manager sich gefühlt hatte, als er vom Pferd gefallen war. »Wie ein dummes Greenhorn hab ich mich angestellt!«, schimpfte sie laut. »Das hab ich nun davon!«

Ein lang gezogenes Heulen ließ sie zusammenfahren. Ein unheilvoller Laut, der langsam anschwoll und minutenlang durch die Wälder drang, bevor er wie ein Echo verhallte. Selbst der Wind schien vor dem lauten Klagen zu erschrecken und wirbelte den Schnee am Waldrand auf. Sie blieb stehen. »Wölfe!«, stöhnte sie entsetzt. Das Heulen war so nahe, dass sie unwillkürlich flüsterte und verzweifelt nach den gelben Augen der Bestien suchte. Der Wald blieb dunkel. Sie schaltete die Lampe ein und leuchtete in die Runde, sah weder die Umrisse eine Wolfes noch eine Spur im Schnee. Sie zog sich das elastische Band mit der Stirnlampe über den Kopf und ging weiter. Langsam und vorsichtig, als hätte sie Angst, auf irgendetwas zu treten. Ihr Atem ging rasch und ihr Herz klopfte heftig. Nervös wartete sie darauf, dass sich die Wölfe erneut meldeten oder aus dem Wald traten und sie angriffen. »Rusty!«, rief sie mit gedämpfter Stimme. »Wo steckt ihr?«

Sie zwang sich zur Ruhe und ging weiter, zuerst langsam, dann immer schneller. Nach einigen Schritten war sie beinahe überzeugt davon, sich das Geheul bloß eingebildet zu haben. Die Meldung von den Bankräubern hatte sie aus dem Gleichgewicht gebracht. Immer wenn so etwas geschah, machte sie sich Sorgen um ihre Mutter, obwohl Emily Barnett ständig betonte den »sichersten Job der Welt« zu haben. »Die Zeiten von Jack London sind vorbei«, sagte sie, »wir sind genauso ausgerüstet wie das FBI. Wir fahren nicht mehr mit dem Hundeschlitten durch die Wildnis und kämpfen gegen Banditen!« Und doch war letztes Jahr genau das geschehen. In den Ogilvie Mountains hatte ein Constable der RCMP tagelang einen Mörder verfolgt, mit einem Hundeschlitten, weil sein Snowmobil kein Benzin mehr gehabt hatte und es ihm nicht möglich gewesen war, die nächste Dienststelle zu alarmieren. Der Mörder hatte ihn angeschossen und er hatte einige Monate im Koma gelegen und war dann gestorben. »Aber das war am Yukon«, sagte Emily Barnett, »das ist ganz was anderes!«

Vor ihr tauchte ein verdächtiger Schatten im Lichtkegel auf. Sie erschrak und wollte davonlaufen, doch dann hörte sie die vertraute Stimme des jungen Indianers und blieb stehen. »Ich bin's, Jess! Danny! Ich hab deinen Schlitten gefunden! Ich hatte Angst, dass dir was passiert ist! Bist du okay, Jess? Du siehst ziemlich fertig aus!« Er wartete, bis sie heran war, und lächelte sie spöttisch an. »Sag bloß, du bist vom Schlitten gefallen!«

»Ja, ich bin vom Schlitten gefallen«, antwortete sie peinlich berührt. »Ich hab mich wie ein verdammter City Slicker angestellt, wie dieser Joey oder diese Lady aus Toronto, die letztes Jahr bei uns war! Und wenn du nur einen Ton über diesen … diesen kleinen Unfall verrätst, schieß ich dir den Hintern weg, verstanden?«

Danny lachte ungeniert. »Schon gut«, versprach er, »ich sage kein Wort. Aber ich hab was gut bei dir, okay? Nach dem nächsten Ausritt hilfst du mir den Stall auszumisten! Abgemacht?«

»Schon gut. Hast du die Wölfe gehört?«

»Na klar«, antwortete der Indianer. »Klang verdammt nahe, was? Aber wir brauchen uns keine Sorgen zu machen, sagt meine Urgroßmutter, und die kennt sich besser mit Wölfen aus als jeder andere in diesem Tal. Die Wölfe sind weiter weg, als man denkt. Sie heulen nur so laut, weil sie uns warnen wollen.«

»Wovor denn?«, wollte sie wissen.

»Das hat sie nicht gesagt«, meinte Danny. Er führte Jessica zu ihrem Schlitten, klopfte ihr freundschaftlich auf die Schulter und war zwischen den Bäumen verschwunden, ehe sie sich bei ihm bedanken konnte.

6

Jessica begrüßte die bellenden Hunde und blickte sich noch einmal um, bevor sie den Anker zog und den Schlitten anschob. Die Hunde hatten ungeduldig auf diesen Augenblick gewartet und rannten sofort los. Sie sprang auf die Kufen und verlor beinahe ihre Stirnlampe, als der Schlitten über eine Bodenwelle holperte und hart auf dem fest gestampften Boden aufsetzte. Sie ging rasch in die Hocke und federte den Schlag mit beiden Beinen ab. Geschickt lenkte sie den Schlitten in die breiten Reifenspuren eines Trucks. »Go! Go!«, rief sie, denn jetzt hatte sie das

Team im Griff und sie dachte gar nicht daran, sich noch einmal ablenken zu lassen. Die Wölfe waren weit weg und sie war allein mit ihren Hunden und der eisigen Nacht, spürte wieder den beißenden Wind, der ihr ins Gesicht schlug und in ihren Augen brannte. »Go, Rusty! Komm schon, zeig, was du kannst! Nicht so lahm, Snowball, oder soll ich dich nächstes Mal zu Hause lassen? Geht es noch, Sonny, oder bist du müde? He, Speedy! Leg dich in die Riemen, alter Bursche!«

Die Hunde waren so gut in Form, dass Jessica einen Umweg riskierte und über die leere Hauptstraße bis zum Laden der Witwe Baxter fuhr. Erst dann kehrte sie um und fuhr zum Blockhaus zurück. Es gab nichts Besseres als eine rasante Fahrt mit dem Hundeschlitten, wenn man sich von unangenehmen Gedanken befreien wollte. »Whoaa!«, brachte sie die Hunde zum Stehen. »Das habt ihr gut gemacht! He, Rusty! Das war große Klasse! Morgen oder übermorgen fahren wir wieder und dann falle ich nicht vom Schlitten, das verspreche ich euch!« Der Sturz hatte ihren Stolz beleidigt. Ihr einziger Trost war, dass Danny kein Wort darüber verlieren würde. Jeder andere Junge hätte sich in einer solchen Situation lustig über sie gemacht. Allein der Gedanke, dass dieser Joey oder Howie Epstein davon erfahren könnte, trieb ihr das Blut ins Gesicht. Howie, der achtzehnjährige Pferdepfleger der Nachbarranch, ein unangenehmer Typ mit glatt rasiertem Nacken und militärischer Kurzhaarfrisur, hielt sich für den größten Cowboy westlich von Williams Lake und bedrängte sie schon seit Monaten. Jede Absage feuerte ihn noch mehr an.

»Wenn er noch mal frech wird, beißt du ihm ordentlich in den Hintern«, sagte sie zu Rusty, als sie ihn ausschirrte, »dann kommt er bestimmt nicht wieder!« Sie ließ den Leithund laufen und brachte die anderen Hunde zu ihren Hütten. »Na, Lefty, wie geht's dir?«, begrüßte sie den kranken Husky. Sie streichelte ihn sanft und stellte fest, dass sein Fieber nachgelassen hatte. »Siehst du, jetzt wirst du wieder gesund!« Sie gab ihm einen aufmunternden Klaps und beruhigte den eifersüchtigen Dandy, der immer gestreichelt werden wollte. »Jetzt kommst du dran, Dandy, ganz recht!« Sie kraulte sein weiches Fell und spürte die angenehme Wärme, die von ihm ausging. »Bis morgen«, rief sie den Hunden zu. »Träumt was Schönes!«

Sie füllte noch alle Wassernäpfe und ging dann ins Haus. Nachdem sie die schwere Winterkleidung abgelegt hatte, goss sie sich in der Küche einen heißen Tee auf. Dazu aß sie ein paar der guten Schokoladenkekse. Sie stellte den Fernseher an, zappte durch die wenigen Programme, die sie empfangen konnten, und blieb an einer albernen Serie hängen, die sie schon seit einem halben Jahr nicht mehr gesehen hatte. Sie war inzwischen nicht besser geworden. Sie wartete die Nachrichten ab. Der Bankraub kam erst zum Schluss: die bereits bekannten Fotos der mutmaßlichen Täter, ein paar Bilder aus dem Schalterraum der überfallenen Bank und das High-School-Abschlussfoto der Kassiererin, die gestorben war.

Etwas Neues hatte der Sprecher nicht zu berichten. Die Verbrecher waren immer noch auf freiem Fuß und die RCMP hüllte sich in Schweigen, schien keine Anhaltspunkte dafür zu haben, wo sich die flüchtigen

Männer aufhielten. Das einzig Neue waren Archivbilder der Prostituierten, die Larry Hatcher angeblich ermordet hatte. An dem Küchenmesser, das in ihrer Brust steckte, als man sie in ihrem Wohnwagen fand, waren keine Fingerabdrücke gewesen und Larry Hatcher hatte ein wasserdichtes Alibi vorweisen können. Die RCMP vermutete, dass Hatcher das Alibi gekauft hatte, aber die junge Vietnamesin, die für ihn ausgesagt hatte, war auch bei einem unsanften Verhör nicht umgefallen und behauptete steif und fest, der Verdächtige sei die ganze Nacht mit ihr zusammen gewesen. Ausgerechnet zur Mordzeit wollte sie gemeinsam mit ihm eine Flasche Whisky gekauft haben. Auch der Verkäufer des Schnapsladens sagte für ihn aus.

Jessica brachte den Becher in die Küche, spülte ihn ab und stellte ihn in den Schrank zurück. Als sie ins Wohnzimmer zurückkehrte, lief gerade der Wetterbericht. Für die Chilcotins waren ein oder zwei sonnige Tage vorausgesagt, dann würde erneut ein Sturmtief über die Berge ziehen und für starke Schneefälle sorgen. »Hast du das gehört?«, fragte sie Rusty. »Als ob der letzte Sturm nicht genug war!« Die Temperaturen würden um einige Grad sinken, tiefer als im November des letzten Jahres. Aber noch gab es keinen Grund, sich Sorgen zu machen, betonte die hübsche Wetterfee. »Was die Kälte betrifft, sind wir in Kanada einiges gewöhnt, vor so ein paar Minusgraden laufen wir nicht davon!« Und mit einem strahlenden Zahnpastalächeln fügte sie hinzu: »Solange die Wölfe nicht aus den Bergen kommen, gibt's keinen Grund zur Panik!« Und das sei, seit sie den Wetterbericht mache, noch niemals geschehen. »Eine gute Nacht allerseits!«

»Gute Nacht!«, veralberte Jessica die Wetterfee und schaltete den Fernseher aus. Die »Star Wars«-Melodie ließ sie zusammenfahren. Sie erschrak jedes Mal, wenn das Telefon läutete, obwohl ihre Mutter immer anrief, wenn sie Nachtdienst hatte. Sie griff nach dem Hörer. »Hi, Mom! Wie geht's denn so?«

Statt ihrer Mutter war nur ein leises Rauschen zu hören. »Mom? Hörst du mich?« Sie klopfte mit dem Hörer auf eine Sessellehne und hielt ihn wieder ans Ohr. Wieder nur das Rauschen. »Ich hör dich nicht, Mom! Irgendwas mit der Leitung! Ruf noch mal an!«

Sie wollte gerade auflegen, als sich eine männliche Stimme meldete. Sie kam ihr seltsam vertraut vor. »Jessica? Jess?«

»Wer ist da?«, fragte sie nervös.

»Erkennst du meine Stimme nicht mehr? Hier spricht dein Vater! Leg nicht auf, Jess! Ich weiß, es ist lange her und ich hätte mich längst mal bei dir melden sollen, aber du kannst dir ja denken, wie das ist, wenn man geschieden ist. Da laufen manche Dinge anders, als man sich wünscht. Bist du noch da?«

»Ja, ich bin noch da«, erwiderte sie wütend. »Über ein Jahr, Dad, du hast dich über ein Jahr nicht gemeldet! Nicht mal an Weihnachten! Was soll plötzlich dieser Anruf? Mom will nichts mehr mit dir zu tun haben und ich will auch nicht mit dir reden!«

»So eine Reaktion habe ich erwartet«, meinte er kleinlaut. »Ich würde genauso reagieren, Jess, und ich möchte mich für mein Verhalten entschuldigen. Ich habe euch unrecht getan, das weiß ich. Ich habe mich der Verantwortung entzogen, die man auch nach einer Scheidung für seine Familie hat. Ich weiß das alles selbst, Jess, deshalb rufe ich ja an. Ich möchte, dass wir wieder eine Familie werden. Nicht wie du denkst, Jess! Mir ist klar, dass deine Mom und ich niemals wieder … na, du weißt schon. Aber wir könnten doch wieder miteinander reden. Ich meine, immerhin war ich neunzehn Jahre mit deiner Mutter verheiratet und du wirst immer meine Tochter bleiben, egal mit wem ich verheiratet bin!«

»Das fällt dir reichlich spät ein, Dad!« Sie gab dem »Dad!« einen spöttischen Unterton. »Du hast Mom im Stich gelassen, hast du das vergessen? Bist einfach mit dieser … mit dieser Frau aus Vancouver durchgebrannt und hast dich einen Dreck darum gekümmert, was aus uns wird! Und als ich bei dir in Vancouver war, hast du mich wie eine Fremde behandelt!« Sie erinnerte sich daran, wie er seine neue Freundin herumkommandiert hatte, und wurde noch wütender. »Nicht mal deine Freundin behandelst du besser! Von wegen den Job aufgeben, den ganzen Tag am Herd stehen und nur noch für den lieben Ehemann da sein! Irgendwann läuft sie dir auch davon, da gehe ich jede Wette ein!«

»Sie ist nicht meine Freundin.«

»Was? Hast du sie geheiratet?«

»Wir haben uns getrennt. Vor zwei Wochen. Wir haben beide eingesehen, dass wir nicht zueinander passen.« Er räusperte sich. »Anscheinend brauche ich doch keine Frau, die zu allem Ja und Amen sagt. Unsere Beziehung machte keinen Sinn mehr.«

»Du meinst, sie hat dich verlassen? Na wunderbar! Und jetzt erinnerst du dich plötzlich an deine Exfrau und deine Tochter und versuchst dich wieder bei uns einzuschleimen! Ohne mich, Dad!« Sie knallte den Hörer auf und ließ sich auf die Couch fallen.

»Hast du das gehört, Rusty?«, rief sie dem Husky zu. »Das war Dad! Stell dir vor, seine Freundin hat ihm den Laufpass gegeben! Und uns ruft er mitten in der Nacht an und tut so, als wär nie was gewesen!« Sie schüttelte den Kopf, konnte noch immer nicht fassen, dass ihr Vater die Frechheit besessen hatte, sich wieder bei ihnen zu melden. Wie ein dummer Junge, der von seiner Freundin in die Wüste geschickt wird und bei dem Mädchen anruft, mit dem er vor zwei Jahren gegangen ist. »Was meinst du, was Mom sagt, wenn ich ihr davon erzähle. Die dreht durch! Die wirft ihren Kaffeebecher an die Wand!« Der Gedanke brachte sie zum Lachen. Nachdem sie sich beruhigt hatte, stand sie auf. »Soll er doch allein glücklich werden, wenn seine Freundin ihn nicht mehr will! Für mich ist er jedenfalls gestorben! Ich will nichts mehr mit ihm zu tun haben! Und wie ich Mom kenne, legt sie sofort auf, wenn er sich wieder meldet!«

Das Telefon klingelte erneut. Die »Star Wars«-Melodie ließ sogar den Husky aufschrecken und sie wollte schon den Stecker rausziehen und in ihr Zimmer flüchten, als ihr einfiel, dass diesmal wirklich ihre Mutter dran sein könnte. Sie nahm seufzend den Hörer ab und ahnte bereits, wer am anderen Ende war.

Noch bevor sie etwas sagen konnte, erklang die Stimme ihres Vaters. »Nicht auflegen!«, bat er sie. »Hör mir zwei Minuten zu, mehr verlange ich doch gar nicht! Ich weiß, was du denkst! Und ich weiß, dass es einige Zeit dauern wird, bis unser Verhältnis wieder einigermaßen normal ist. Aber du musst mir eine

Chance geben! Ich bin dein Vater, daran hat sich doch nichts geändert! Und Emily ... deine Mom ... sie ist unterwegs, nicht wahr? Ich möchte mit ihr sprechen, Jess! Ich möchte mich bei ihr entschuldigen.« Er atmete tief ein. »Ich hab mir gedacht, ich komm in den nächsten Tagen mal bei euch vorbei. Einfach so, nur zum Reden! Ich nehm mir einen Tag Urlaub und fliege zu euch hoch!«

Jessica erschrak. »Nein!«, erwiderte sie entschieden. »Mom will bestimmt nicht mit dir reden und ich will es auch nicht! Wie kommst du überhaupt darauf? Kaum lässt dich deine Freundin sitzen, rufst du hier an und kehrst den verständnisvollen Exehemann und liebevollen Vater raus! Bleib in Vancouver, Dad! Tauch auf keinen Fall hier auf! Mom hat keine Zeit! Sie erstickt in Arbeit und kann nicht noch mehr Stress gebrauchen! Ich sag ihr, dass du angerufen hast, in einigen Tagen, wenn's hier etwas ruhiger ist.«

»Und was ist mit dir?«, fragte er vorsichtig.

»Gib mir Zeit!«, versuchte Jessica etwas Verständnis für ihren Vater zu zeigen. »Du hast doch selbst gesagt, dass es noch dauern wird, bis wir wieder normal miteinander reden können. Und komm auf keinen Fall hier rauf! Versprich mir das!«

»Schon gut, Jess.«

»Auf Wiedersehen, Dad!« Sie legte auf und blieb nachdenklich stehen. Ihre Wut war verraucht und sie empfand jetzt sogar Mitleid mit ihrem Vater, war aber nicht bereit ihm zu verzeihen. Vielleicht würde sie in einigen Monaten so weit sein, ihn in Vancouver zu besuchen, doch sie wollte auf keinen Fall, dass er nach Kleena Kleene kam und das Gefühlsleben ihrer

Mutter in Unordnung brachte. Auch wenn sie längst über die Trennung hinweg war, würde sie ein solches Wiedersehen nicht kalt lassen, und ihr Vater wäre durchaus dazu fähig, wieder etwas mit seiner Exfrau anzufangen, um sie dann wenige Wochen später erneut sitzen zu lassen. Er würde sich nie daran gewöhnen, dass Mom einen besseren Job als er hatte. Er arbeitete bei der Baufirma, die einen Teil des Highways 20 asphaltiert hatte, und hätte wohl liebend gern mit ihr getauscht. Er war eifersüchtig auf ihre Uniform.

Sie schob die quälenden Gedanken von sich weg und ging ins Bad. Nach einer heißen Dusche fühlte sie sich besser. Sie trocknete sich gründlich ab, zog das warme Flanellnachthemd über, das sie von ihrer Urgroßmutter bekommen hatte, und legte sich ins Bett. An Schlaf war noch nicht zu denken, dazu war an diesem Abend einfach zu viel passiert. Das Wolfsgeheul, ihr Sturz im nächtlichen Wald, der Anruf ihres Vaters, sie hatte schon ruhigere Abende erlebt. Sie knipste die Nachttischlampe an und las in dem Buch, das sie beim letzten Einkauf in Williams Lake mitgenommen hatte, einer Familiengeschichte aus dem alten China. Doch sie war zu aufgewühlt und musste jeden Absatz zweimal lesen um ihn zu verstehen. Sie legte das Buch zur Seite und verschränkte die Hände hinter dem Kopf. Nachdenklich blickte sie ins Leere.

Neunzehn Jahre war ihr Vater mit ihrer Mutter verheiratet gewesen und sie hatte nie das Gefühl gehabt, dass es einmal anders sein könnte. Ihre Eltern hatten sich gut verstanden und es war selten zu Streitigkeiten gekommen. Jack Barnett war mit seiner Baufirma in ganz British Columbia unterwegs gewesen, im Winter hatte er im Büro einer Versicherungsfirma in Williams Lake gearbeitet. Er war nur am Wochenende zu Hause gewesen. Erst als die Aufträge seltener wurden und er oft wochenlang zu Hause war, kam es zum Krach mit ihrer Mutter. Damals merkten sie, dass sie sich auseinander gelebt hatten, und ihr Vater brüllte oft: »Du bist doch mit deiner verdammten RCMP verheiratet!« Jessica fand überhaupt keinen Zugang mehr zu ihrem Vater, bildete ein eingeschworenes Team mit ihrer Mutter und hielt ihn beinahe für einen Fremden. Ihre Mutter gab sich große Mühe, das zerrüttete Verhältnis zu kitten, doch dann erschien diese Frau auf der Bildfläche, weder jung noch hübsch, und blieb ausgerechnet an der Abzweigung zu ihrem Blockhaus mit dem Wagen liegen. Jack Barnett half ihr den Wagen in Gang zu bringen und brannte schon wenige Tage später mit ihr nach Vancouver durch. Nicht mal einen Brief hinterließ er.

Die Tränen ihrer Mutter nach seinem ersten Anruf aus Vancouver würde Jessica niemals vergessen. Emily Barnett war immer davon ausgegangen, dass ihre Ehe unantastbar war, hatte sich nie davor gefürchtet, ihr Mann könne sich in eine andere Frau verlieben oder sich ernsthaft an ihrer Arbeit für die RCMP stören. In einem wilden Land wie Kanada lag die Arbeit nicht auf der Straße herum, da sahen sich viele Paare nur am Wochenende. Und als sie merkte, wie sehr sie sich auseinander gelebt hatten, war es bereits zu spät. »Ich bereue nichts«, sagte sie zu ihrer Tochter, »wir haben viele schöne Jahre miteinander gehabt. Aber wenn er glaubt, dass ich seinetwegen den Job bei der RCMP aufgebe, hat er sich geschnitten! Ich tauge nicht zum Hausmütterchen! Wenn er das nicht kapiert, ist unsere Ehe sowieso nicht zu retten. Außerdem … wer bezahlt die Rechnungen, wenn ich nichts mehr verdiene?« Es hatte ein Jahr gedauert, bis sie geschieden waren, und nach diesen zwölf Monaten hatte Jessica schon gar nicht mehr den Wunsch gehabt, dass ihr Vater zurückkehrte.

Draußen bellten die Hunde. Sie schwang die Beine aus dem Bett und blickte aus dem Fenster. Im Schein des Mondes, der schüchtern hinter den Wolken hervorgekrochen war, sah sie, wie Snowball und Dandy nervös an den Ketten zerrten. Auch die anderen Hunde waren aufgebracht, selbst der kranke Lefty war aus seiner Hütte gekommen und bellte laut. Am Mond konnte es nicht liegen. Wenn die Hunde sich so aufführten, war meistens ein Eindringling in der Nähe. Ein wildes Tier oder ein Mensch, dessen Witterung sie nicht kannten. So wie neulich, als Dannys Urgroßmutter aus der Dunkelheit gekommen war. Sie stand auf und presste ihre Nase gegen die kalte Fensterscheibe. »Ich möchte bloß wissen, was in euch gefahren ist«, flüsterte sie unruhig. Sie hörte ein Geräusch hinter sich und sah Rusty im Zimmer stehen. Er bleckte die Zähne und knurrte laut.

Ohne weiter zu überlegen zog sie sich an. Sie griff nach dem Revolver, den sie nachts in einer Küchenschublade aufbewahrten, und öffnete die Haustür. Eisige Kälte schlug ihr entgegen. Sie klappte den Kragen ihres Anoraks hoch und lief um das Haus zu den Hunden, gefolgt von Rusty, der immer noch knurrte und laut zu bellen begann, als sie die anderen Hunde erreichten. »Was ist denn los?«, rief sie und ließ ihren

Blick prüfend über die Lichtung schweifen. »So laut wart ihr schon lange nicht mehr!«

Sie ging an den Hunden vorbei und starrte in die Nacht, hielt den Revolver schussbereit in der rechten Hand, falls sich ein Elch oder Berglöwe aus der Dunkelheit löste. Doch außer den Hunden war nichts zu hören. Dann verstummte auch das Gebell und die Huskys zogen sich winselnd und mit eingekniffenen Schwänzen in ihre Hütten zurück. Jetzt war nur noch das leise Rauschen des Windes zu hören. Und das unheimliche Heulen der Wölfe, die irgendwo in den fernen Bergen umherstrichen.

7

Am nächsten Morgen wurde Jessica durch das Telefon geweckt. Sie sprang aus dem Bett und befürchtete schon, ihr Vater würde anrufen, aber ihre Mutter war dran und sagte: »Morgen, Jess. Ich hoffe, ich hab dich nicht geweckt. Ich wollte dir nur sagen, dass ich hier schlafe. Wir haben wahnsinnig viel zu tun wegen der Bankräuber, und der Corporal meint, es wäre besser, wenn ich in der Nähe bliebe. Ich schlafe bei Susan auf der Couch.« Susan war die Sekretärin der Polizeistation und wohnte wie die meisten Polizisten in einem der kleinen Blockhäuser auf dem Grundstück. Emily durfte zu Hause übernachten, weil ihr Haus nur eine knappe Stunde entfernt lag. »Kommst du heute nach Anahim Lake?« Und als Jessica bejahte: »Dann bring mir doch bitte frische Unterwäsche und meine Zahnbürste mit! Ist sonst alles in Ordnung? Wie geht es Lefty?«

Jessica hatte beschlossen ihrer Mutter nichts vom Anruf ihres Exmanns zu erzählen und verschwieg auch ihren Unfall mit dem Hundeschlitten. »Lefty ist okay, der bellt sich schon wieder die Seele aus dem Leib. Ich komm um kurz nach zehn bei dir vorbei, wenn ich Joey zum Flughafen gebracht hab. Ein Angeber aus L. A., der es ohne Computer und Telefon nicht aushält ...«

Ihre Mutter lachte. »Wie ich dich kenne, hast du ihm erst mal ordentlich die Leviten gelesen. Hast du ihn auf ein Pferd gesetzt?«

»Ja, aber lange hat er's im Sattel nicht ausgehalten«, antwortete Jessica. »Ich glaube, der ist froh, wenn er wieder in Los Angeles bei seiner Werbeagentur ist. Bis nachher, Mom! Ich beeile mich.«

Jessica legte auf und ging ins Bad. Sie fühlte sich ein wenig schuldig, weil sie ihrer Mutter nichts von den gestrigen Ereignissen erzählt hatte. Sie sollte ihr wenigstens von ihrem nächtlichen Abenteuer im Wald berichten. Sie würde den Unfall herunterspielen, denn schließlich war weder ihr noch den Hunden etwas passiert. Den Anruf ihres Vaters würde sie ihr aber nach wie vor verschweigen. In das Verhältnis ihrer Mutter zu ihrem Exmann wollte sie sich nicht einmischen. Wenn er etwas von ihrer Mutter wollte, sollte er sie anrufen. Sie war nur dafür verantwortlich, wie sie selbst zu ihrem Vater stand. Unter der Dusche dachte sie darüber nach, kam aber zu keinem Ergebnis. Vor dem Anruf hätte sie geschworen, dass sie nie wieder ein Wort mit ihrem Vater reden würde, doch inzwischen war sie unsicher. Aber wie konnte sie für einen Vater Mitgefühl empfinden, der sich erst meldete, wenn ihm seine neue Freundin den Laufpass gegeben hatte? Sie trocknete sich wütend ab, zog sich an und ging in die Küche. »Als ob wir nicht genug Ärger am Hals hätten«, meinte sie zu Rusty, als sie heißen Tee aufbrühte und sich ein riesiges Sandwich machte. Sie hatte großen Hunger.

Nachdem sie die Hunde gefüttert und ihnen versprochen hatte bald wieder mit ihnen in den Wald zu fahren, fuhr sie zur Clearwater Ranch und parkte vor dem Haupthaus. Joey stand mit gepacktem Koffer im Eingang, ein wenig nachdenklich, als hätte er plötzlich Zweifel daran, ob seine Entscheidung auch richtig war. Jessica stieg aus und begrüßte ihn. »Und Sie wollen wirklich nach Hause fliegen?«, fragte Jessica. »Was ist eigentlich so toll an L. A., dass Sie nicht mehr bleiben wollen? Die schlechte Luft? Die Killer, die man jeden Abend im Fernsehen sieht? Die vielen Autos auf den Freeways? Oder sind Sie so unentbehrlich in Ihrer Agentur, dass ohne Sie nichts läuft?«

Joey überhörte den beißenden Spott. »Ich habe einen sehr wichtigen Etat zu verwalten. J. M. meinte es sicher gut, als er den Urlaub buchte. Er ist ein sehr sozialer Chef, müssen Sie wissen, nicht so eiskalt wie diese Haie aus New York oder Dallas. Aber ich kann es mir einfach nicht leisten, so lange wegzubleiben, und die Kollegen möchte ich mit meiner Arbeit auch nicht belästigen. Meine Geschäftspartner sind sehr schwierig, Hollywood, MTV und so – das kann kein anderer.« Jetzt hatte er wieder diesen arroganten Ausdruck in den Augen, der Jessica so auf die Nerven ging. »Außerdem hätte ich mich hier sowieso nicht wohl gefühlt. Ich bin einfach nicht geschaffen für die Wildnis, das haben Sie ja gesehen. Bringen Sie mich zum Flughafen? Wenn die Maschine um halb elf geht, müssen wir langsam los!« Er trug sein Gepäck zum Jeep und stellte es auf die Rückbank. »Ich möchte mich verabschieden«, sagte er zu den Besitzern der Ranch, die mit ihren Hunden nach draußen gekommen waren. Chilco bellte den jungen Mann an. »Auf Wiedersehen.« In Joeys Augen war ein seltsamer Ausdruck.

»Und Sie wollen wirklich nicht bleiben?«, fragte Bernie Hansen. »Noch können Sie umkehren! Wir haben für heute einen Ausritt auf den Perkins Peak geplant, ein wunderschöner Ritt, und oben veranstalten wir ein Picknick! Wir kriegen schönes Wetter heute!«

»Ich muss zurück. Selbst mit dem Handy komme ich in diesen Bergen kaum durch, das kann ich mir nicht leisten. Es geht nicht gegen Sie, aber ich habe sehr viel Verantwortung, das müssen Sie verstehen. Leben Sie wohl!« Er stieg in den Jeep und schnallte sich umständlich an.

Jessica folgte ihm lächelnd. »Da kann man nichts machen«, rief sie den Hansens zu. »Bis nachher!« Sie fuhr vom Hof und lenkte den Wagen auf die Hauptstraße, blieb in den Spuren eines schweren Trucks, der am frühen Morgen nach Westen gefahren war. Zwischen dem jungen Mann und ihr fiel kein Wort. Beide waren in Gedanken vertieft. Als die Stille peinlich zu werden drohte, stellte sie das Radio an. Ein kanadischer Countrysong.

»Mögen Sie Countrymusic?«, fragte Jessica.

»In L. A. hören wir kaum Country«, antwortete Joey

ohne sie anzusehen. »Ich weiß nicht mal, ob es einen Countrysender gibt.«

»Nicht mal Shania Twain?«

»Singt die Country? Nee, wenn ich Musik höre, dann Top 40 und so 'n Zeug. Ich hab wenig Zeit zum Radiohören, wenn ich ehrlich bin. Im Auto denke ich über Slogans nach. So was wie ›Come to where the flavor is. Come to Marlboro Country‹. Leider ist der nicht von mir.« Er gestattete sich ein Lächeln. »Aber ›Red Velvet bites you‹ war auch nicht schlecht. Ein Parfüm, das beißt, so was hat's bisher nie gegeben. Ich schicke Ihnen ein Fläschchen, okay?«

»Bissiges Parfüm?«

»Warum nicht?«

Um kurz nach zehn Uhr erreichten sie Anahim Lake. Jessica hielt vor der Flughafenbaracke und wartete, bis Joey sein Gepäck in die Holzhütte getragen hatte. Sie stieg aus und schüttelte ihm die Hand. »Ich find's ziemlich albern, dass Sie gehen, Joey, aber ich hab nie in einer Werbeagentur gearbeitet.« Sie blickte ihm in die Augen und bedauerte plötzlich, dass er ging. Er sah wirklich nicht übel aus. Wäre er nicht so ein Stinkstiefel in einem lächerlichen Anorak gewesen, man hätte sich an ihn gewöhnen können. »Und vergessen Sie nicht … Red Velvet.«

Er lachte. »Wie könnte ich das vergessen?«

Sie hatte für einen kurzen Augenblick das Gefühl, er könnte sie umarmen, und wandte sich rasch ab. »Machen Sie's gut, Joey!«

Ohne sich umzublicken fuhr sie auf den Highway zurück. Die Polizeistation lag ungefähr hundert Meter von »Grandma's Corner« entfernt, einer Tankstelle und einem kleinen Laden, und bestand aus einem kastenförmigen Gebäude und einem Anbau, in dem zwei Zellen untergebracht waren. Auf dem eingezäunten Gelände hinter der Station standen die Blockhäuser der Polizisten. Jessica hielt auf dem Parkplatz, nahm die Tasche mit der Unterwäsche und dem Zahnputzzeug und betrat die Station.

»Hallo, Constable!«, begrüßte sie den unscheinbaren Mann mit dem energischen Kinn und den sorgfältig gescheitelten Haaren, der hinter seinem Schreibtisch saß und in einigen Akten blätterte. Er blickte flüchtig auf und grüßte zurück. Ihre Mutter stand mit dem Corporal vor der großen Wandkarte von British Columbia. »Hallo, Corporal! Hallo, Mom!«

Sie stellte die Tasche neben den Schreibtisch ihrer Mutter und wartete geduldig, bis die beiden ihre Unterhaltung beendet hatten. »Habt ihr schon eine Spur?«, fragte sie mit einem Blick auf die Karte. »Die Kerle können sich doch nicht in Luft aufgelöst haben. Im Fernsehen waren wieder ihre Fotos zu sehen.«

Emily zuckte enttäuscht mit den Schultern. »Und dennoch haben wir nicht die geringste Spur von ihnen. Wir wissen nur, dass sie nach Norden wollen, aber das kann auch eine Finte sein. Die Burschen sind mit allen Wassern gewaschen! Wer weiß, in welcher Verkleidung sie auftreten! Da gibt's hundert Möglichkeiten!«

»Hauptsache, sie kommen nicht in unsere Gegend«, meinte Jessica ernst. »Der mit dem Pferdeschwanz, der seine Freundin umgebracht haben soll, sieht aus wie ein fieser Typ! Und der andere wirkt auch nicht gerade sympathisch.«

»Sie sind beide gefährlich«, bestätigte ihre Mutter, »deshalb sind wir auch mit allen Kräften im Einsatz. Wir haben überall Straßensperren errichtet, sogar hier auf dem Highway 20. Zur Sicherheit. Und die Flughäfen sind alle alarmiert.« Sie setzte sich hinter ihren Schreibtisch und griff nach einem Schnellhefter. »Es ist ein Geduldsspiel, wie immer. Aber früher oder später kriegen wir sie!«

»Lass dich nicht erschießen, Mom!«

»Keine Angst! Ich pass auf mich auf.«

Mit diesen Worten verabschiedeten sich Jessica und ihre Mutter immer voneinander, wenn ein gefährlicher Einsatz bevorstand, und obwohl sie dabei grinsten, meinten sie es beide ernst. Auch wenn Emily Barnett auf einem entlegenen Posten stationiert war und die Polizisten dort hauptsächlich damit beschäftigt waren, betrunkene Rowdys festzunehmen, bestand immer die Möglichkeit, dass sie in einen echten Kriminalfall verwickelt wurden. Manche Verbrecher unterschätzten den kanadischen Busch und glaubten in der Wildnis besonders sicher zu sein. Jessica bewunderte ihre Mutter. Für die souveräne Art, wie sie ihren Job tat, ihre unerschütterliche Ruhe, selbst in einer angespannten Lage wie jetzt. »Ich bin ausgewachsenen Grizzlys und wütenden Elchen begegnet«, sagte Emily, wenn man sie darauf ansprach, »ich bin nicht so leicht aus der Ruhe zu bringen!« Aber zwei gefährliche Räuber und Mörder?

»Kommst du morgen früh nach Hause, Mom?«

»Mal sehen«, meinte ihre Mutter, während sie in dem Schnellhefter blätterte, »wenn nicht, wasch ich mir die Sachen aus.« Sie blickte auf die Tasche mit der

Unterwäsche. »Ich ruf dich an, Jess. Kümmere dich um die Hunde, wenn du Zeit hast, okay?«

»Mach ich, Mom. Bis bald! Auf Wiedersehen, Constable!«

Jessica verließ die Polizeistation und stieg in den Jeep. Sie hielt vor dem kleinen Laden und kaufte sich einen Schokoriegel, eine Sünde, die sie sich manchmal erlaubte, wenn sie ihre Mutter in Anahim Lake besuchte, und wendete den Wagen.

Ungefähr zweihundert Meter vor der Abzweigung zum Flughafen trat sie überrascht auf die Bremse. Hinter ihr scherte ein Pick-up aus und der Fahrer hupte wütend, als er sie überholte. Am Straßenrand stand ein junger Mann mit einem Koffer und einer Tasche und hielt den Daumen in den Wind. »Ich werd verrückt«, stieß sie überrascht hervor, »das ist doch …« Sie fuhr langsam weiter und hielt kurz darauf neben einem sehr verlegenen Joey. Sie ließ das Seitenfenster hinunter. »Geht die Maschine heute nicht?«

Er hütete sich ihr in die Augen zu sehen. »Ich hab noch mal mit J. M. gesprochen. Er meint, dass mir ein Urlaub nach dem Stress der letzten Wochen ganz gut tun würde. Von wegen die kreativen Zellen aufladen und so. Der Chef des Unternehmens, mit dem ich zur Zeit verhandele, ist sowieso gerade in der Karibik, da fällt es nicht so auf, wenn ich mich mal zwei Wochen ausklinke. Wenn Sie also nichts dagegen haben, bleibe ich.

Jessica öffnete die Tür und verkniff sich eine spöttische Bemerkung. Er verstaute sein Gepäck im Wagen und kletterte auf den Beifahrersitz. »Es macht Ihnen doch keine Umstände, oder?«

»Nur wenn Sie wieder davon anfangen, wie viel besser alles in L. A. ist«, erwiderte sie. »Und über Ihren Job möchte ich auch nichts mehr hören! Bereiten Sie sich lieber darauf vor, einen kleinen Ausritt mit mir zu machen. Wenn wir uns beeilen, holen wir die anderen noch ein, bevor sie mit dem Picknick anfangen!«

»Ich hab nur gesagt, dass ich auf der Ranch bleibe!«, stellte Joey richtig. »Von Reiten war nicht die Rede! Ich denke nicht daran, in den Sattel eines wilden Pferdes zu steigen! Ich setze mich auf die Veranda, genieße die Sonne, wenn sie ausnahmsweise mal scheint, und arbeite an meinen Slogans, so ist das Ganze wenigstens keine reine Zeitverschwendung. Reiten kommt gar nicht infrage!«

»Tja, da haben Sie Pech gehabt«, verspottete Jessica ihn. »Sie dürfen sich gar nicht allein auf der Ranch aufhalten. Aus Versicherungsgründen.« Das stimmt zwar nicht, aber er hat es nicht anders verdient, dachte sie. So ein arroganter Typ ist mir in meinem ganzen Leben noch nicht untergekommen! Selbst jetzt kann er nicht aufhören sich wichtig zu machen. »Keine Angst, ich gebe Ihnen das zahmste Pferd!«

Sie erreichten das Ranchhaus gegen Mittag und wurden von Rocky und Chilco begrüßt. Die Hunde liefen frei im Hof umher und bellten laut, als sie die Witterung des jungen Mannes aufnahmen. »Easy, easy!«, beruhigte Jessica die Hunde. »Joey bleibt noch zwei Wochen bei uns!« Sie deutete zum Waldrand. »Die Tür zu Ihrer Hütte ist offen. Stellen Sie das Gepäck rein und kommen Sie zur Koppel! Ich glaube, ich hab ein Paar Cowboystiefel für Sie!«

Joey wagte nicht zu widersprechen und erschien

kurz darauf in fabrikneuen Jeans beim Pferdestall. Er trug den bunten Anorak und einen Cowboyhut, den er wohl ebenfalls in Los Angeles gekauft hatte.

Jessica hatte bereits zwei Pferde gesattelt, ihren Schecken und die stämmige Agatha, und konnte ein Lachen nur mühsam unterdrücken, als sie Joey erblickte. »Im Stall liegen Cowboystiefel, die müssten Ihnen passen. Und probieren Sie einen von den Stetsons! Mit *dem* Hut dürfen Sie sich in unseren Bergen nicht blicken lassen! So was tragen nur die Cowboys in alten Hollywoodfilmen!« Sie schüttelte den Kopf, als er im Stall verschwand. Fehlt nur noch ein buntes Halstuch und er kann in einer Western-Show auftreten, dachte sie.

Sie schwang sich in den Sattel ihres Schecken und hielt die Zügel der Stute, bis Joey zurückkehrte. In dem zerdrückten Stetson und den ausgelatschten Stiefeln, die ein alter Cowboy auf der Ranch zurückgelassen hatte, sah er schon besser aus. »Gut, dass mich meine Kollegen nicht sehen können«, meinte er bedrückt.

»Ach was, Sie sehen super aus!«, erwiderte Jessica fröhlich. »Und jetzt steigen Sie auf«, fuhr sie fort, »so wie Sie's gestern bei Danny gesehen haben. Den Steigbügel umdrehen, rein mit dem Stiefel und dann mit Schwung in den Sattel!« Er befolgte ihre Anweisungen und es klappte gleich beim ersten Mal. »Genau so! Bleiben Sie dicht hinter mir, okay? Und denken Sie immer daran: Ein leichter Schenkeldruck oder ein sanftes Ziehen an den Zügeln genügt! Wenn Sie daran zerren, wehrt sich die gute Agatha! Sind Sie bereit?«

Jessica lenkte den Schecken aus der Koppel und folgte den Spuren, die Danny und die anderen am Morgen hinterlassen hatten. Sie achtete darauf, dass Joey dicht hinter ihr blieb und die Pferde nicht zu schnell liefen. Joey saß etwas unsicher im Sattel, zu ängstlich und verkrampft, und sie wollte ihm ausreichend Zeit geben, sich an die Stute zu gewöhnen. »Denken Sie daran, was Danny gesagt hat: Versuchen Sie mit dem Pferd zu verwachsen! Sie und das Pferd müssen eine Einheit bilden, dann lässt es sich am leichtesten lenken! Etwas lockerer, Joey! Nicht so verkrampft! Ja, so ist es besser! Agatha freut sich, dass sie wieder mal aus ihrem Stall rausdarf! Und Sie sollten sich auch freuen! Oder haben Sie so eine frische Luft schon mal in Los Angeles erlebt?«

»Im Auto hab ich die Klimaanlage an, da kriege ich von der Luft nichts mit«, antwortete er. »Aber es stimmt, hier ist es recht kühl!«

»Hier ist die Luft rein«, verbesserte Jessica ihn. »Und die Kälte ist so trocken, dass man sie kaum spürt!« Sie drehte sich um und nickte zufrieden, als sie feststellte, dass Joey jetzt etwas entspannter im Sattel saß. »Lassen Sie Agatha mehr Spielraum, Joey! Nur wenn sie stehen bleiben und an den Zweigen knabbern will, treiben Sie die Gute an! Ein leichter Stiefeldruck genügt. Die kapiert sofort, was Sie wollen.«

Sie ritten über eine Forststraße, die an einem vereisten Bach entlangführte und sich auf einer weiten Lichtung verlor. Von dort ging es über einen schmalen Indianerpfad nach Südwesten, der hellen Sonne entgegen, die über den verschneiten Gipfeln der Pantheon Range stand und den Schnee zum Glitzern brachte. Sie hatten ihre Sonnenbrillen aufgesetzt und lehnten sich weit im Sattel nach vorn, um den steilen Hang, der hinter einigen Felsen anstieg, besser überwinden zu können. »Halten Sie sich am Sattelhorn fest!«, rief Jessica ihrem Begleiter zu. »Das ist keine Schande! Lassen Sie Agatha die Arbeit machen! Gleich haben wir es geschafft!«

Sie erklommen den Hügel und zügelten die Pferde auf dem glitzernden Schneefeld, das sich wie ein makellos ausgebreitetes Laken vor ihnen erstreckte und zum Perkins Peak anstieg. Die zerklüfteten Felsenhänge wirkten durch die harten Schatten der Mittagssonne noch bedrohlicher. In majestätischer Ruhe thronte der Gipfel über der wilden Landschaft, und selbst Jessica, die diesen Anblick alle paar Tage erlebte, blieb beeindruckt im Sattel sitzen und sagte: »Ist das nicht schön? Sind Sie nicht froh, dass Sie nicht weggeflogen sind, Joey?« Sie spürte, dass sie sentimental wurde, und fügte schnell hinzu: »Wir sollten uns beeilen, sonst sind die guten Sachen weg, wenn wir die anderen eingeholt haben!« Sie trieb ihren Schecken an und folgte den Spuren, die um das Schneefeld herum auf die Berge zuführten.

8

Jessica war beinahe sicher, dass Joey der Ausflug gefiel. Auch wenn er alle paar Minuten fluchte und vor Anstrengung stöhnte, war das freudige Glitzern in seinen dunklen Augen nicht zu übersehen. Staunend streifte sein Blick über die verschneiten Bergmassive und die endlose Weite, und als sie das Ufer eines vereisten Baches erklommen und die Pferde sich schnaubend durch den Tiefschnee kämpften, stieß er sogar ein begeistertes »Heya! Vorwärts!« aus. Natürlich hätte er niemals zugegeben, wie viel Spaß ihm der Ritt machte. Selbst als sie das Lagerfeuer der Hansens am Berghang sahen und sie es beinahe geschafft hatten, blieb seine Haltung ablehnend und bestenfalls gleichgültig. »Ziemlich anstrengender Ritt um irgendwo in der Kälte zu essen«, meinte er zynisch. »In L. A. setzen wir uns in ein Kabrio und fahren zum Strand. Da siehst du das ganze Jahr keinen Schnee!«

»Und man hat nicht diese Aussicht«, erwiderte Jessica. Sie zügelte ihren Schecken und wartete, bis er zu ihr aufgeschlossen hatte. »Oder hatten Sie schon mal einen solchen Ausblick?« Sie deutete auf die schroffen Felsenhänge und den glitzernden Schnee. »So eine Landschaft sieht man sonst nur auf Ansichtskarten!«

»Nicht übel«, erwiderte Jocy widerwillig. »Aber ver dammt kalt!« Er hatte seinen Kragen hochgezogen und die Hände tief in seinem Anorak vergraben. »So was hält doch kein Mensch aus!«

Jessica machte sich einen Spaß daraus, ihn aufzuziehen. »Das ist noch gar nichts! Manchmal wird es hier so kalt, dass einem die Finger bei lebendigem Leib abfrieren! Wenn du dann nicht wie ein Eskimo angezogen bist, kannst du gleich aufgeben! Stellen Sie sich vor! Letzten Winter kehrte ein Trapper mit vier Fingern aus dem Busch zurück! Und Zehen hatte er gar keine mehr! Sie hätten den armen Burschen sehen sollen! Und vor fünf Wintern stürzte ein Pilot mit seiner Beaver am Monarch Mountain ab. Als man ihn endlich fand, war er ein Eisklumpen!«

»Sie machen sich über mich lustig!«

»Nur ein bisschen«, räumte sie ein.

Die Hansens und das Ehepaar Jackson verzichteten auf eine spöttische Bemerkung, als Jessica mit dem jungen Manager am Lagerfeuer auftauchte. »Schön, dass Sie sich's anders überlegt haben!«, sagte Kathryn Hansen lediglich. Auch Danny hielt sich zurück. Nur Jessica sah sein ironisches Lächeln, als er sich um Joeys Pferd kümmerte. »Bedient euch!«, forderte Bernie die Neuankömmlinge auf und reichte ihnen den Plastikbehälter mit den Sandwiches und dem Obst. In einem Land, in dem es wilde Tiere gab, ließ man Lebensmittel niemals offen herumliegen. Zahlreiche Touristen waren getötet worden, weil sie mit ihrem Proviant Bären oder Wölfe angelockt hatten. »Da habt ihr aber Glück, dass wir genug zu essen mitgenommen haben«, sagte Bernie. »Kaffee?«

Sie ließen sich am Lagerfeuer nieder, aßen und tranken und genossen die angenehme Wärme, die von den Flammen ausging. Joey schien in Gedanken versunken und sagte wenig, lächelte Jessica nur einmal zu, als sich ihre Blicke trafen. Aber es war bloß ein flüchtiges Lächeln, für das er sich sofort danach zu schämen schien, denn er brummte plötzlich missmutig und starrte dann unentwegt in seinen Kaffeebecher, als gäbe es dort etwas Spannendes zu entdecken. Danny verdrehte hinter seinem Rücken die Augen.

Auf dem Ritt zurück zur Clearwater Ranch hielt Joey sich zwischen Jessica und Kathryn Hansen. Er hing müde im Sattel, umklammerte mit beiden Händen das Sattelhorn und stöhnte jedes Mal, wenn sie eine Steigung erklommen oder einen Bach überquerten. Jessica merkte, wie sehr ihn der Ritt anstrengte, und gab sich Mühe, ihm die Sache zu erleichtern. »Bleiben Sie dicht hinter mir!«, forderte sie ihn auf. Joey gehorchte, wollte auf keinen Fall zugeben, wie erschöpft er war und dass er nur noch davon träumte, in seinem Blockhaus zu verschwinden und sich aufs Bett zu werfen. Er hatte nicht gedacht, dass der Ausritt so anstrengend sein würde.

»Das kommt davon, wenn man den ganzen Tag im Büro sitzt und auf wichtig macht«, lästerte Danny, als sie die Ranch erreicht hatten und Joey wortlos in seiner Blockhütte verschwunden war.

»Danny!«, wies Kathryn Hansen ihn zurecht. »Ich möchte nicht wissen, wie du in L. A. abschneiden würdest! Wahrscheinlich würdest du wie der letzte Mensch über den Freeway zuckeln!«

»Autofahren ist einfach«, meinte der Indianer großspurig. »Du trittst aufs Gas und ab geht's! Was diese weißen Weicheier in L. A. können, kann ich noch lange! Ich würde sie alle abhängen!«

»Ich würde gar nicht erst hinfahren«, sagte Jessica.

Sie verbrachte den Rest des Nachmittags damit, Kathryn Hansen beim Aufräumen der Blockhäuser und beim Zubereiten des Abendessens zu helfen, fütterte die beiden Hunde und ging ans Telefon, als es um kurz nach siebzehn Uhr klingelte.

»Clearwater Ranch. Was kann ich für Sie tun?«

»Äh ja, hier spricht Sally Dunn aus Long Beach«, meldete sich eine weibliche Stimme. Sie klang sehr sexy. »Ich würde gern Joseph sprechen ... Joseph Rockwell ... er wohnt doch bei Ihnen?«

»Ja, natürlich«, antwortete Jessica zögernd, »aber er ist gerade in seiner Blockhütte. Kann er Sie zurückrufen? In zehn Minuten?«

»Sicher.« Sie nannte eine Nummer und fügte hinzu: »Sagen Sie ihm, er soll mich bloß nicht hängen lassen. Wenn er in einer halben Stunde nicht angerufen hat, bin ich weg. Sagen Sie ihm das! Mein Name ist Sally ... aus Long Beach. Haben Sie das?«

»Schon notiert«, versprach Jessica. Sie legte den Hörer auf und verzog das Gesicht. »Haben Sie das?«, ahmte sie den heiseren Tonfall der jungen Frau nach und fing sich einen neugierigen Blick von Kathryn Hansen ein. »Ein Anruf für unseren Manager«, erklärte sie, »eine Freundin aus Long Beach. Angeberzicke!«

Die Besitzerin der Ranch lachte. »Du hast wohl einen Narren an dem jungen Mann gefressen! Langsam glaube ich, du hast ihn mit Gewalt zurückgehalten!« Sie zwinkerte. »Hab ich Recht?«

»Ich sag ihm Bescheid«, erwiderte Jessica unwillig. Sie lief zu Joeys Blockhaus hinunter und klopfte an die Tür.

»Ja?«, schallte es von innen.

»Sie sollen eine Sally Dunn in Long Beach anrufen!«, rief sie, noch bevor er die Tür öffnete. Als er leicht bekleidet durch einen Spalt nach draußen blickte, war sie bereits auf dem Rückweg.

»Das ging aber schnell«, empfing Kathryn Hansen sie mit einem geheimnisvollen Lächeln. »Hilfst du mir? Vielleicht könntest du das Eiweiß schlagen. Ich glaube, das kannst du besser!« Sie reichte ihr eine Glasschüssel und holte einige Eier aus dem Kühlschrank. »Deine Mutter hat zurzeit wohl viel um die Ohren?«, meinte sie nach einer Weile. »Ich hab von den Bankräubern gehört. Müssen gefährliche Burschen sein! Hat die RCMP eine Ahnung, wo sie sich rumtreiben? Sie kommen doch nicht in unsere Gegend?«

Jessica zuckte die Achseln. »Wenn sie schlau sind, haben sie sich in die Staaten abgesetzt, doch ein Angestellter der Bank hat gehört, dass sie nach Norden wollen. Ich glaube, das haben sie absichtlich gesagt. Die sind doch längst über alle Berge!« Sie ließ den Schneebesen ruhen. »Aber die Polizei muss auf Nummer sicher gehen. Sie errichten überall Straßensperren, sogar hier oben!« Sie lachte. »Sag bloß unseren Gästen nichts davon!«

»Die sind das gewohnt«, winkte Kathryn Hansen ab. »In Los Angeles passiert so was jeden Tag. Seattle ist auch nicht besser!«

Schon während ihrer Unterhaltung mit Kathryn Hansen und auch später, als sie im schwarzen Jeep der Ranch nach Hause fuhr, waren ihre Gedanken bei dem jungen Mann, der sich vollkommen erschöpft in seine Blockhütte zurückgezogen hatte. »Joseph« hatte ihn diese Sally genannt. Joseph, das war doch kein Name! Joey klang viel besser! Kathryn Hansen hatte Recht, der verflixte Kerl hatte irgendetwas in ihr ausgelöst und sie vermochte nichts dagegen tun. Verdammt! Sie konnte sich doch unmöglich in diesen arroganten Burschen aus L. A. verliebt haben.

Und doch hätte sie dieser Sally am liebsten eine Abfuhr erteilt. Sie stellte sich die junge Frau aus Kalifornien als langbeinige Schönheit vor, im knappen Bikini und mit einer blonden Mähne wie die Baywatch Babes in der Fernsehserie, die vor einigen Jahren gelaufen war und immer noch wiederholt wurde. Eine hochnäsige Zicke, die nur die Nase rümpfen würde, wenn sie wüsste, wie ihr Freund auf der Ranch lebte. Jessica mochte die Kalifornier nicht, die waren ihr viel zu oberflächlich. Liefen mit nackten Beinen umher und beteten die Sonne an.

Sie kam aus der Spur und geriet ins Schleudern, musste hart gegenlenken, um nicht in den Graben zu fahren. Mit blasser Miene konzentrierte sie sich auf die Straße. Ihr fiel ein, dass sie die Post bei der Witwe Baxter holen wollte, und sie lenkte den Jeep an der Abzweigung zu ihrem Blockhaus vorbei nach Kleena Kleene. Das Zentrum des kleinen Ortes war kaum zu erkennen. Die wenigen Häuser lagen im Wald versteckt und an der Straße gab es nur das zweistöckige Blockhaus der Witwe, in dem der Laden und ihre Wohnung untergebracht waren.

Sie parkte neben dem Haus und stieg die Betonstufen zur Eingangstür hinauf. Beißender Zigarrenqualm schlug ihr entgegen, ein sicheres Zeichen dafür, dass der alte Moses Gunn im Haus war und seinen abendlichen Whisky trank. Seine kranke Frau war gegen Alkohol und konnte Tabakgeruch nicht vertragen. »Hallo, Mary!«, begrüßte Jessica die Witwe. Mary Baxter trug ihre geliebte Kittelschürze und hatte pinkfarbene Lockenwickler in den Haaren. Als sie lächelte, zersprang ihr Gesicht in tausend Falten. »Hallo, Jess! Ich hab ein Päckchen und ein paar Briefe für euch da! Willst du Erdnüsse? Ich hab frische reinbekommen.«

»Nein, aber du könntest mir 'ne Coke geben«, bat Jessica. Sie trank Cola nur, wenn sie irgendwo einkehrte oder zu Gast war, und beschränkte sich zu Hause auf heißen Tee und Wasser.

»Na klar. Ich hab Cola mit Vanille da, der letzte Schrei!« Die Witwe bahnte sich einen Weg durch die Kisten und Säcke, die auch im Postamt den Weg versperrten, zog eine kleine Flasche hervor und reichte sie ihr. Sie deutete zur offenen Tür. »Im Wohnzimmer sind Moses Gunn und Bill Sampson. Qualmen mir die Bude voll und reden seit 'ner Stunde über nichts anderes als Wölfe! Moses will einen Wolf auf seiner Ranch gesehen haben.«

Jessica öffnete die Colaflasche, warf den Deckel in eine leere Kiste und ging nach nebenan. Bereits auf der Schwelle schreckte sie vor dem Qualm zurück. »Hallo, Moses! Hallo, Bill!«

»Howdy, Jess«, grüßte Moses Gunn. Der Rancher war über sechzig, manche hielten ihn für siebzig oder älter, hatte dünnes weißes Haar, einen kantigen Schädel und trug die ausgebleichte Kleidung eines Cowboys. Sein breitrandiger Stetson war speckig und ausgefranst. In seinem zerfurchten Gesicht funkelten wachsame Augen und zwischen seinen Lippen steckte eine dicke Zigarre. »Hast du schon gehört? Ich hab 'nen Wolf gesehen! Gestern Nacht! Das Biest wollte sich eines der Kälber holen!«

»Glaub ihm nicht«, winkte Bill Sampson ab. Er war etliche Jahre jünger als der Rancher, trug einen blauen Overall und arbeitete als Mechaniker in einer Werkstatt in Tatla Lake. »Er bringt wieder die Jahre durcheinander! Das mit den Wölfen war vor einigen Jahren, das hat er mir selbst erzählt!« Er klopfte dem Rancher auf die Schulter. »Damals war es dreißig Grad unter null und die Wölfe kamen bis ins Tal runter um sich ein Kalb zu holen. Stimmt doch, Moses?«

»Das passiert immer wieder mal«, erwiderte Moses Gunn störrisch. »Du wohnst noch nicht lange hier, du kannst das nicht wissen. Immer wenn die Winter streng sind, kommen die Wölfe!«

Bill Sampson griff nach seiner Bierdose. »Aber der Winter hat doch gerade erst begonnen. Heute Nacht hatten wir gerade mal fünfzehn Grad minus. Die Wölfe kommen erst, wenn die Elche wegbleiben. Wenn es so kalt ist, dass sie nichts mehr zu fressen finden! So weit ist es noch lange nicht! Also rede keinen Unsinn! Der Wolf, den du gesehen hast, war bestimmt ein Kojote!«

»Ich kann doch einen Wolf von einem Kojoten unterscheiden!«, brauste der Rancher auf. »Ich lebe hier, solange ich denken kann. Ich weiß, wie die verdammten Viecher aussehen! Man sollte sie alle ausrotten, sonst gibt's bald keine Rinder mehr!«

Das war natürlich übertrieben. Wie alle Rinderzüchter war auch Moses Gunn schlecht auf die Wölfe zu sprechen, weil sie sich die schwachen und kranken Kälber holten, wenn sie Hunger hatten. Meistens blieben die Wölfe in den Bergen und jagten junge Elche oder Hasen und Mäuse. Aber für die Rancher und Cowboys war der Wolf ein Feind, der gnadenlos gejagt werden musste. Sie stellten professionelle Jäger an, die Wölfe gegen Lohn erschossen.

»Die Wölfe waren hier«, sagte Moses Gunn, »ich hab nur einen gesehen, aber ich bin sicher, er hatte das ganze Rudel dabei. Hast du sie nicht gehört? Die ganze Nacht haben sie geheult!«

»Ich hab sie auch gehört«, mischte Jessica sich ein.

»Da hast du's«, triumphierte der alte Rancher, »sogar das Mädchen hat sie gehört! Die Biester waren hier, kann ich dir sagen!«

Bill Sampson trank von seinem Bier. »Heulen hab ich sie auch gehört, aber das sagt nichts! Die waren noch weit weg, irgendwo hinter dem Blackwater River oder oben bei den Gletschern! Bis die nach Kleena Kleene kommen, muss 'ne Menge mehr passieren!« Er blickte Jessica an. »Sag diesem Esel, dass er sich irrt, Jess! Sonst hätte Doug Winslow die Biester längst entdeckt!«

Doug Winslow war der Vormann der Halfway Ranch, ein schweigsamer Mann, wie aus einem altmodischen Western mit John Wayne, ein erfahrener Spurenleser und Jäger, der heimtückische Grizzlys jagte, die sich an Menschen vergriffen hatten, und auch auf Wölfe angesetzt wurde.

»Hoffentlich hast du Recht«, sagte Jessica zu Bill Sampson. »Ich hab keine Lust, den Biestern im Wald zu begegnen, wenn ich mit dem Schlitten unterwegs bin!« Sie dachte an ihr nächtliches Abenteuer und schauderte. »Bis später, Leute!«

Sie nahm das Päckchen und die Briefe, die Mary Baxter ihr brachte, unterhielt sich eine Weile mit ihr über belanglose Dinge und kehrte in ihren Jeep zurück. In dem Päckchen war ein Buch, das sie vor zwei Wochen übers Internet bestellt hatte, ein neues

Kochbuch, das ein asiatischer Koch im Fernsehen vorgestellt hatte, und die Briefe kamen von der Bank und von einer Behörde.

Erschöpft fuhr sie nach Hause. Auch sie spürte den Ritt zum Perkins Peak in allen Knochen, obwohl sie eine erfahrene Reiterin und dank ihrer langen Ausflüge mit dem Hundeschlitten sehr ausdauernd war. Es lag wohl daran, dass sie sich ständig im Sattel nach Joey umgedreht hatte und viel zu sehr mit ihren Gedanken beschäftigt gewesen war um kräfteschonend zu reiten.

Sie stellte den Jeep ab und ging ins Haus. »Schon gut, schon gut, ich bring euch gleich das Fressen!«, rief sie den bellenden Hunden zu. »Hallo, Rusty! Na, wie geht's? Alles okay?« Sie streichelte den kräftigen Hals des Leithundes und lachte, als er an ihr hochsprang und das Päckchen zu schnappen versuchte. »Das gehört mir, Rusty! Beruhige dich! Ich weiß, was du willst, aber ich bin heute zu müde! Ich hab einen anstrengenden Tag hinter mir! Morgen gehen wir auf Tour, das verspreche ich euch!«

Sie fütterte die Hunde, hatte für jeden der Huskys ein freundliches Wort übrig und blieb etwas länger bei Lefty stehen, der wieder gesund zu sein schien und eine Extraportion des kräftigen Futters bekam, um das verlorene Gewicht wieder anzusetzen. »So gefällst du mir schon besser, Lefty! In zwei, drei Tagen bist du auf dem Damm, dann darfst du mit dem Schlitten raus, okay?«

Sie ging ins Haus zurück und nahm eine heiße Dusche, bevor sie ihren Trainingsanzug überstreifte und zwei Hot Dogs ins kochende Wasser warf. Die Brötchen wärmte sie im Backofen. »Diese Sally isst bestimmt nur Körner und Salat und so 'n Zeug«, sagte sie zu Rusty, der seinen Fressnapf bereits geleert hatte und zufrieden auf seinem Lieblingsplatz lag. »Wahrscheinlich haben sie sich beim Surfen kennen gelernt!« Sie nahm die Brötchen aus dem Backofen, legte die Hot Dogs hinein und schmierte Ketschup, Senf, gehackte Zwiebeln und süßes Relish darauf. Dazu gab es heißen Tee mit reichlich Milch und Zucker.

Wie jeden Abend schaltete sie den Fernseher ein. In den Nachrichten kam nichts Neues über die flüchtigen Bankräuber und auch das übrige Programm war eher zum Einschlafen. Sie aß den letzten Bissen ihres Hot Dogs, spülte den schmutzigen Teller ab und stellte ihn in den Schrank zurück und verschwand mit dem heißen Tee und ihrem neuen Buch im Schlafzimmer. Der asiatische Koch, ein Japaner aus Hawaii, war ein glühender Anhänger der Pacific Rim Cuisine, einer Mischung aus kalifornischer, hawaiianischer und asiatischer Küche mit frischen Früchten, viel Ingwer und exotischen Gewürzen. Noch während des Einschlafens beschloss sie in einem der nächsten Winter, wenn sie genug Geld gespart hatte, nach Hawaii zu fahren und im Restaurant des Kochs zu essen.

Kaum war sie eingeschlafen, wurde sie durch leises Motorengeräusch geweckt. Sie schreckte hoch und glaubte an einen Traum, aber dann war das Brummen deutlich zu hören und sie rannte im Dunkeln zum nächsten Fenster. Sie kannte das Motorengeräusch des Chevy Blazers, ihre Mutter konnte es nicht sein.

Misstrauisch spähte sie zwischen den Vorhängen

hindurch auf die Lichtung. Zwei Scheinwerfer warfen grelle Lichtbalken auf den schmutzigen Schnee. Sie suchte nach einer Gestalt, glaubte an einen späten Besucher und verwarf den Gedanken gleich wieder. So spät bekamen sie keinen Besuch.

Auf Zehenspitzen schlich sie zu der Kommode neben der Tür und zog den Revolver aus der obersten Schublade. Als sie ans Fenster zurückkehrte, bewegten sich die Scheinwerfer und der Wagen wendete und fuhr zur Straße zurück. »Dad!«, flüsterte sie.

9

»Du hast geträumt«, sagte Emily Barnett, »dein Vater kann unmöglich hier gewesen sein! Was sollte er auch hier? Er lebt mit seiner Freundin in Vancouver und hat uns längst vergessen! Ich kann mich nicht mal an seinen letzten Anruf erinnern, und wenn ich ehrlich bin, interessiert es mich auch nicht! Er hat uns verlassen, Jess! Ich finde es ziemlich schäbig von ihm, dass er sich nicht um dich kümmert, aber du bist jetzt erwachsen und wir sind beide nicht auf ihn angewiesen.« Sie trank wütend von ihrem Kaffee und blickte ihre Tochter an. »Wie kann man so was träumen, Jess? Hast du in letzter Zeit an deinen Vater gedacht?«

»Daddy hat angerufen, Mom!«, antwortete sie kleinlaut. »Vorgestern Abend. Ich wollte es dir nicht sagen, weil du zurzeit genug Probleme hast und weil ich wusste, wie sehr du dich aufregen würdest. Er wollte sich bei uns entschuldigen, Mom, auch bei dir. Er hat zugegeben uns schlecht behandelt zu haben und ich glaube, es tat ihm ehrlich Leid, nach der Scheidung nie bei mir angerufen zu haben, nicht mal an Weihnachten.« Sie räusperte sich. »Er will, dass wir wieder eine Familie werden. Das hat er jedenfalls behauptet. Ich hab ihm gesagt, dass du nicht mit ihm sprechen willst und zurzeit sowieso andere Sorgen hast, und er hat mir fest versprochen, er würde auf keinen Fall hier auftauchen! Er hat es mir fest versprochen, Mom!«

Ihre Mutter blickte sie fassungslos an und merkte gar nicht, dass die Marmelade von ihrem Toast tropfte. »Er hat hier angerufen? Er will, dass wir wieder eine Familie werden? Dieser verdammte Mistkerl! Hat er uns denn nicht genug angetan? Er soll bleiben, wo der Pfeffer wächst! Ich lege keinen Wert auf seine Entschuldigung! Sag ihm das, falls er wieder anruft. Ich lege sofort auf, wenn ich ihn dranhabe.« Sie biss in den Toast und kaute nachdenklich. »Ich denke, er lebt mit dieser Frau zusammen.« Sie lachte plötzlich. »Sag mir nicht, dass sie Schluss gemacht hat! Sie hat ihm den Laufpass gegeben, stimmt's?« Und als Jessica zaghaft nickte: »Hab ich's mir doch gedacht! Kaum lässt sie ihn sitzen, erinnert er sich daran, was er an uns gehabt hat!«

»Er klang ziemlich ehrlich, Mom!« Jessica wusste selbst nicht, warum sie ihren Vater verteidigte. »Das erste Mal hab ich aufgelegt, aber dann hat er noch mal angerufen und zugegeben, dass es eine Zeit dauern wird, bis wir uns wieder verstehen, und er wollte sich unbedingt bei dir entschuldigen! Ich hab ihm gesagt, ich würde dir erst von seinem Anruf erzählen, wenn die Sache mit den Bankräubern vorbei wäre.« Sie seufzte leise. »Er hat mir hoch und heilig versprochen, dass er nicht vorbeikommt!«

Emily Barnett stand auf und legte ihren Teller in den Spülstein. Vor dem Fenster blieb sie stehen, den Blick nach draußen gerichtet. »Sag ihm, dass ich ihn nicht sehen will!«, wiederholte sie entschlossen. »Ich habe ihn aus meinem Leben gestrichen und so soll es auch bleiben! Und wenn er sich noch einmal hier blicken lässt, sag ich dem Corporal Bescheid und wir belangen ihn wegen Hausfriedensbruch!« Sie drehte sich um und sah ihre Tochter an. »Ich hab zurzeit wirklich andere Sorgen! Ein Tankstellenbesitzer will die Bankräuber in Williams Lake gesehen haben! Sie waren in einem alten Pick-up unterwegs! Leider hat er sich das Kennzeichen nicht gemerkt.«

Jessica erschrak. »In Williams Lake? Dann kann es sein, dass sie in unsere Richtung fahren! Vielleicht wollen sie zur Fähre!«

»Vielleicht«, räumte ihre Mutter ein. »Es sei denn, sie waren gar nicht in Williams Lake und sind in Vancouver oder Cranbrook. Auch dort will man sie gesehen haben. Würde ehrlich gesagt mehr Sinn machen, wenn sie über die Grenze wollten. Aber wir müssen allen Spuren nachgehen. Die Kollegen in Williams Lake haben den Tankstellenbesitzer bereits verhört und er schwört Stein und Bein, dass er die Verbrecher erkannt hat! Sie wären nach Norden weitergefahren, auf dem Highway 97.« Sie kam zum Tisch und trank ihren Kaffee aus. »Aber du weißt ja, wie das ist. Wenn wir nach Verbrechern suchen, melden sich immer irgendwelche Wichtigtuer, die sie gesehen haben wollen. Die verdammten Kerle können überall und nirgends sein, so sieht es aus, und bevor wir keinen handfesten Beweis haben, wissen wir auch nicht, wo wir zuschlagen sollen. Die Männer in dem Pick-up sind wahrscheinlich harmlose Cowboys aus dem High Country.«

»Aber ihr habt Straßensperren errichtet«, erinnerte Jessica ihre Mutter. »Wenn sie es wirklich waren, gehen sie euch in die Falle!«

Emily Barnett stöhnte. »Weißt du, wie viele alte Pick-ups es allein in Williams Lake gibt? Dean Stockwell und Larry Hatcher sind keine Dummköpfe! Das sind gefährliche Schwerverbrecher! Glaubst du wirklich, die fahren einfach in der Gegend umher und warten darauf, dass man sie erkennt? Die sind aus dem Zuchthaus ausgebrochen! Die beherrschen alle Tricks! Die haben doch längst ihr Aussehen verändert, vielleicht sind sie getrennt unterwegs und treffen sich erst in der Karibik wieder! Nein, ich glaube nicht, dass sie in unsere Richtung kommen.«

»Wann musst du ins Büro? Heute Abend?« Jessica räumte die Becher weg und wischte den Tisch ab. Im Vergleich zu den Sorgen, die ihre Mutter wegen der Bankräuber plagten, wirkte der Ärger mit ihrem Vater eher unbedeutend und sie schämte sich beinahe damit angefangen zu haben. »Mach dir wegen der Hunde keine Sorgen, um die kümmere ich mich! Heute Abend drehe ich eine Runde mit ihnen. Ich glaube, Lefty ist auch wieder fit!«

»Er hat kein Fieber mehr«, erwiderte ihre Mutter, »ich hab ihn mir vorhin angesehen. Aber lass ihn noch einen Tag zu Hause!« Sie ging zur Tür und lächelte schwach. »Der Corporal hat nichts gesagt, aber ich fahre besser heute Mittag nach Anahim Lake. Wir sind in erhöhter Alarmbereitschaft, seit sich der Tankstellenbesitzer bei uns gemeldet hat.« Sie seufzte leise. »Was meinst du, was für einen Papierkram wir deswegen haben! Ich bin sehr froh, wenn es vorbei ist!«

»Was soll ich den Leuten auf der Ranch sagen?«, fragte Jessica. »Ist es gefährlich, einen Ausflug zu machen? Ich glaube, die Hansens wären mächtig sauer, wenn sie ihre Gäste nach Hause schicken müssten!« Und Joey hätte eine gute Ausrede, um doch noch nach L. A. zurückzufliegen, ergänzte sie in Gedanken.

»Im Moment besteht keine Gefahr«, antwortete ihre Mutter. »Es gibt keine Anzeichen dafür, dass sich die beiden Ausbrecher in den Chilcotins aufhalten. Ich glaube, dass sie über die Grenze sind.«

»Das glaube ich auch.« Jessica blickte auf die Uhr. »So, jetzt muss ich aber gehen. Schlaf dich erst mal aus, bevor du nach Anahim Lake zurückfährst! Und lass dich nicht verrückt machen! Ich kümmere mich später um den Haushalt und die Hunde, und wenn Daddy wieder anruft, sag ich ihm, dass du jetzt keine Zeit hast.«

»Er soll zur Hölle fahren!«, schimpfte Emily Barnett.

Jessica verabschiedete sich mit einer flüchtigen Umarmung von ihrer Mutter, sagte ein paar Worte zu Rusty und fuhr mit dem Jeep davon. Sie hatte den Hansens versprochen den Tank aufzufüllen und fuhr nach Kleena Kleene zur Tankstelle. Während sie tankte, hielt ein schmutziger Pick-up neben ihr und Howie Epstein lehnte sich aus dem Fenster. »Howdy,

Jess! Lange nicht gesehen! Du wirst jeden Tag hübscher!« Er musterte sie ungeniert und schob seinen Stetson in einer einstudierten Geste nach hinten. »Ich hab gehört, du bist hinter diesem Angeber her.«

Ihr schoss das Blut ins Gesicht. »Was für ein Angeber?«

»Na, der blöde Stadtfrack, der seit vorgestern auf der Clearwater Ranch wohnt. Der Typ in dem bunten Anorak. Ich hab gesehen, wie du mit ihm aus Anahim Lake gekommen bist. Ich wette, der Angeber hat mächtig Süßholz geraspelt!«

Jessica hatte sich wieder gefangen. »Erstens hat er das nicht getan und zweitens würde es dich nichts angehen, wenn er es getan hätte!« Sein Grinsen regte sie auf. »Hast du nichts zu tun? Susan Fletcher bezahlt dich bestimmt nicht dafür, dass du mir blöde Geschichten erzählst. Ich denke, heute kommt der Hufschmied!«

»Heute Mittag«, stimmte Howie Epstein ihr zu. Sein Grinsen war noch breiter geworden und er kam sich cool und überlegen vor. »Wann gehen wir zwei endlich mal was trinken?«, fragte er. »Wie wär's, wenn wir heute Abend nach Williams Lake fahren würden? In der Hotelbar spielen sie Country und wir könnten beim Line Dancing mitmachen. Und danach, na ja, du weißt schon ...«

»Ich weiß nur, dass ich nirgendwo mit dir hinfahren werde!«, erwiderte Jessica ernst. Sie hängte den Zapfhahn in die Halterung und schraubte den Tankdeckel fest. Als sie bezahlt hatte und aus dem kleinen Shop kam, war der Junge immer noch da.

»Es hat keinen Zweck, Howie!«, betonte sie noch

einmal. »Und wenn du mir zwei Jahre nachläufst und deine Machotour abziehst – bei mir erreichst du nichts! Du gehst mir auf die Nerven!«

»Wie du meinst«, erwiderte der junge Cowboy eingeschnappt, »du wirst schon noch merken, was du verpasst! Ich kann ganz andere Mädchen haben. Sogar die Rodeo Queen! Wenn du nicht willst, such ich mir eben eine andere! Ich gehöre nicht zu den Typen, die sich von den Mädels an der Nase rumführen lassen!«

Jessica stieg in den Jeep und ließ das Fenster herunter. »Mir egal, Howie! Lass mich in Ruhe und geh zu deiner Rodeo Queen! Ich wusste gar nicht, dass die so einen schlechten Geschmack hat!« Sie ließ den Motor an und fuhr auf den Highway.

Sie spürte keine Gewissensbisse. Howie Epstein war der größte Angeber, den sie kannte. Vor allem wenn andere Jungen in der Nähe waren, spielte er den großen Champion. Der junge Pferdepfleger hielt sich für unwiderstehlich, und wenn man ihn lange genug reden ließ, hatte er mit jeder Rodeo Queen zwischen Williams Lake und Calgary etwas gehabt. In seiner Arroganz ließ er den Gedanken gar nicht zu, dass ein Mädchen nicht mit ihm ausgehen wollte.

Ein zufriedenes Lächeln spielte um ihre Lippen, als sie den Jeep nach Westen steuerte. Diesmal hatte sie es Howie ordentlich gegeben. Sie entspannte sich und schaltete das Radio ein, sang einen Countrysong mit, der im Moment dauernd im Radio lief. Wenige Meter hinter der Abzweigung zu ihrem Blockhaus sah sie eine alte Indianerin durch den Schnee stapfen. »Wolfsfrau!«, rief sie erstaunt. Sie erkannte Dannys greise Urgroßmutter an dem langen Biberfellmantel und den weißen Haaren, die unter ihrer Pelzmütze hervorschauten. Sie tastete sich mit einem Stock voran und ging sehr langsam.

Jessica hielt neben der Indianerin und ließ das Seitenfenster herunter. »Wolfsfrau! Ich bin es, Jessica! Willst du nach Hause?«

Wolfsfrau beugte sich herab und blickte sie aus leeren Augen an. »Es ist kein Zufall, dass wir uns treffen, kleine Schwester.«

»Ich nehm dich mit, Wolfsfrau. Steig ein!«

Man merkte der Indianerin nicht an, dass sie fast nichts mehr sah. Sie öffnete die Tür und setzte sich auf den Beifahrersitz. Es gelang ihr auf Anhieb, den Sicherheitsgurt anzulegen. Sie schien die wohlige Wärme im Wagen zu genießen und sagte: »Bring mich nach Hause und trink einen Becher Tee mit mir! Ich möchte dir von den Wesen erzählen, die den Menschen mehr ähneln, als wir glauben.«

Das Blockhaus, in dem die Indianerin mit ihrem Urenkel lebte, stand auf einer Anhöhe, ungefähr vier Kilometer vom Highway entfernt, abseits einer Forststraße, die auch mit einem Geländewagen schwer zu meistern war. Im Wohnzimmer, einem sparsam eingerichteten Raum mit einem geblümten Sofa und einem Ohrensessel, lag ein zottiger Hund, der nicht mal den Kopf hob, als Wolfsfrau und Jessica hereinkamen. »Setz dich«, sagte die Indianerin und deutete auf das Sofa. »Ich bringe Tee.« Sie verschwand in der Küche und kehrte mit zwei Bechern zurück. Bevor sie sich setzte, zündete sie sich eine Zigarre an. Sie paffte genüsslich, dann verdüsterte sich ihre Miene und sie sagte: »Ich habe gehört, wie die Wölfe zu dir gesprochen haben. Sie haben dich gewarnt, kleine Schwester.«

»Wie meinst du das?«, fragte Jessica verwirrt. Danny musste seiner Urgroßmutter erzählt haben, was im Wald geschehen war, und sie schämte sich. »Jeder kann hören, wie sie heulen!«

»Sie haben zu dir gesprochen«, wiederholte Wolfsfrau. »Sie sind aus den Bergen gekommen um dir zu sagen, dass eine schwierige Zeit auf dich wartet. Du brauchst ihre Kraft, wenn du bestehen willst. Du brauchst ihre scharfen Augen und ihre Ohren. Du brauchst ihre Ausdauer. Denke daran! Vertraue den Wölfen, wenn du den Spuren des Bösen folgst!«

»Welchen Spuren?«, fragte Jessica. Sie lebte lange genug im Land der Indianer, um sich über ihre Worte nicht lustig zu machen, und hatte vom geheimnisvollen Zauber mancher Medizinfrauen und Geisterheiler gehört. War Wolfsfrau eine Schamanin, eine heilige Frau? Ihr Urenkel sprach mit größter Hochachtung von ihr, obwohl er sonst nur wenig auf den Geisterglauben seines Volkes gab. »Willst du mir sagen, dass ich in Gefahr bin? Dass mir irgendetwas passieren wird?«

Wolfsfrau paffte an ihrer Zigarre und nickte schwach. »Das sagen die Wölfe. Aber du brauchst keine Angst zu haben. Sie sind auf deiner Seite und werden dir helfen die Gefahr zu meistern.«

»Welche Gefahr meinst du, Wolfsfrau?«

»Die Bilder, die ich sehe, sind sehr verschwommen«, erklärte die alte Indianerin. »Ich kann es dir nicht sagen. Ich weiß nur, dass die Wölfe auf deiner Seite sind. Hab keine Angst vor ihnen!«

»Woher weißt du das?«

»Ich bin eine Ulkatcho«, nannte Wolfsfrau den Namen ihres Stammes, »die Wölfe sind unsere Freunde.« Sie blickte in den Rauch, der von ihrer glühenden Zigarre aufstieg. »Ich will dir eine Geschichte erzählen, die ich von den Lakota gehört habe, einem Stamm, der auf der Prärie lebte. Vor vielen Wintern, noch vor der Zeit, als die ersten Weißen über die Prärie zogen, wurde eine Frau dieses Volkes durch einen feindlichen Pfeil verletzt. Ihre Leute ließen sie allein auf den Ebenen zurück. So machten sie es mit jeder Frau, die ihrem Volk nicht mehr dienen konnte. Aber die Frau wollte nicht sterben. Sie schleppte sich auf allen vieren über die Prärie und kroch in einen Wolfsbau, um gegen den stürmischen Wind geschützt zu sein. Die Besitzer des Baus waren misstrauisch, aber sie teilten ihre Beute mit der kranken Frau und halfen ihr gesund zu werden. Bald war sie so kräftig, dass sie Schlingen auslegen konnte, um Kaninchen zu fangen und ihnen bei der Jagd zu helfen.«

Wolfsfrau trank etwas Tee und zog an ihrer Zigarre. »Sie blieb einige Jahre bei dem Rudel«, fuhr sie fort, »und lernte viel von den Tieren. Eines Tages witterten die Wölfe zweibeinige Wesen. Die Frau erkannte den Geruch ihrer Verwandten und kehrte zu ihrem Volk zurück. Sie musste am Rand des Dorfes wohnen, bis sie den Geruch der Wölfe verloren hatte. Sie wurde zu einer anerkannten Medizinfrau, denn sie hatte viel von den Wölfen gelernt, hörte selbst den kleinsten Laut, wenn sich Feinde anschlichen, sah weiter als der erfahrenste Krieger und hatte einen so empfindlichen Geruchssinn, dass sie das Wetter voraussagen konnte. Wenn Feinde in der Nähe waren, warnte sie das ganze Dorf.«

Wieder griff die greise Frau nach dem Teebecher. Sie trank und lächelte über den Becherrand hinweg. »Die Wölfe sind unsere Lehrmeister, kleine Schwester. Vieles, was wir können, haben wir von ihnen gelernt. Sie sind nicht unsere Feinde, wie die meisten Weißen glauben. Hast du jemals in die Augen eines Wolfes gesehen? Wir haben dieselben Augen. Woher wissen die Menschen, wie sie ein Wild am besten jagen? Woher wissen sie, dass sie am mächtigsten sind, wenn sie in einer Gemeinschaft leben? Von den Wölfen. Die Wölfe sind unsere besten Freunde. Sie greifen unsere Feinde an und beschützen ein hilfloses Mädchen wie dich, wenn du in der Wildnis gegen die bösen Mächte kämpfst.«

Jessica konnte sich keinen Reim auf die Worte der greisen Indianerin machen. Welche Gefahr wartete in der Wildnis? Gegen welche bösen Mächte würde sie kämpfen? Sie dachte an die Bankräuber und verwarf den Gedanken gleich wieder. Selbst wenn die Verbrecher in die Chilcotins kamen, würden sie sich kaum das Blockhaus einer Polizistin als Schlupfwinkel aussuchen. Würde sie noch einmal mit dem Hundeschlitten verunglücken? Verirrte sie sich in der verschneiten Wildnis? Sie konnte es sich nicht vorstellen. »Du musst dich irren, Wolfsfrau«, sagte sie nach einigem Überlegen. »Ich kämpfe nicht gegen Verbrecher wie meine Mutter. Ich gehe nicht allein in die Wildnis wie Doug Winslow, der Bären und Wölfe jagt. Ich arbeite auf einer Ferienranch und dort ist es nicht gefährlich. Warum sollten die Wölfe zu mir kommen?«

»Du wirst sehen«, erwiderte Wolfsfrau. »Ich kenne die Sprache der Wölfe und verstehe die Worte, die sie sagen. Sie haben mir nicht verraten, welche Gefahr auf dich wartet, denn das wäre gegen die Abmachung, die sie mit den Geistern geschlossen haben, aber sie flüstern deinen Namen.« Sie paffte an der Zigarre und blies den Rauch gegen die Decke. »Vertraue deiner Kraft, meine Schwester, und glaube den Wölfen, die dich beschützen!«

Jessica dachte lange über die Worte der Indianerin nach, auch auf der Fahrt zur Clearwater Ranch, die sie am späten Vormittag erreichte. »Unsinn«, sagte sie sich immer wieder, »es gibt keine bösen Geister und Wölfe sprechen nicht zu Menschen!« Aber ihre Miene blieb nachdenklich und sie beschloss noch wachsamer zu sein um nicht unnötig in Gefahr zu geraten.

10

Am frühen Nachmittag kehrten die Jacksons von einem Snowmobil-Ausflug zurück. Sie parkten die Maschinen im Schuppen und kamen ins beheizte Ranchhaus. »Puh, ist das kalt!«, stöhnte Frank Jackson. Die beiden zogen ihre Handschuhe aus und traten an den offenen Kamin, hielten ihre Hände nahe an das flackernde Feuer. »Sieht nach einem Sturm aus! Über den Bergen ist der Himmel ganz schwarz! Joey hätte mit uns kommen sollen! Ich hab dem Jungen gleich gesagt, das ist zu riskant!«

Jessica stand mit Kathryn Hansen in der offenen

Küche und schälte Kartoffeln. Sie drehte sich erschrocken um. »Joey? Er war mit Ihnen draußen und ist allein weitergefahren? Aber das ist viel zu gefährlich! Er kennt sich nicht aus! Wenn es zu schneien anfängt, findet er niemals zurück!« Sie blickte aus dem Fenster und sah die dunklen Wolken über den Bergen. Auch im Fernsehen hatten sie schlechtes Wetter vorausgesagt. »Wo haben Sie sich getrennt? Wann war das? Wissen Sie, wohin er ist?«

Frank Jackson rieb die Hände gegeneinander und zuckte mit den Schultern. »Wir sind an der Brücke über den schmalen Fluss, wo wir gestern mit den Pferden waren, umgekehrt. Das muss eine halbe Stunde her sein, stimmt's, Helen?« Er wechselte einen Blick mit seiner Frau und nickte. »Eine halbe Stunde höchstens. Er wollte nur noch den einen Hügel hoch und durch den Tiefschnee heizen. Heizen, so hat er sich ausgedrückt. Er kam gut mit der Maschine zurecht, deshalb haben wir uns keine allzu große Sorgen gemacht, aber ich hab ihn vor dem Wetter gewarnt und gesagt, dass er so schnell wie möglich zurückfahren soll.«

»Der Urlaub scheint ihm mehr Spaß zu machen, als wir angenommen haben«, meinte Kathryn Hansen. Sie lächelte schwach.

»Und wenn es zu schneien anfängt und er findet nicht zurück?«, fragte Jessica nervös. »Joey hat doch keine Ahnung, wie schnell das Wetter hier umschlagen kann. Ich fahr ihm entgegen, okay?«

»Du hast wohl keine Lust zum Kartoffelschälen?«, erwiderte die Ranchbesitzerin scherzhaft. »Na, nun fahr schon! Aber fang keinen Streit mit ihm an! Sei froh, dass er langsam Gefallen an seinem Urlaub findet! Die Kartoffeln schaff ich alleine.« Sie drehte sich zu den Jacksons um. »Es gibt Elchbraten mit Kartoffelbrei.«

»Klingt verlockend«, freute sich Frank Jackson.

Jessica zog die Schürze aus und hängte sie über einen Stuhl. Ihre Miene blieb ernst, als sie ihren Anorak anzog und sich von den anderen verabschiedete. Sie stapfte durch den Schnee zum Schuppen, füllte den Tank eines Snowmobils und schob es in den Schnee hinaus. Sie mochte die Maschinen nicht. Sie verabscheute den höllischen Lärm und den Gestank, den sie verursachten, und fuhr lieber mit dem Hundeschlitten durch die Wildnis. Vielen Urlaubern machte der Lärm nichts aus, vor allem wenn sie aus der Stadt kamen. Für diese Leute schien es das Höchste zu sein, auf einer Maschine durch den Schnee zu rasen. »Das ist fast so schön, wie mit einer Harley durch die Wüste zu fahren«, hatte ein Rechtsanwalt aus San Diego mal ins Gästebuch geschrieben. »Die können ohne Lärm nicht mehr leben«, erklärte Kathryn Hansen, »wenn es still ist, drehen sie durch!«

Doch Jessica hatte gelernt mit einem Snowmobil umzugehen und kannte alle Tricks. Sie fuhr besser als Danny, der den ganzen Tag bei seinen Pferden verbrachte, und war im letzten Winter sogar über den zugefrorenen Fraser River gebraust. Das war gar nicht so einfach, wenn die Frühlingssonne schien und das Eis an manchen Stellen dünn wurde. Dann musste man Gas geben, um mit der Maschine nicht im kalten Wasser zu versinken. Die meisten Anfänger zogen erschrocken die Bremse, wenn das Eis zu dünn wurde oder eine andere Gefahr drohte. Jedes Jahr wurden zwei oder drei Touristen aus dem eisigen Wasser gerettet.

Jessica zog den Reißverschluss ihres Anoraks bis zum Kinn, setzte die gefärbte Schutzbrille auf und brauste vom Hof. Sie folgte den Spuren der Jacksons am Seeufer entlang und durch den dichten Fichtenwald nach Süden. Auf der breiten Forststraße, die bis zu einem Kahlschlag jenseits der schroffen Felsen führte, die wie Überreste einer gewaltigen Burg aus dem Boden ragten, kam sie schnell voran. Die abgeholzte Waldfläche sah besonders von einem Buschflugzeug wie eine tiefe Wunde in der ansonsten so unberührten Landschaft aus. Naturliebhaber hatten wenig Verständnis für diesen Frevel. Die meisten Einheimischen standen auf der Seite der Holzfirmen, weil zahlreiche Arbeitsplätze damit verbunden waren. »Die Holzfirmen verpflichten sich neue Bäume anzupflanzen«, erwiderte Jessica stets auf die kritischen Fragen der Urlauber.

Der Motor des Snowmobils schien in der Abgeschiedenheit des Waldes besonders laut zu heulen. Unter dem Laufband, das die Maschine antrieb, spritzte der Schnee nach allen Seiten. Jessica hielt den Lenker fest in beiden Händen, blieb aber locker und glich jeden Stoß der Maschine mit ihrem Körper aus. Die Schläge waren härter als von jedem Pferd und sie musste grinsen, als sie an die vielen Besucher dachte, die mit schmerzendem Hintern von einer Snowmobil-Tour zurückkehrten und am nächsten Morgen über blaue Flecken klagten. Sie blieb in der Spur der Jacksons, hielt ihr Gesicht in den kalten Fahrtwind und stoppte am Rande des ausgedehnten Kahlschlags. Nur noch die dunklen Stümpfe der Bäume ragten aus dem Schnee. Kein Bild, das man auf den Ansichtskarten vom Chilcotin Country finden würde, auch wenn die schneebedeckten Berggipfel sich dahinter erhoben.

Sie blickte zum Himmel und verzog sorgenvoll das Gesicht. Dunkle Wolken ballten sich über den Bergen zusammen, hatten die Sonne längst verdrängt und rückten bedrohlich näher. Es schneite bereits in dicken Flocken. Sie stellte den Motor ab und lauschte in den böigen Wind, der aus dem Norden kam und feuchte Schleier über die Fläche mit abgeholzten Bäumen trieb. Kein Motorengeräusch, keine Spur von Joey. Sie ließ den Motor wieder an und fuhr langsam weiter. Zwischen den Baumstümpfen musste man sehr vorsichtig sein, besonders jetzt, da die Flocken immer dichter fielen und die Spuren der Jacksons verdeckten. Bis zu der Brücke, an der sie sich von Joey getrennt hatten, waren es vielleicht noch vier Kilometer. Sie erreichte das Ende des Kahlschlags und beschleunigte wieder, folgte einer anderen Forststraße am Waldrand entlang.

An der massiven Holzbrücke, die für die schweren Holztrucks gebaut worden war, hielt Jessica erneut. Das Schneetreiben war noch dichter geworden und sie konnte den Hügelkamm am anderen Ufer nur noch schemenhaft erkennen. Die dunklen Wolken waren näher gerückt. Sie stellte den Motor ab und lauschte. Wieder kein Motorengeräusch, aber das konnte auch am Wind liegen, der immer stärker wurde und beinahe wütend von den Bergen herunterblies. Besorgt blinzelte sie zum Himmel empor.

Das Wetter war gekippt, aus dem Schneetreiben war ein handfester Sturm geworden, der lebensgefährlich werden konnte, wenn man allein in der Wildnis war und sich nicht auskannte. Die meisten Besucher vergaßen, dass der Busch bereits wenige Meter neben dem Highway begann. In einem Schneesturm waren schon Menschen nur wenige Meter von einer rettenden Straße oder einem Haus entfernt erfroren.

Jessica wartete geduldig, bis das Heulen des Windes für einen Augenblick nachließ, und als sie auch dann nichts hörte, stellte sie den Motor wieder an. Sie fuhr langsam den Hügel hoch und folgte dem Kamm zu einem schmalen Tal, das von einer steilen Felswand und einem bewaldeten Hang begrenzt wurde. Sie tastete sich an der Felswand entlang, dann wurde das Tal breiter und der kaum sichtbare Trail führte wie eine Berg-und-Tal-Bahn über etliche Hügel zum Wald. Hier wehte der Wind ungebremst und es war nicht die geringste Spur zu erkennen. Sie konnte nur raten, wohin er gefahren war.

Langsam bekam sie es mit der Angst zu tun. Wenn sie den jungen Mann nicht bald fand, sollte sie schleunigst umkehren und ihre Mutter anrufen. Dann musste die RCMP einen Suchtrupp ausschicken. Ein Mann wie Joey, der den Winter nur aus dem Urlaub am Lake Tahoe kannte, hatte vielleicht den Trail verlassen, war gestürzt und lag nun irgendwo bewusstlos im Schnee. Sie ging noch weiter mit der Geschwindigkeit herunter. Der Motor stotterte nur noch. Um sie herum heulte der Wind, warfen die Wolken immer dunklere Schatten, wirbelten die Schneeflocken immer dichter. Sie wischte mit der behandschuhten Hand über ihre

Schutzbrille, doch ihr Blick wurde nicht klarer und der Wind blies ihr immer stärker ins Gesicht. Viel Zeit blieb ihr nicht mehr, das wusste sie.

Hinter einem der Hügel fand sie Joey endlich. »Gott sei Dank!«, rief sie erleichtert. Er lag neben seinem Snowmobil im Schnee, den Körper fast vollständig mit Schnee bedeckt und regte sich stöhnend. Jessica schaltete ihre Maschine aus und rannte den Hang hinab. Der Schnee reichte ihr bis zu den Knien und sie musste mit beiden Armen rudern, um das Gleichgewicht zu halten und nicht darin zu versinken. »Joey! Joey!«, rief sie ängstlich. »Bist du okay, Joey?« Sie erreichte ihn, hob die Maschine von seinem linken Bein und ließ sie in den Schnee sinken. Mit beiden Händen wischte sie den Schnee von seinem Körper. Joey blutete aus einer kleinen Platzwunde am Hinterkopf und schien für kurze Zeit das Bewusstsein verloren zu haben. »Joey! Ich bin's, Jessica!«

Joey öffnete die Augen und blickte sie verwirrt an. »Jessica! Verdammt, ich bin gefallen, was? War ich bewusstlos? Das Ding ist vom Hügel gerutscht und dann wurde es mir plötzlich schwarz vor den Augen! Ich hatte keine Schuld … ich wollte nur …«

»Schon gut, Joey!« Sie schob einen Arm unter seinen Nacken und untersuchte seine Wunde. »Du hast dir den Kopf angeschlagen, ist aber nicht schlimm. Das kriegen wir mit einem Pflaster wieder hin.« Sie half ihm in eine sitzende Position und hielt ihn fest. »Kannst du aufstehen? Nur wenn es geht, Joey! Ganz langsam!« Sie hielt ihn mit beiden Armen umklammert, spürte sein ganzes Gewicht, als er sich aufzurichten versuchte. Auf halbem Weg verloren sie beide das Gleichgewicht und sanken in den Schnee zurück. Sie lag plötzlich auf ihm, war mit ihren Lippen dicht über seinem Gesicht. »Noch mal!«, forderte sie ihn rasch auf. Sie stand auf, verschaffte sich einen festen Halt in dem tiefen Schnee und zog ihn mit aller Kraft hoch. Erschöpft blieben sie eine Weile stehen. »Und jetzt nach oben zu meiner Maschine«, sagte sie, »deine holen wir später!«

Sie schienen unendlich lange für die paar Meter zum Hügelkamm zu brauchen. Joey hatte sich einen Knöchel verstaucht und jammerte bei jedem Schritt. Sie war zu schwach um sein ganzes Gewicht zu tragen. Dazu kam der eisige Wind, der über sie hinweg und ihnen auf den letzten Metern direkt ins Gesicht blies. Doch sie schafften es irgendwie. Jessica half Joey in den Sattel und kletterte selbst hinauf. Sie betätigte den Anlasser und wartete darauf, dass der Motor ansprang, aber nichts geschah. Sie versuchte es noch einmal und noch einmal und stieg fluchend ab. »Deshalb hasse ich diese Dinger so!«, schimpfte sie ungeniert. »Immer wenn man sie braucht, versagen sie! Was meinst du, wie oft die in einem Winter abschmieren?« Sie stieg ab und öffnete die Motorklappe. Sie verstand nicht viel von Motoren, kannte aber einige der Probleme, die ein Snowmobil außer Gefecht setzen konnten. »Hm«, meinte sie, »ich kann nichts finden. Das muss was Ernsteres sein.«

Sie blickte zum Snowmobil des jungen Mannes hinunter und überlegte eine Weile. »Ich hab zwar keine Ahnung, wie ich die Kiste nach oben bringen soll, aber versuchen kann ich es ja mal.« Sie kletterte in die Mulde hinunter und richtete die Maschine auf. Sie wischte den Schnee vom Sattel und stieg auf. Der Motor sprang nicht an. »Wär ja auch ein Wunder gewesen«, rief sie wütend. Sie kippte das Snowmobil in den Schnee und kletterte auf den Hügelkamm zurück. Joey hockte zitternd im Sattel, konnte die Maschine kaum senkrecht halten. Erst jetzt bemerkte Jessica, dass er seine Schutzbrille verloren hatte.

»Was machen wir jetzt?«, fragte Joey nervös. »Mit dem verstauchten Knöchel komme ich keine zehn Meter weit! Nicht in dem verdammten Schnee!« Er blickte sie flehend an. »Lass dir was einfallen, Jessica! So schaffen wir es nie bis zur Ranch!«

Sie blickte sich Hilfe suchend um. Der Sturm heulte unter einem schwarzen Himmel, der sich inzwischen wie eine dunkle Wolke über dem Tal spannte. Das Schneetreiben war so dicht, dass sie kaum Joeys Gesicht sah. Er hatte Recht, bis zur Ranch würden sie es nie schaffen. Sie allein vielleicht, aber sie konnte ihn nicht einfach zurücklassen, nicht in diesem Wetter. Sie hatten keine Decke dabei. Er würde erfrieren, bis sie mit einem Snowmobil und einem Schlitten zurückkehrte.

»Hast du kein Funkgerät dabei?«, fragte er. Der Wind zerrte an der Kapuze seines bunten Anoraks. »Kein Handy oder so was?«

Sie schüttelte den Kopf. »Ich versuche es noch mal!«, beschloss sie trotzig, stieg in den Sattel und betätigte mehrmals den Anlasser. Außer einem leichten Rattern, das aber gleich wieder verstummte, als sie den Knopf losließ, war nichts zu hören.

Einen Augenblick schwiegen beide, während um sie herum der Wind heulte, dann rief Joey: »Sag es ruhig! Ich hab mich wie ein verdammter Anfänger benommen, sonst wär ich nicht allein durch den Tiefschnee gefahren! Ich hätte bei den Jacksons bleiben sollen!«

»Stimmt genau«, antwortete sie, »aber das hilft uns jetzt auch nicht weiter.« Sie stieg ab und schob ihre Schutzbrille vom Gesicht. In Joeys Augen war Verzweiflung zu erkennen. »So schlimm ist es nicht«, beruhigte sie ihn. »Gib mir ein paar Minuten, dann fällt mir schon was ein!« Sie ging drei Schritte und blickte in das dichte Schneetreiben. Bis zur Ranch waren es mindestens sechs Kilometer, die würden sie nicht schaffen, dachte sie wieder, nicht in diesem Sturm und nicht mit Joeys verstauchtem Knöchel. Aber hinter den Felsen musste eine Hütte liegen, eine alte Jagdhütte, die ein Trapper vor über hundert Jahren gebaut hatte. Sie erinnerte sich vage daran, einmal auf einer Wanderung dort gewesen zu sein. Wenn es die Hütte noch gab, konnten sie dort den Sturm abwarten. »Steig ab!«, sagte sie zu Joey. »Ich glaub, da hinten liegt eine Hütte!« Sie deutete auf die andere Seite des Tales. »Vor ein paar Monaten war sie jedenfalls noch da! Ungefähr einen Kilometer von hier«, erklärte sie.

»Das schaffe ich nicht!«, jammerte er, bevor er auch nur einen Schritt gemacht hatte. »Das ist zu weit! Geh allein und hol Hilfe!«

»Und du legst dich inzwischen in den Schnee und erfrierst!« Sie lächelte zum ersten Mal, seit sie ihn gefunden hatte, und schüttelte den Kopf. »Nein, wir gehen zusammen! Mitgegangen, mitgehangen! Und jetzt steig ab und lauf endlich los! Oder meinst du, ich hab Lust, die ganze Nacht in diesem Sturm zu verbringen?«

Sie griff nach seiner Hand und zog ihn über den Hügelkamm. Er stöhnte bei jedem Schritt, hielt sich mit beiden Händen an ihrem Arm fest, als es bergab ging, und kletterte hinter ihr auf eine Felsplatte, die wie ein riesiger Tisch im Schnee lag. Auf dem festen Untergrund kamen sie besser vorwärts. Sie stemmten sich gegen den Wind, hielten den Kopf gesenkt, um ihm nicht direkt ausgesetzt zu sein, und erreichten schwer atmend das andere Ende der Felsplatte. Jessica ging in die Knie und kletterte vorsichtig in den Schnee hinab, verschaffte sich einen festen Halt, bevor sie ihm herunterhalf. Sie wartete, bis er neue Kraft geschöpft hatte, und sagte: »Weiter, Joey! Wir sind gleich da!«

»Ich kann nicht mehr, Jess! Ich krieg keine Luft mehr!«

»Mach schon, Joey! Hier kannst du nicht bleiben!«

»Der verdammte Sturm … dieser verdammte …« Er sackte in die Knie, fiel nach vorn und stützte sich mit beiden Händen ab. Sein Gesicht war blass und ausdruckslos. »Hier! Nimm meine Brille!«, sagte sie laut und streifte ihm die Schutzbrille über das Gesicht. Sie zog ihn vom Boden hoch. »Los, Joey! Da hinten ist die Hütte!«

Sie hatte die Hütte ausgemacht, eine unscheinbare Blockhütte, die unterhalb der mächtigen Felswand aus dem Schnee ragte und im düsteren Licht des Unwetters kaum zu erkennen war. Der Wind hatte den Schnee bis zu den Fenstern aufgeworfen und auch auf dem flachen Dach lag eine dicke Schneeschicht. »Noch ein paar hundert Meter! Gleich haben wir es geschafft!«

Der Anblick der baufälligen Hütte verlieh Joey neue Kräfte. Jessica brauchte ihn kaum noch zu stützen und hatte sogar Mühe, mit ihm Schritt zu halten. Als sie die Hütte erreichten, blieb Joey erschrocken stehen und sagte: »Und da willst du rein? Schau dir das Dach an! Noch ein bisschen Schnee und es bricht zusammen! Das hält niemals!«

»Hast du eine bessere Idee?« Jessica ließ ihn los und lehnte sich gegen die Tür, trat mit dem Fuß so lange dagegen, bis sie aufsprang. »Na also!«, meinte sie erleichtert. Sie ging in die Hütte, blickte sich prüfend um und lehnte sich noch einmal nach draußen. In den heulenden Wind rief sie: »Du kannst reinkommen! Hier sind keine Bären! Komm endlich rein!«

Er humpelte zur Hütte, stieg über die Schwelle, trat in den halbdunklen Raum und stöhnte unterdrückt. »Ach du Scheiße!«

11

Die Hütte bestand aus einem einzigen Raum. Es gab einen Tisch und zwei Stühle, ein Stockbett und ein Regal, in dem Konservendosen, ein Topf, zwei Becher und zwei Teller, Besteck und einige Werkzeuge lagen. Neben dem altmodischen Ofen, der an der Stirnseite aus dem Holzboden ragte, war Brennholz gestapelt. Jessica hatte nicht den Eindruck, dass während der letzten Monate jemand in der Hütte gewesen war, und war dankbar für den Ehrenkodex des Nordens, der unter anderem verlangte, in jeder einsamen Hütte ein paar Vorräte und Brennholz zurückzulassen. Eine Sitte, die auf die alten Trapper zurückging und auch in einer zivilisierten Gegend noch Bestand hatte.

»Immer noch besser, als in einem Blizzard zu erfrieren«, meinte Jessica. Sie half Joey auf einen Stuhl, klappte ihre Kapuze zurück und zog ihre Handschuhe aus. »Ausgerechnet jetzt muss das Wetter schlechter werden!« Sie entzündete die Öllampe auf dem Tisch, drehte den Docht so hoch, dass sie sein Gesicht sehen konnte, und blickte ihn vorwurfsvoll an. »Warum bist du nicht mit den Jacksons zurückgefahren? Da draußen hätte dir sonst was passieren können! Wenn ich dir nicht nachgefahren wäre, hätten dich wahrscheinlich die Wölfe gefressen!«

Er zeigte sich reuevoll, vermied es aber, sie anzublicken. »Ich weiß, ich weiß, ich hab mich wie ein Greenhorn benommen! Doch woher sollte ich denn wissen, dass diese verdammten Maschinen gleich aus der Spur kommen, wenn man ein bisschen Gas gibt? Ich wollte möglichst schnell über den Hügel, damit ich nicht in den Tiefschnee rutsche. Und was passiert? Kaum drehe ich am Gas, schert das verdammte Ding nach links aus und ich lande kopfüber im Schnee! Die Lenkung ist falsch eingestellt, und wer weiß, was noch alles nicht mit der Kiste stimmt. Warum wär sie sonst ausgebrochen? Die gehört auf den Schrottplatz! Selbst ein Experte wäre mit dieser Maschine verunglückt!«

»Unsinn!«, erwiderte sie ruhig. »Du hast sie falsch angefasst! Das machen alle Leute, die noch nie damit gefahren sind! Sie denken, sie sitzen auf einem Motorrad, vergessen, dass ein Snowmobil nicht auf Rädern, sondern einem Laufband fährt, und wundern sich, wenn sie früher oder später im Schnee landen! Deshalb lassen wir unsere Gäste niemals allein losfahren. Du hättest bei den Jacksons bleiben sollen! Wenn du wenigstens gewartet hättest, bis dir einer von uns zeigt, wie man so ein Ding bewegt!« Sie sah, wie Joey das Gesicht verzog, und beugte sich zu ihm hinunter. »Hast du Schmerzen? Der verstauchte Fuß, was?«

Sie half ihm den rechten Stiefel auszuziehen und berührte sanft den angeschwollenen Knöchel. »Leg dich aufs Bett!«, forderte sie ihn auf. Der vorwurfsvolle Ton war aus ihrer Stimme verschwunden. »Ich mach dir einen kalten Umschlag.« Er hüpfte auf einem Bein zum Bett und legte sich auf die Matratze. Sie nahm einen Lappen aus dem Regal, holte etwas Schnee von draußen und legte beides auf die verletzte Stelle. »Das wird wieder«, sagte sie, »beim Eishockey müsstest du weiterspielen!«

Joey spürte den kalten Schnee auf seinem Knöchel und biss die Zähne zusammen. Als er merkte, dass der Schmerz nachließ, entspannte er sich. Er blickte zum Fenster und sah, wie der Schnee daran kleben blieb. »Wie lange dauert so ein Blizzard?«, fragte er. »Meinst du, wir müssen die ganze Nacht hier bleiben?«

»Was weiß ich?« Sie ging zum Ofen, zerknüllte einige der Zeitungsblätter, die neben dem Brennholz lagen, und stopfte sie hinein. »Der Himmel war verdammt dunkel. Ich denke, wir kommen erst morgen früh hier weg. Es sei denn, der Sturm lässt nach und die Hansens kommen uns mit dem Schlitten suchen. Vorher unternehmen sie sowieso nichts. Sie können sich ja denken, dass wir in einer Hütte untergekrochen sind. So schnell werden wir hier draußen nicht nervös!« Sie blickte ihn an und lächelte insgeheim. »Geht es so? Ich meine mit dem Verband?«

»Der ist okay«, antwortete er, »ein bisschen kalt, aber okay.«

Jessica nickte zufrieden. Sie zündete das Papier an, legte zwei Holzscheite darauf, wartete geduldig, bis die Flammen daran emporleckten, und schloss die gusseiserne Tür. Mit einem Hebel regulierte sie die Luftzufuhr. »Gleich wird es wärmer! Diese alten Öfen heizen besser als jede Zentralheizung!« Sie erhob sich und öffnete den Reißverschluss ihres Anoraks. Nachdenklich trat sie an das Fenster neben der Tür. Ohne dass sie es gemerkt hatten, war es Abend geworden, und draußen herrschte tiefe Dunkelheit. Der Sturm wurde heftiger, pfiff um die Hütte und rüttelte an den losen Brettern an der Nordseite. Im Schein der Öllampe, die sich im Fensterglas spiegelte, wirbelten Flocken.

»Das sieht nicht gut aus«, meinte sie mehr zu sich selbst und ohne sich umzudrehen, »aber hier drin kann uns nichts passieren.« Sie betrachtete ihr Spiegelbild, das in dem vereisten Fenster nur schemenhaft zu erkennen war, und lauschte dem Knistern des Feuers, das in dem alten Ofen brannte. »Hast du diese Sally … wie hieß sie noch … Sally Dunn angerufen?«, fragte sie nach einer Weile scheinbar beiläufig. »Wer ist das überhaupt?«

»Sally? Wie kommst du denn auf die?« Er blickte sie verwundert an. »Ach so, du meinst, weil sie neulich angerufen hat.« Er verzog missmutig das Gesicht.

»Sally geht mir schon seit ein paar Wochen auf die Nerven. Ich hab mich ein paarmal mit ihr verabredet, zwei- oder dreimal, wenn's hochkommt, und jetzt glaubt sie, dass ich mich unsterblich in sie verliebt habe und sie heiraten will! In L. A. ruft sie jeden zweiten Tag an! Ich möchte mal wissen, woher sie die Nummer hat. Ich hab sie ihr nicht gegeben.«

»Das ist einfach«, erwiderte Jessica ohne ihre Erleichterung zu zeigen. »Sie hat in deiner Firma angerufen und sich erkundigt.«

»Nervensäge!«, murmelte Joey leise. »Nun ja, vielleicht bin ich selbst schuld. Ich bin gleich beim ersten Date mit ihr nach Santa Barbara hochgefahren und hab sie in eines dieser tollen mexikanischen Restaurants geführt und beim zweiten Date waren wir allein am Strand und da ist halt einiges passiert.« Er war über seine eigenen Worte erstaunt. »Warum erzähl ich dir das eigentlich? Es geht dich ja gar nichts an!« Er lächelte plötzlich und fragte: »Du hast doch bestimmt einen Freund!«

Sie drehte sich um und musste ebenfalls lächeln. »Meine Nervensäge heißt Howie. Howie Epstein. Er ist Pferdepfleger auf der Halfway Ranch, ein paar Kilometer den Highway runter. Einer von diesen Machotypen, die einen nur herumkommandieren wollen. Er rennt mir schon seit Monaten nach! Heute hab ich ihm eine ordentliche Abfuhr erteilt! Ich glaub nicht, dass er so schnell wiederkommt! Ich hab nichts für solche Typen übrig!«

Ihren Worten folgte Schweigen. Außer dem Rauschen des Windes und dem Knistern des Feuers war nichts zu hören. Sie ging zum Ofen, legte einen Holzscheit nach und hielt ihre Hände über die heiße Herdplatte. »Warm genug?«, fragte sie zaghaft.

»Genau richtig«, antwortete Joey. Er blickte sie einige Zeit an und senkte dann verlegen den Blick. »Ich hab mich ziemlich blöd benommen, was? Ich meine nicht nur heute. Die ganze Zeit. Hab den Macho rausgekehrt wie der Typ, der hinter dir her ist …«

»Howie Epstein.«

»Ja, Howie Epstein«, wiederholte er. »Ich weiß auch nicht, warum ich das getan habe. Ich hab nichts gegen Kanada, und L. A. kann mir gestohlen bleiben. Da wohne ich doch nur, weil ich dort einen Job gefunden habe. Wenn ich ehrlich bin, find ich es sogar ganz schön hier! Nicht gerade heute Abend, aber immer noch besser als die Feuer, die letzten Sommer bei uns gewütet haben. Sie hätten beinahe das Valley erreicht! Ein paar hundert Meter und meine Eltern hätten ihr Haus verlassen müssen. Sie wohnen in Pasadena, ziemlich weit im Osten. Von ihrer Terrasse aus konnte man die Flammen sehen …« Er blickte auf den Lappen über seinem verletzten Knöchel und räusperte sich. »Nun ja, ich wollte mich nur entschuldigen und …«

»Schon gut«, unterbrach sie ihn, »ich hab mich auch nicht gerade wie ein Engel benommen. Ich dachte, du bist einer von diesen arroganten City Slickers, die überall den Großstädter rauskehren und einem weismachen wollen, dass sie alles besser wissen. Na ja, so hast du dich ja auch benommen!« Sie grinste ihn an. »Wenn ich's mir recht überlege, hast du auch jetzt noch 'ne große Klappe! Von wegen die Lenkung ist falsch eingestellt! Du kannst nicht fahren, das ist alles, und jetzt liegst du wie ein hilfloser Käfer auf dem

Rücken und lässt dich von mir verarzten! Der Wildnis ist es ziemlich egal, ob du in L. A. eine große Nummer bist! Und es nützt dir hier gar nichts, dass du einen Slogan für Red Velvet, oder wie das Zeug heißt, erfunden hast und eigentlich …«

»Eigentlich finde ich dich ziemlich nett!«, sagte er mitten in ihre Schimpftirade hinein. »Und wenn ich ein bisschen ehrlicher wäre, würde ich dir sogar sagen, dass ich dich supernett finde!«

»Wie bitte?« Damit hatte sie nicht gerechnet.

»Aber wahrscheinlich willst du gar nichts von mir wissen. Ich würd's dir nicht mal verdenken! Mir sind solche Angeber auch nicht gerade sympathisch. Und wo wir schon bei den Geständnissen sind: Ich bin gar keine große Nummer in unserer Agentur. Ich hab gerade erst angefangen und an dem Spot für Red Velvet hat ein ganzes Team gearbeitet. Ich war einer der Assistenten. Den Urlaub hab ich nur bekommen, weil jeder Mitarbeiter eine Belohnung bekommt, wenn er einen Slogan durchbringt. Den Slogan für Red Velvet hab tatsächlich ich erfunden!« Er senkte den Kopf und fügte hinzu: »So, jetzt weißt du's! Aber ich kann dich trotzdem leiden …«

»Ich kann dich auch gut leiden«, gestand sie gegen ihren Willen. Sie ging zum Regal, nahm einen Topf und eine Konservendose herunter und fragte: »Wie wär's mit einem Abendessen?« Sie drehte die Dose in der Hand. »Lass mal sehen, die Spagetti müssten noch gut sein. Ich mach uns Spagetti, okay? Und da ist Kaffee!«

Jessica war froh sich mit dem Kochen ablenken zu können und schüttete den Inhalt der Dose in den

Topf. Auf der Herdplatte des heißen Ofens wurden die Nudeln schnell warm. In einer Blechkanne kochte sie Kaffee. Es gab keine Milch und keinen Zucker und er schmeckte abscheulich, aber sie ließ sich nichts anmerken. Wenigstens die Spagetti waren einigermaßen genießbar.

Sie brachte ihm einen Teller mit Nudeln und einen Becher Kaffee, küsste ihn flüchtig auf den Mund und setzte sich rasch an den Tisch. Sie aß ohne ihn anzublicken und versteckte sich hinter dem Kaffeebecher. »Jess!«, hörte sie ihn sagen. »Komm her!«

Sie ließ die Gabel sinken und ging zu ihm. »Was ist?«

Er zog sie zu sich heran und küsste sie sanft. Sie erwiderte seinen Kuss mit geschlossenen Augen. Seine Lippen waren weich. Es war kein stürmischer Kuss, sie spürte nicht einmal seine Zunge. Als er fordernder wurde, löste sie sich rasch von ihm.

»Du schmeckst nach Spagetti mit Tomatensoße«, sagte sie.

»Du auch«, sagte er.

Sie kehrte auf ihren Platz zurück und aß die restlichen Spagetti. Jetzt schmeckte sogar der Kaffee. »Aber dieses Red Velvet musst du mir trotzdem schicken«, bat sie ihn. »Wenn's mir nicht gefällt, benutze ich es um Howie Epstein auf Abstand zu halten.«

»Dann schicke ich es dir auf jeden Fall!«, meinte er fröhlich. Er leerte seinen Teller und stellte ihn auf den Boden. »Ist deine Mutter wirklich bei den Mounties? Ich meine so mit allem Drum und Dran? Ich hab mal einen Film im Fernsehen gesehen, da ist ein Mountie wochenlang durch den Schnee geritten um einen Banditen zu fangen. Er hat einen Grizzly getötet und dann kamen die Wölfe, und bevor er diesen Typ erwischt hat, ist er beinahe in einem Blizzard erfroren!«

Sie stellte lachend die Teller zusammen. »So wild geht es nicht immer zu. Meine Mutter sitzt die meiste Zeit im Büro und füllt irgendwelche Formulare aus. Obwohl … zurzeit sind sie hinter zwei gefährlichen Bankräubern her. Die Kerle sind aus dem Zuchthaus ausgebrochen und haben eine Bank in Kamloops überfallen. Sie haben eine Kassiererin erschossen und jetzt werden sie wegen Mordes gesucht. Niemand weiß, wo sie sind.«

»Wahrscheinlich in der Karibik«, erwiderte Joey sorglos. »Wenn sie's über die Grenze geschafft haben, sind sie über alle Berge!«

»Das glaubt die RCMP auch, aber sie müssen jeder Spur nachgehen. Ein Mann will sie in Williams Lake gesehen haben.«

»Williams Lake? Das liegt irgendwo im Osten, oder?«

»Drei Stunden von hier«, stimmte Jessica ihm zu. »Wir fahren alle zwei Wochen zum Einkaufen hin und wenn Stampede ist. So heißt unser Rodeo. Da machen die besten Cowboys aus ganz Kanada mit!« Sie ging mit den schmutzigen Tellern zur Tür, schöpfte etwas Schnee und rieb sie sauber. »Was machen deine Eltern?«

Joey sah ihr zu, wie sie die Teller mit einem Lappen abtrocknete und ins Regal stellte. »Die sind beide in der IT-Branche. Computer und so. Mein Vater ist Programmierer und meine Mutter arbeitet in einer Firma, die Spiele erfindet. Sie machen ordentlich Kohle und wollten unbedingt, dass ich zu Microsoft gehe. Microsoft gehört bald ganz Amerika, sagen sie; besser, du heulst mit den Wölfen, als dass du sie irgendwann gegen dich hast. Meine Schwester ist tatsächlich bei Bill Gates gelandet, sie ist nach Seattle gezogen und arbeitet am neuen Windows mit. Ich bin der Einzige in der Familie, der mit dem Zeug nichts am Hut hat!« Er lachte. »Wenigstens hab ich bei einer Werbeagentur angefangen. Ich glaube, wenn ich Lehrer oder so was geworden wäre, hätten sie mir den Kopf abgerissen! Sie sind ziemlich stur!«

»Meine Mutter auch«, bemerkte Jessica, »die würde meinen Vater nicht mal mit der Zange anfassen und wenn er auf den Knien angerutscht käme!« Sie erzählte von der Scheidung und dem nächtlichen Anruf ihres Vaters. »Ich möchte nicht dabei sein, falls er wirklich hier auftauchen sollte! Das gibt ein Desaster!«

Joey berührte vorsichtig seinen lädierten Knöchel und verschob den kalten Umschlag. »Meine Eltern sind viel zu beschäftigt um sich scheiden zu lassen. Obwohl ich meine Mutter in Verdacht habe, dass sie sich mit einem anderen trifft. Vielleicht bilde ich mir's auch nur ein. Aber die sind erwachsen, die müssen selber wissen, was sie tun.« Er wechselte das Thema. »Und was machst du so?«

»Ich geh nächstes Jahr nach Vancouver«, sagte sie, »auf die Tourismusschule. Management, Kochen, der ganze Kram. Kathryn will mich als Managerin einstellen, wenn sie mal aufhört.«

»Das kann noch 'ne ganze Weile dauern.«

Sie lächelte. »Es hat ja auch niemand gesagt, dass ich den Job annehme. Vielleicht gehe ich nach L. A. und werde Food & Beverage Managerin im Beverly Hills Hotel. Oder irgendwo in Malibu.«

»Das ist gleich bei mir um die Ecke!«

»Bringst du mir das Surfen bei?«

»Nur wenn du mich mal auf dem Hundeschlitten mitnimmst!« Er lehnte sich lächelnd zurück, als ein lang gezogener Heulton den Sturm übertönte und als mehrfaches Echo in der Ferne verklang. »Was war das?«, fragte er entsetzt. »Wölfe?«

Jessica war selbst erschrocken. Dann dachte sie an die Worte der alten Indianerin und sagte schnell: »Die tun uns nichts! Die sind weit weg! Hört sich nur so an, als wären sie vor der Tür!«

»Bist du sicher?«

»Die sind hinter den Bergen!«

»Klang aber verdammt nah!«

Sie ging zum Fenster und starrte in die Dunkelheit hinaus. Außer dem schwachen Lichtschein, der durch die Scheiben nach draußen fiel, war nichts zu sehen. Kein verräterisches Leuchten und kein huschender Schatten, nicht mal die Berge hoben sich gegen das Unwetter ab. Sie wischte mit dem Ärmel über die beschlagenen Scheiben und schüttelte den Kopf. »Da ist nichts, Joey! Wölfe greifen einen Menschen nur an, wenn sie kurz vor dem Verhungern sind, und so weit ist es noch lange nicht. Da müssten es schon dreißig Grad unter null sein und selbst dann ist nicht gesagt, dass sie über einen Menschen herfallen.«

»Hast du eine Waffe dabei?«

»Nein«, antwortete Jessica und ärgerte sich selbst, nicht daran gedacht zu haben. Aber das verriet sie ihm nicht. »Mach dir keine Sorgen, Joey!«, meinte sie betont fröhlich. »Im Winter heulen die Wölfe die ganze Nacht, das ist nichts Besonderes hier draußen!«

»Wenn du meinst«, erwiderte er zweifelnd.

Jessica wandte sich vom Fenster ab. Sie ging zu dem jungen Mann und setzte sich neben ihn auf den Bettrand. Plötzlich kam es ihr ganz natürlich vor, dass sie sich küssten, und sie schloss zufrieden die Augen, als er sie fest in die Arme nahm und sie sich immer näher kamen. Erst der dröhnende Motorenlärm eines Snowmobils ließ sie auseinander fahren. Sie löste sich rasch von ihm. Der Motorenlärm verstummte und vor dem Fenster war ein Schatten zu erkennen. Sie stand auf, stieß sich den Kopf an und verzog schmerzhaft das Gesicht, als die Tür aufging und ein Mann die Hütte betrat. »Doug!«, rief sie erfreut.

12

»Jessica!« Doug Winslow trat in die Hütte und lehnte sein Gewehr gegen die Wand. Er war ein wortkarger Mann mit hageren Gesichtszügen, wettergegerbter Haut und einem Schnauzbart, wie ihn die Männer im Wilden Westen getragen hatten. Seine grauen Augen erinnerten an einen Habicht. Er nahm seinen Cowboyhut ab und schlug damit den Schnee von seiner gefütterten Jacke. »Ich dachte mir schon, dass ihr in der Hütte seid!«

»Es blieb uns gar nichts anderes übrig«, erwiderte Jessica, die sich riesig freute, den Vormann der Halfway Ranch zu sehen. In seiner eher schüchternen Art machte er ihrer Mutter den Hof und Jessica hoffte, dass sie nachgeben und ihn heiraten würde. Mom liebte ihn, da war sie ganz sicher. Nicht wie eine junge Frau einen jungen Mann begehrte, dazu war ihre Mutter zu eigenwillig und zu nüchtern, eher auf eine stille und kameradschaftliche Art, wie sie nur zwischen zwei Menschen möglich war, die bereits eine Enttäuschung hinter sich hatten. Er war der einzige Mann, der mit ihr zurechtkommen würde. »Die Snowmobile springen nicht mehr an und Joey ist verletzt. Er hat sich den Fuß verstaucht. Ich wollte hier bleiben, bis der Sturm nachlässt, und morgen früh zur Ranch laufen und Hilfe holen.«

Der Vormann lächelte schwach. Er zog eine Pfeife aus seiner Jackentasche, stopfte Tabak hinein und setzte sie in Brand. Seine bedächtige Art erinnerte Jessica an einen Westernstar, den sie aus dem Fernsehen kannte: Randolph Scott. »Nicht nötig«, sagte er. »Ich hab einen Schlitten dabei. Wenn der Sturm vorbei ist, fahre ich euch zur Ranch. Die Snowmobile hole ich morgen.«

»Kaffee?« Jessica nahm die Kanne vom Ofen und füllte einen Becher für den Vormann. »Ich hab leider keinen Zucker hier, aber ich glaube, du trinkst ihn sowieso schwarz.« Sie deutete auf Joey, der auf der Matratze lag und neugierig zu ihnen herüberblickte. »Das ist Joey Rockwell«, sagte sie zu Doug. »Er macht Urlaub auf der Clearwater. Er hat sich mit dem Snowmobil verirrt und dann kam dieser Sturm. Zum Glück bin ich ihm gleich nachgefahren!«

Doug blickte den Jungen an. »Joey.«

»Doug Winslow ist Vormann auf der Halfway Ranch«, berichtete Jessica. »Er ist der beste Cowboy der ganzen Gegend, auch wenn er das nicht so gerne hört.« Sie blickte den Vormann an und lächelte amüsiert, als er verlegen den Kopf senkte. »Die Rancher der Gegend heuern ihn als Jäger an und manchmal arbeitet er sogar für die Regierung. Im Sommer musste er einen Grizzly für sie erlegen. Der Bär hatte das Camp einiger Wanderer überfallen.«

»Wilde Tiere werden zu einem ernsthaften Problem, wenn sie sich zu sehr an die Menschen gewöhnen und abhängig von ihnen werden«, erklärte Doug, »dann haben sie keine Angst mehr.«

Joey stützte sich auf den rechten Ellbogen und blickte den Vormann bewundernd an. »Und wie haben Sie den Grizzly gefunden? Waren Sie ganz allein hinter ihm her? Haben Sie ihn mit dem Gewehr erschossen?« Er deutete auf die abgenutzte Waffe, die neben der Tür an der Wand lehnte. »Ist das nicht zu leicht? Ich denke, für die Bärenjagd braucht man ein schweres Kaliber.«

»Das ist eine Winchester«, erwiderte Doug, als würde das schon genug über die Qualität der Waffe aussagen. In seiner Stimme war keine Begeisterung, als er fortfuhr: »Und was das Spurenlesen angeht ... es ist gar nicht so schwer, der Spur eines Grizzlys zu folgen.« Er paffte an seiner Pfeife und blickte dem Rauch nach. »Spuren sind wie Bilder in einem Buch. Sie erzählen eine Geschichte. Sie verraten dir, was der Bär frisst und in welcher Stimmung er sich befindet. Du erkennst, wie schnell er sich bewegt, wann er sich hinlegt und eine Pause braucht. Du musst einen Bär genau kennen, wenn du ihn erwischen willst.«

»Und wo haben Sie das gelernt?«, fragte Joey.

»Von meinem Vater«, erklärte Doug bereitwillig. In

seinen Augen war ein leichtes Glitzern zu erkennen. »Und von meiner Urgroßmutter! Die war eine Schwarzfuß-Indianerin aus Saskatchewan und konnte besser Spuren lesen als jeder Mann! Mein Vater hatte eine kleine Ranch weiter östlich, ungefähr fünfzig Kilometer vom Highway weg. Der kam sein ganzes Leben nie weiter als bis nach Williams Lake, und das auch nur zweimal im Jahr, im Frühjahr und im Herbst, wenn wir die Kälber hintrieben. Damals gab's noch keine großen Trucks und zu uns raus wären die sowieso nicht gekommen. Mein Vater war Einsiedler.«

»Und was ist aus der Ranch geworden?«, fragte Joey neugierig. Auch er schien den Vormann und seine bedächtige Art zu mögen. Bevor er etwas sagte, überlegte er lange, und wenn er sprach, kamen die Worte nur zögernd über seine Lippen. »Wohnen Sie noch dort?«

Doug schüttelte nachdenklich den Kopf. »Die Ranch ist abgebrannt, vor vielen Jahren schon. Meine Eltern sind in den Flammen umgekommen.« Seine Augen wurden feucht und er machte rasch ein paar Züge und hüllte sich in eine Rauchwolke. »Ist schon lange her. Ich hab das Land verkauft und mir eine Hütte gebaut. Eine Ranch will ich nicht mehr. Mir reicht's, wenn ich als Vormann für die Halfway arbeiten und auf die Jagd gehen kann.«

Er trank von dem heißen Kaffee und blickte Jessica an. »Wie geht's deiner Mutter?«, fragte er zaghaft. »Hab gehört, die RCMP hat zurzeit mächtig zu tun. Diese Bankräuber sind harte Burschen. Heute Morgen kam was im Fernsehen über sie.«

»Kein Mensch weiß, wo sie sind«, meinte Jessica.

»Angeblich sollen sie durch Williams Lake gekommen sein, aber das glaub ich nicht.« Sie lauschte dem Sturm, der immer noch um die Blockhütte pfiff und nassen Schnee gegen die Wand trieb. Nach einigem Überlegen fragte sie: »Was würdest du tun, wenn du bei der RCMP wärst? Würdest du sie verfolgen wie einen Grizzly?«

Der Vormann ging zum Ofen, öffnete die Klappe und schlug seine Pfeife aus. »Verbrecher sind raffinierter als Bären oder Wölfe«, sagte er. »Wenn sie intelligent sind, verwischen sie ihre Spuren oder sie verkleiden sich so geschickt, dass man sie nicht erkennt. Oder sie tauchen in einer großen Stadt wie Vancouver unter. Stell dir vor, in den Chilcotins gäbe es eine halbe Million wilder Tiere, dann wäre es beinahe unmöglich, einen bestimmten Bären herauszugreifen. Die Spuren eines Menschen sind schwerer zu finden als die eines wilden Tieres.« Er schloss die Ofenklappe und steckte die Pfeife in seine Jacke zurück. Als er sich erhob, standen einige Falten auf seiner Stirn. »Sag deiner Mutter, dass sie aufpassen soll. Sag ihr das, hast du gehört?«

»Mom ist eine gute Polizistin, das weißt du doch. Die bringt sich nicht unnötig in Gefahr.« Sie räumte den leeren Becher weg und blieb neben dem Tisch stehen. »Wann besuchst du uns mal wieder, Doug? Du warst lange nicht mehr bei uns. Wie wär's mit nächsten Sonntag? Ich sage Mom, dass sie den guten Apple Pie backen soll, den du so magst! Am Sonntag. Abgemacht, Doug?«

»Ich weiß noch nicht«, zögerte der Vormann. »Kann sein, dass mich einige Rancher brauchen. Moses

Gunn will einen Wolf bei seiner Herde gesehen haben! Ich gebe nicht viel auf den alten Narren, aber es soll verdammt kalt werden in den nächsten Tagen und manche Rancher wollen auf Nummer sicher gehen. Die sind schon zufrieden, wenn ich hier draußen bin und aufpasse, dass die Wölfe nicht näher kommen. Sie haben Angst!«

Jessica warf einen raschen Blick auf Joey, der sichtlich blass um die Nase geworden war. »Ich hab's auch nicht gern, wenn die Wölfe aus den Bergen kommen«, sagte sie. »Neulich war ihr Geheul so laut, dass ich dachte, sie wären hinter dem Haus! Die Hunde waren unruhig und haben laut gebellt.«

»Das täuscht«, erwiderte Doug, »das weißt du doch! Nein, vor den Wölfen hab ich keine Angst. Ich bin noch nie von einem Wolf angegriffen worden. Wölfe sind uns ähnlicher, als man glaubt.«

»Ich weiß, Doug. Aber sie sind mir unheimlich!«

»Diese Bankräuber sind mir unheimlicher«, entgegnete der Vormann. Er ging zum Fenster, beschattete die Augen mit beiden Händen und blickte in die Nacht hinaus. »Ich glaube, wir können aufbrechen«, sagte er nach einigem Überlegen, »der Sturm hat nachgelassen. Das bisschen Schnee wirft uns nicht um.« Er blickte Joey an. »Ist die Verletzung sehr schlimm?«

»Ist nicht der Rede wert«, versuchte Joey vor dem Cowboy nicht als empfindliches Greenhorn dazustehen, »ich komme zurecht.«

Jessica grinste kaum merklich, weil sich auch sein Tonfall verändert hatte, und zog den Reißverschluss ihres Anoraks zu. Sie griff nach ihrer Mütze und den

Handschuhen und blickte auf ihre Armbanduhr. »Kurz vor acht«, sagte sie, »noch früh am Tag. Wenn wir uns beeilen, sind wir vor neun auf der Ranch.«

Sie blies die Lampe aus und kramte die kleine Taschenlampe, die sie immer bei sich trug, aus ihrer Anoraktasche. In ihrem Lichtschein gingen sie nach draußen. Eisige Kälte erwartete sie. Der Sturm hatte nachgelassen, aber der Wind war immer noch böig und wirbelte ihnen Schneeflocken ins Gesicht. Die Kälte ließ besonders Joey erschaudern, raubte ihm sekundenlang den Atem und hinderte ihn sogar daran, das eisige Wetter zu verfluchen. »Dreißig Grad unter null«, schätzte Jessica.

»Nicht ganz«, erwiderte Doug. Er hatte einen Schal über seinen Cowboyhut gebunden, damit er nicht wegflog, und sah wie jemand aus, der Zahnschmerzen hatte. Er wies auf den Hundeschlitten, der hinter seinem Snowmobil hing und mit einigen Fellen und Decken belegt war. »Für dich, Joey! Jess, du sitzt bei mir auf der Maschine!« Jessica half dem Jungen, auf den Schlitten zu steigen und sich in die Decken zu wickeln, und stieg dann hinter dem Vormann auf das Snowmobil. »Es kann losgehen, Doug!«

Doug drückte den Anlasser und fuhr auf den Trail zurück. Er schien jeden Fußbreit dieses Gegend zu kennen und genau zu wissen, wo der Schnee flach genug für das Snowmobil war. Obwohl er die Maschinen nicht mochte und lieber mit dem Hundeschlitten oder einem Pferd in der winterlichen Wildnis unterwegs war, konnte er gut damit umgehen. Er wich den meisten Hindernissen aus und legte sich so sanft in die Kurven, dass seine Begleiter kaum etwas merkten.

Der Scheinwerfer des Snowmobils warf eine breite Lichtbahn in den Schnee und ließ die Flocken, die vom Himmel fielen, wie silbernen Regen aussehen. Jessica hielt sich an dem Cowboy fest und spürte den kalten Lauf der Winchester, die über seinem Rücken hing. Joey klammerte sich mit beiden Händen am Schlitten fest.

Die Hansens und Danny, der auf der Ranch geblieben war, hörten den Motor ihres Snowmobils und standen vor der Tür, als sie die Ranch erreichten. Doug hielt an und blieb auf der laufenden Maschine sitzen, als Jessica abstieg und dem Jungen vom Schlitten half. »Joey hat sich den Fuß verstaucht«, sagte sie zu den Hansens, »unsere Snowmobile sprangen nicht an. Doug will sie morgen früh holen.« Sie wandte sich an den Vormann und lächelte dankbar. »Vielen Dank, Doug! Vergiss unsere Verabredung am Sonntag nicht! Nicht dass du dich wieder drückst!«

»Ich werde sehen, was sich machen lässt«, erwiderte der Cowboy trocken. »Auf Wiedersehen, Leute!« Er fuhr davon und verschwand zwischen den dunklen Bäumen am Seeufer. Das Motorengeräusch seines Snowmobils verklang in der trüben Nacht.

»Na, Gott sei Dank!«, meinte Kathryn Hansen erleichtert. »Ich dachte schon, es wäre was Schlimmes passiert!« Sie führte den verletzten Jungen ins Haus und half ihm auf die Couch. »Hol eine von den Wolldecken, Danny, sonst erfriert er uns noch!« Sie lächelte dabei, verstand es aber auch, den Indianer daran zu hindern, sich lustig über den jungen Mann aus L. A. zu machen. »Wie wär's mit einem heißen Tee und etwas Suppe? He, Bernie! Hast du noch was von dem guten Whisky übrig? Der wäre jetzt genau richtig! Ich kümmere mich inzwischen um den Tee.«

»Das kann ich doch machen«, wandte Jessica ein und war schon auf dem Weg zum Herd, als Kathryn Hansen sie zurückhielt. »Deine Mutter hat angerufen! Du sollst gleich nach Hause kommen! Ich glaube nicht, dass sie heute nach Anahim Lake fährt.« Sie zögerte und fügte hinzu: »Ich glaube, dein Vater ist da.«

»Daddy?«, stieß sie überrascht hervor. »Also doch …« Sie verabschiedete sich flüchtig und rannte zum Jeep hinaus. »Bis morgen früh!« Sie sprang in den Wagen und brauste vom Ranchhof.

Für die Fahrt nach Hause brauchte sie keine zehn Minuten. Schleudernd lenkte sie den Wagen durch den frischen Schnee. Zum Glück war kein anderes Fahrzeug in der Nähe, als sie mit viel Schwung die Abzweigung nahm und die letzten Meter zum Blockhaus fuhr. Schon von weitem sah sie den Mietwagen ihres Vaters im Lichtschein stehen. Sie hielt dicht dahinter, sprang hinaus und rannte ins Wohnzimmer. »Daddy!«, rief sie aufgeregt. »Du hast mir versprochen, dass du nicht kommst!«

Ihre Eltern saßen einander gegenüber, sie auf der Couch, er auf einem Sessel, und ihre verärgerten Mienen verhießen nichts Gutes. Sie hatten sich gestritten, das erkannte Jessica auf den ersten Blick, und ihre Mutter war den Tränen nahe. Ihr Vater war alt geworden, hatte sie den Eindruck, sah viel älter aus, als sie ihn in Erinnerung hatte, und schien ein paar Kilo zugenommen zu haben. Vielleicht lag es daran, dass er jetzt hauptsächlich im Büro arbeitete. Er trug einen Anzug, ähnlich wie ein Versicherungsvertreter, und seine Krawatte war schief gebunden. Sein Gesicht wirkte nicht mehr so kantig wie vor einem Jahr, die Wangen hingen schlaff herab und seine Augen hatten den Glanz verloren.

»Was soll das, Daddy? Ich hab dir doch gesagt, dass Mom jetzt keine Aufregung vertragen kann! Mit den Bankräubern hat sie genug am Hals! Warum fährst du nicht nach Hause und lässt sie in Ruhe? Du siehst doch, wie sie sich aufregt, wenn du hier bist!«

Jack Barnett blickte auf den Boden. »Ich wollte euch sehen! Ich war neulich schon mal hier, aber da war alles dunkel und ich bin wieder gefahren. Ich wohn in einem Motel am Nimpo Lake!«

»Ich hab dich gesehen«, sagte Jessica.

»Es tut mir Leid, Jess, ich wollte dich nicht erschrecken. Ich wollte doch nur …« Er rieb sich eine versteckte Träne aus den Augen und blinzelte in das schwache Licht. »Du siehst hübsch aus, Jess, viel hübscher als letztes Mal. Geht es dir gut, Jessica?«

»Ja, es geht mir gut«, antwortete sie. Ihr Widerstand ließ langsam nach. Sie tauschte einen Blick mit ihrer Mutter, sah den Widerstreit der Gefühle auch in ihren Augen. Aber es war keine Liebe mehr, nur noch Mitleid für einen Mann, der so ziemlich alles falsch gemacht und eine glückliche Familie zerstört hatte. »Wenn dir ein bisschen was an uns liegt, lässt du uns in Ruhe«, sagte Emily. »Wir kommen gut allein zurecht und so soll es bleiben.«

»Ich wollte hier nichts in Unordnung bringen«, sagte er weinerlich, »ich wollte euch nur mal sehen. Ihr wisst nicht, wie das ist, wenn man plötzlich erkennen muss, dass man einen großen Fehler begangen hat. Es ist furchtbar und ich würde alles dafür geben, ihn ungeschehen zu machen. Ich weiß selbst, dass ich dich nicht zurückgewinnen kann, Emily! Selbst wenn du dazu bereit wärst – ich bin mir nicht sicher, ob es diesmal gut gehen würde. Du bist ein ziemlicher Dickkopf und ich kann auch ganz schön störrisch sein! Aber wir können doch wenigstens wieder miteinander reden! Andere Leute, die getrennt leben, reißen doch auch nicht alle Brücken hinter sich ab! Immerhin haben wir eine gemeinsame Tochter!« Er seufzte leise: »Ich will dich nicht verlieren, Jessica!«

»Das hättest du dir früher überlegen müssen!«, kam Emily ihrer Tochter zuvor. »Du hast sie ein Mal in den letzten zwei Jahren getroffen und selbst da hattest du kaum Zeit für sie! Wie kommst du darauf, dass es jetzt anders laufen könnte? Warum bleibst du nicht bei dieser ... dieser Frau, die du damals aufgegabelt hast?«

»Wir haben uns getrennt, das hab ich dir doch erzählt!«, sagte Jack Barnett. »Ich weiß inzwischen selbst, dass sie nicht die Richtige war!«

»Dafür hast du aber lange gebraucht!«, lästerte Emily.

Jessica brachte ihre Mutter mit einem Blick dazu, sich herauszuhalten, und wandte sich an ihren Vater. Obwohl sie hundemüde war und ihre Gedanken schon in Aufruhr gewesen waren, bevor sie erfahren hatte, dass ihr Vater gekommen war, antwortete sie relativ gefasst: »Es hat keinen Zweck, Daddy. Jedenfalls nicht jetzt! Du siehst doch, wie Mom reagiert, wenn du hier auftauchst! Und sie hat Recht, hier läuft alles wunderbar, seit sie dir nicht mehr hinterherweint. Ich bin deine Tochter, das ist ganz was anderes, und ich würde mich auch freuen, wenn wir wieder ein normales Verhältnis hätten. Aber das dauert. Ich brauche noch etwas Zeit, Daddy!«

Jack Barnett stand auf und zog seinen Mantel an. Seine Miene war ausdruckslos. »Es war ein Fehler, euch zu besuchen«, sagte er, »das sehe ich jetzt ein.« Er blickte zuerst seine Exfrau und dann seine Tochter an und ging zur Tür. »Ich melde mich, wenn sich die Dinge etwas beruhigt haben. Ihr wisst ja, wo ihr mich finden könnt …« Er öffnete die Tür und verschwand in der Nacht. Wenige Sekunden später war der Motor seine Wagens zu hören.

Jessica umarmte ihre weinende Mutter und hielt sie lange fest. »Mach dir keine Sorgen, Mom! So schnell kommt Daddy nicht wieder!« Sie löste sich von ihr. »Wie wär's mit einem heißen Tee? Mal sehen, vielleicht haben wir noch was von der guten Eiscreme im Gefrierfach! Die mit den ganzen Nüssen, die du so magst! Bleib sitzen, Mom! Ich mach das schon! Musst du heute noch zur Station?«

Ihre Mutter wischte sich die Tränen vom Gesicht und schüttelte den Kopf. »Heute Nacht bleibe ich zu Hause.« Sie blickte ihre Tochter an. »Ist mit dir alles in Ordnung? Ich hab gehört, du hast diesen Jungen gesucht. Hatte er sich verirrt?«

»Was hast du von einem City Slicker anderes erwartet?«, rief Jessica lachend aus der Küche. Sie streckte den Kopf heraus und fügte verschmitzt hinzu: »Aber er ist ein sehr netter City Slicker!«

13

Um halb sechs wurde Jessica durch den Duft von gebratenen Eiern und Speck geweckt. Sie stieg aus dem Bett und schlurfte mit verschlafener Miene in die Küche. Ihre Mutter stand angezogen am Herd. Rusty hockte neben ihr und hoffte, dass sie ihm eine Scheibe Speck zuwarf. »Mom!«, rief Jessica überrascht. »Weißt du, wie spät es ist? Ich denke, du musst erst um acht aus dem Haus!«

»Ich konnte nicht schlafen«, antwortete Emily. Sie konnte schon wieder lachen und hielt die Pfanne mit den Eiern hoch. »Wie wär's mit einem ordentlichen Frühstück? Wird Zeit, dass wir wieder mal ein paar Kalorien reinbekommen.« Sie schob die Eier und den Speck auf zwei Teller und steckte zwei Brotscheiben in den Toaster. »Setzt du für deinen Tee noch mal Wasser auf? Ich hab nur Kaffee.«

Sie setzten sich an den Tisch und ließen es sich schmecken. »Die Hunde hab ich bereits gefüttert«, sagte Emily. Sie gab dem Leithund eine Scheibe Speck und kraulte ihn hinter den Ohren. »Ich dachte, ich dreh heute Morgen eine Runde mit ihnen. Sonst vergessen sie noch, wer ich bin! Stimmt's, Rusty?« Sie beugte sich zu dem Leithund hinunter und nahm seinen Kopf in beide Hände. »Ihr könnt doch nichts dafür, dass ich zurzeit so viel zu tun habe! Die Bankräuber halten uns ganz schön auf Trab!«

»Wisst ihr inzwischen, wo sie sind?«, fragte Jessica.

Ihre Mutter trank einen Schluck Kaffee und schüttelte den Kopf. »Die Sache wird immer verzwickter.

Jetzt hat sich ein Mann aus Revelstoke gemeldet. Er will die Bankräuber vor einem Supermarkt gesehen haben! Und aus Edmonton hat eine ältere Dame angerufen, die schwört Stein und Bein, dass die Männer vor ihrer Bäckerei geparkt haben. Die meisten Leute, die sich bei uns melden, sind Wichtigtuer, aber wir dürfen keinen Anruf auf die leichte Schulter nehmen. Vielleicht hat ja wirklich jemand die Männer gesehen!«

»Höchste Zeit, dass ihr die Kerle schnappt!«, sagte Jessica. Sie starrte in ihren Teebecher, als gäbe es dort etwas Interessantes zu entdecken, und druckste herum. Ihre Mutter schien den Besuch ihres Exmannes gut verdaut zu haben und erweckte nicht den Eindruck, als würde sie darüber nachdenken, aber irgendetwas drängte Jessica noch mal darüber zu sprechen. »Wegen gestern Abend«, begann sie vorsichtig, »wegen Daddy. Ich mach mir Sorgen um dich, Mom! Du hast 'ne Menge am Hals ...«

»Schon vorbei«, erwiderte Emily entschlossen. »Ich geb zu, die Sache ging mir an die Nieren und ich hab letzte Nacht kaum geschlafen, aber jetzt bin ich wieder okay. Jack kann mir die Stimmung nicht mehr vermiesen. Ein kräftiges Frühstück, eine Runde mit den Hunden und es geht wieder. Kommst du mit?«

»Auf dem Schlitten? Wie eine Touristin?«, fragte sie.

»Wir kriegen schlechtes Wetter«, erklärte ihre Mutter ernst, »über den Bergen zieht ein neuer Sturm herauf. Da fahre ich ungern allein. Du weißt, wie schnell hier das Wetter umschlagen kann!«

»Okay. Ich beeil mich mit dem Anziehen.«

Sie überließ ihrer Mutter den Abwasch und verschwand rasch im Bad. Unter der Dusche dachte sie an Joey, wie er hilflos im Schnee gelegen hatte, sah seine schmerzverzerrte Miene, als er neben ihr durch den Schnee gehumpelt war, sein zufriedenes Lächeln nach ihrem ersten schüchternen Kuss. Sie hatte ihrer Mutter nichts davon erzählt. Emily hatte andere Sorgen als die Verliebtheit ihrer Tochter. Denn verliebt war Jessica, sie hatte sich in Joey verliebt, den sie vor wenigen Tagen noch als arroganten Angeber beschimpft hatte. Manchen Leuten muss man die Maske vom Gesicht ziehen, dachte sie, dann sehen sie gleich anders aus.

Ihre Mutter hatte bereits die Hunde eingespannt, als Jessica in ihrer Winterkleidung aus dem Haus trat. Es war noch dunkel und sie trugen beide die Stirnlampen über den Kapuzen. Die Hunde bellten laut und zerrten an den Leinen, besonders Lefty, der nun gesund war und offensichtlich darauf brannte, endlich wieder durch den Schnee zu laufen. »Nicht so stürmisch, Lefty!«, hielt Emily ihn zurück. »Sonny, mach keinen Unsinn! Du kannst dich noch früh genug austoben! Was ist los mit dir, Snowball? Freust du dich nicht?« Snowball hing eher müde im Geschirr, als hätte er keine Lust auf einen Ausflug. Er gehörte zu den stillen Genießern, die ihre Freude nicht offen zeigen konnten. Speedy und Dandy waren anders, bellten aufgeregt und schienen Rusty anzufeuern, der ungeduldig auf das Signal der Musherin wartete.

Jessica half ihrer Mutter die Leinen zu ordnen und kletterte auf den Schlitten. Das Bärenfell, das über den hölzernen Streben lag, war angenehm weich. Sie breitete eine Wolldecke über ihre Beine und gab ihrer Mutter durch einen schnellen Blick zu verstehen, dass sie bereit war. Fast kam sie sich ein bisschen schuldig vor, weil sie wie eine Urlauberin auf dem Schlitten thronte und sich von ihrer Mutter fahren ließ, aber Emily war dankbar, dass sie mitkam und sie nicht allein durch den dunklen Morgen zu fahren brauchte. Sie hatten in den letzten Tagen kaum Zeit füreinander gehabt und es wirkte beruhigend auf sie, zusammen mit ihrer Tochter in der Wildnis zu sein. Besonders nach der Aufregung am vergangenen Abend genoss sie die Abgeschiedenheit der Natur und die Zweisamkeit mit dem einen Menschen, der ihr mehr bedeutete als alles andere auf der Welt.

»Gestern hab ich Doug getroffen«, sagte Jessica, als sie den Hof verlassen hatten und über die verschneite Forststraße in den Wald hineinfuhren. »Ich hab ihn für Sonntag eingeladen. Ich hab ihm versprochen, dass du einen Apple Pie für ihn bäckst.«

»Doug Winslow?«, meinte ihre Mutter nervös, als gäbe es noch irgendeinen anderen Doug in der Gegend. »Den hab ich eine Ewigkeit nicht mehr gesehen. Wie geht es ihm? Will er in die Berge, geht er auf Wolfsjagd? Die Biester sind ziemlich weit unten diesen Winter. Moses hat einen bei der Herde gesehen.«

»Das erzählt er jedem, der alte Angsthase!«, erwiderte Jessica. »War wahrscheinlich ein Kojote. Doug sagt, die Wölfe sind noch weit oben.« Sie lächelte trotz der Kälte, die der Fahrtwind ihr ins Gesicht blies. »Doug mag dich, Mom! Er mag dich sogar sehr!«

»Er ist ein guter Mann. Wenn es so was gibt.«

»Tu nicht so, Mom! Ich weiß doch, dass du ihn auch magst! Du bist nur zu schüchtern es ihm zu sagen. Und er ist auch nicht viel besser. Ich glaube, Doug beißt sich eher die Zunge ab, als so was wie ›Ich liebe dich!‹ zu sagen.« Sie lachte. »Ich sollte euch ein Mittel in den Kaffee schütten. Irgendwas, was eure Zungen löst.«

»So schlimm ist es nicht«, meinte Emily betont nüchtern. »Wenn das Schicksal will, dass wir zusammenkommen, dann findet es einen Weg. Und wenn nicht, kann ich es auch nicht ändern.«

»Vielleicht will das Schicksal, dass ich dem Glück auf die Sprünge helfe! Wie wär's, wenn ich euch nach dem Kaffee allein lasse? Dann hättet ihr Zeit, mit den Hunden rauszufahren, so wie wir jetzt, und wer weiß, plötzlich liegst du in seinen Armen und …«

»Jess!«, unterbrach ihre Mutter sie lautstark. »Ich will nicht, dass du so redest! Ich hab genug von Männern, das weißt du doch!«

»Ich mein's ja nur gut, Mom!«

»Ich weiß, Jess, ich weiß«, sagte sie entschuldigend.

Sie fuhren eine Weile schweigend durch den Wald. Ihre Stirnlampen zeichneten helle Flecken in den Schnee. Der Wind hatte wieder aufgefrischt und blies eiskalt durch die Schneisen, sang in den dichten Wipfeln der Fichten. »Go! Go!«, feuerte Emily die Hunde an. »Wollt ihr wohl laufen, ihr müden Biester!« Sie stand sicher auf den Kufen, solange der Boden eben war, verlagerte geschickt ihr Gewicht, wenn es in eine Kurve ging, und schien jedes Hindernis zu ahnen, bevor der Lichtstrahl ihrer Stirnlampe darauf fiel. Die Kälte machte ihr nichts aus, obwohl sie keine Schutzbrille trug und kaum noch ihre Wangen spürte. Es gab nichts Besseres für sie als eine Tour mit dem Hundeschlitten, wenn Probleme sie zu erdrücken drohten und sie den Kopf wieder freibekommen wollte. »Go! Go! Schneller! Schneller!« Der Schnee knirschte unter den Kufen des biegsamen Schlittens, spritzte in einer hohen Fontäne davon, als sie in eine scharfe Kurve gingen und Emily das Gefährt auf einer Kufe belastete.

Sie nahm einen anderen Weg als ihre Tochter in der Nacht, in der sie gestürzt war, fuhr immer weiter nach Norden, über einen alten Jagdtrail und am Waldrand entlang, über einige Hügel, die sie zwangen, von den Kufen zu springen und den Hunden durch Schieben zu helfen, bis sie wieder eine Forststraße erreichten und festen Boden unter die Kufen bekamen. Dies war die große Route, dreimal so lang wie die Trainingsroute, die sie gewöhnlich nahm, und wesentlich schwieriger zu fahren. An diesem Morgen brauchte Emily die Herausforderung, auch deswegen war sie früher als gewöhnlich aufgestanden und weil sie ihren Exmann aus ihren Träumen verbannen wollte. Ich brauche keinen Mann, sagte sie sich. Ich habe einen Job bei der Polizei und komme allein zurecht. Und doch empfand sie heimliche Freude darüber, dass Doug Winslow am Sonntag kommen würde. Er war der einzige Mann, der es verstand, ihre Seele zu berühren.

Jessica war viel zu sehr mit ihren eigenen Gedanken beschäftigt, um über die Probleme ihrer Mutter nachzudenken. Sie hatte sich in Joey verknallt, eigentlich gegen ihren Willen, auch jetzt noch, weil er so gar nicht ihrem Idealbild eines Mannes entsprach. Sie mochte keine Aufschneider und es war ihr auch egal, wie jemand gekleidet war und ob er ein Duftwasser benutzte. Sie selbst benutzte kaum Make-up, genau wie ihre Mutter. Etwas Lippenstift und Eyeliner, wenn man hübsch sein wollte, und eine Fettcreme gegen die Kälte, mehr brauchte man in der Wildnis nicht. Ein Mann, der ihr gefiel, brauchte nicht einmal gut auszusehen. Es kam auf die Ausstrahlung an, das hatte sie längst herausgefunden, so wie bei Doug Winslow, der immer so ruhig und abgeklärt wirkte. Doch Joey hatte sich verändert. Er verstellte sich nicht mehr, und bei dem Gedanken, von ihm geküsst zu werden, zitterte sie fast.

Sie erreichten eine Lichtung und blieben einen Augenblick stehen. Zwischen den Wolken im Osten kroch die Sonne hervor und die ersten Strahlen brachen sich auf dem frischen Schnee. Die Schneeflocken glitzerten in dem orangefarbenen Licht. Außer dem leichten Rauschen des Windes und dem Hecheln der Hunde war kaum ein Geräusch zu hören. Sie liebten diese friedvolle Stimmung, genossen die Wärme der Sonnenstrahlen, die sich zaghaft auf ihre Wangen legte, und die Schönheit der verschneiten Landschaft. »Wird langsam Zeit, dass wir umkehren«, sagte Emily nach einer Weile, »sonst kommen wir noch zu spät!«

Sie wollte gerade den Schlitten wenden, als das Brummen eines Flugzeugmotors zu ihnen drang. Es war so nahe, dass sie sich unwillkürlich duckten. Sie blickten nach oben und sahen ein Buschflugzeug über die Bäume kommen, eine weiße Beaver mit blauen Streifen unter den Tragflächen, die im Tiefflug über die Lichtung brauste und nach Osten verschwand. Ihre Skier leuchteten im Sonnenlicht. »Was wollen die denn hier?«, rief Jessica verwundert. Ihre Mutter hörte sie nicht in dem Lärm. »Hier hab ich noch nie jemand landen sehen!« Die Beaver tauchte hinter den Hügeln im Osten weg, dann hörte man, wie der Pilot den Motor drosselte und auf dem Schnee aufsetzte. Nach einer Weile verstummte der Motor ganz und die Stille kehrte zurück. Sie wirkte jetzt noch tiefer und andächtiger als vor der Ankunft der Beaver.

Jessica blickte ihre Mutter verwundert an. »Möchte wissen, was die in dieser gottverlassenen Gegend wollen! Hier gibt's keinen See zum Eisfischen und nur wenig Wild.«

Ihre Mutter war genauso ratlos. »Keine Ahnung. Hinter den Hügeln liegt eine alte Trapperhütte, aber da war seit ewigen Zeiten keiner drin. Warum auch? Als Fallensteller hast du heutzutage nur im Hinterland eine Chance. Hier gibt's kaum was zu holen.«

»Vielleicht die Bankräuber!«

»Na klar«, meinte ihre Mutter grinsend. »Die haben eine Maschine gemietet und fliegen seelenruhig in der Gegend umher, bis sie eine Trapperhütte finden! Sie haben eine Kiste mit Vorräten dabei, geben dem Piloten was von der Beute ab, damit er sie nicht verrät, und dann warten sie ab, bis sich alles beruhigt hat und sie sich wieder aus ihrem Versteck wagen können. Da müsste einiges zusammenkommen, meinst du nicht auch?«

»Aber möglich wär's ja. Wenn sie nicht über der Grenze oder in der Karibik sind, verkriechen sie sich in der Wildnis, ist doch klar! Vielleicht haben sie die Gegend vorher ausgekundschaftet oder einer der beiden Typen hat mal hier gelebt und kennt sich aus!«

Emily blickte sie grübelnd an. »Du klingst wie einer dieser Inspektoren aus Vancouver oder Calgary! Aber möglich wär's, das stimmt. Leider fällt mir nicht ein, woher die Kerle kommen. Dean Stockwell hat mal in den Bergen gewohnt, daran kann ich mich erinnern, in der Gegend um Whistler. Aber dieser Larry Hatcher ... der sieht nicht so aus, als wäre er schon mal in der Wildnis gewesen. Der kann keine Beaver von einer 747 unterscheiden. Der kommt aus den Slums von Seattle, wenn ich mich recht erinnere.« Sie war ernst geworden. »Ist wohl trotzdem besser, wir schauen mal nach! Die Chancen stehen hundert zu eins, dass wir's mit verrückten Urlaubern zu tun haben, die sich abseits der Zivilisation verwirklichen wollen. Eine Beaver mit blauen Streifen, die gehört zu Chilcotin Flyers am Nimpo Lake, falls ich mich nicht irre. Denen hab ich höchstpersönlich die Fotos der Bankräuber rübergemailt, die hätten uns doch bestimmt Bescheid gesagt, wenn zwei verdächtige Männer eine Maschine gechartert hätten. Das sind harmlose Urlauber, da gehe ich jede Wette ein! Komm!«

Sie fuhren am Waldrand entlang, um sich nicht durch den Tiefschnee kämpfen zu müssen, und erreichten die Hügel von Westen; die aufgehende Sonne schien ihnen direkt ins Gesicht, als sie den ersten Hügelkamm erreichten. Ihre Stirnlampen hatten sie bereits in einem Vorratsbeutel verstaut. Sie beschatteten die Augen mit den Händen und blickten in das lang gestreckte Tal hinab.

Die Beaver stand ungefähr zwanzig Meter von dem Blockhaus entfernt im Schnee. Auf der Frontscheibe spiegelte sich die Sonne. Zwei Männer trugen eine

Kiste in die Hütte, und Jessica hätte schwören können, dass sie Gewehre über den Schultern hängen hatten, aber die Sonne stand sehr tief und sie konnte sich täuschen. Außerdem brauchte man kein Bankräuber zu sein, um in dieser Gegend eine Waffe zu tragen. Hier trug fast jeder ein Gewehr, wenn er sich allein in der Wildnis aufhielt. Sie hatte den Eindruck, dass die Männer kurz stehen blieben und in ihre Richtung sahen. »Die haben irgendwas vor, Mom!«, sagte sie leise.

Emily hatte denselben Verdacht. »Vom Schlitten!«, forderte sie ihre Tochter auf. »Geh langsam zum Wald zurück! Lass es so aussehen, als hätten wir was verloren und du würdest danach suchen! Geh ganz langsam! Keine überhasteten Bewegungen!«

»Meinst du wirklich …«, sagte Jessica nervös. »Meinst du wirklich, das sind die Bankräuber? Aber du hast doch selbst gesagt … das kann doch gar nicht sein, Mom! Das ist unmöglich!«

»Geh jetzt!«, zischte ihre Mutter. Sie zog langsam den Revolver aus dem Vorratsbeutel und steckte ihn hinter den Gürtel. Gegen die helle Morgensonne waren die beiden Männer kaum zu erkennen. »Mach schon, Jess! Geh endlich! Wahrscheinlich sind das zwei harmlose Jäger, aber ich will kein Risiko eingehen!«

Jessica kletterte vom Schlitten. Ihre Mutter hatte den Reißverschluss ihres Anoraks heruntergezogen und sie sah den Revolver. In diesem Augenblick war sie unglaublich stolz auf sie, auf ihre Tapferkeit und ihre unerschütterliche Ruhe im Augenblick einer möglichen Gefahr.

Sie ging zwei Schritte und glaubte aus den Augenwinkeln zu erkennen, wie einer der Männer sein Gewehr hob und auf sie anlegte. »Mom!«, schrie sie. »Mom! Die schießen auf uns!« In ihrer Panik rannte sie auf ihre Mutter zu, dachte gar nicht daran, in welche Gefahr sie sich brachte. Im selben Augenblick krachte ein Schuss. Sie glaubte zu spüren, wie die Kugel aus der Dämmerung heranzischte, fühlte keinen Schmerz, als etwas Hartes ihre Stirn streifte und sie zu Boden riss. Sie sah den schneebedeckten Boden auf sich zukommen und nahm verschwommen wahr, wie sich ihre Mutter auf sie warf und sie mit ihrem Körper schützte. »Jess! Bist du okay, Jess?«

Jessica wollte antworten. Sie wollte ihrer Mutter sagen, dass nichts geschehen war. Ich bin okay, Mom, mir geht es gut! Alles halb so schlimm! Aber sie brachte keinen Ton über die Lippen, erschlaffte unter ihrer Mutter und versank in tiefer Dunkelheit.

Sie sah nicht mehr, wie Emily ihren Revolver zog. Wie sie auf die Männer anlegte und schrie: »Hände hoch! Polizei!« Wie einer der beiden Männer erneut das Gewehr hob und der andere rief: »Das sind Bullen, Larry! Wer weiß, wie viele das sind! Komm schon, wir müssen hier weg! Verdammt, lass sie gehn!« Larry Hatcher nahm das Gewehr runter und rannte widerwillig davon, kletterte in die Beaver und schlug die Tür zu. Dean Stockwell saß auf dem Pilotensitz, hatte längst den Motor gestartet und wendete die Maschine auf kleinstem Raum.

Dann zog er die Beaver hoch und flog wenige Meter über Jessica und ihre Mutter hinweg. Emily blieb über ihrer Tochter liegen, wartete nervös, bis die Maschine verschwunden war, und sprang auf. Sie beugte sich zu Jessica hinab, fühlte ihren Puls und nickte erleichtert. »Gott sei Dank, sie ist am Leben! Sie lebt!«

14

Jessica öffnete die Augen. Sie hatte das Gefühl, aus einem quälenden Albtraum zu erwachen. Mit flackernden Lidern blickte sie in das grelle Neonlicht, das über ihr brannte. Mit dem Licht stürzten schreckliche Bilder auf sie ein. Die dunkle Gestalt vor dem Flugzeug, das erhobene Gewehr, das Krachen des Schusses, die panische Angst im Gesicht ihrer Mutter. Der brennende Schmerz an ihrer Schläfe und die Dunkelheit, die sie von den Schmerzen erlöste und in endlose Tiefe zog. Jetzt kehrte der Schmerz zurück, aber er war nicht mehr so stark, nur noch ein dumpfes Pochen in ihrem Schädel und ein leichtes Brennen unter dem dicken Pflaster, das bis zu ihrem Auge reichte. Sie wartete, bis sich ihre Augen an das Licht gewöhnt hatten, und blickte in das lächelnde Gesicht eines Arztes. Er hielt ein Klemmbrett in der Hand und sprach mit einer Krankenschwester. »Wo ist Mom? Wie geht es ihr?«, fragte Jessica. Ihre eigene Stimme kam ihr fremd vor.

Der Arzt, ein junger Inder mit dunklen Augen und olivfarbener Haut, beruhigte sie. »Ihrer Mutter geht es gut, Miss Barnett!«, sagte er mit leichtem Akzent. »Sie wartet draußen! Ich schicke sie gleich zu Ihnen!« Er beugte sich über sie und berührte vorsichtig ihre

Stirn. »Machen Sie sich keine Sorgen, Miss Barnett! Sie haben großes Glück gehabt! Es war nur ein Streifschuss! Es ist nichts passiert! Wir behalten Sie eine Nacht zur Beobachtung hier, dann dürfen Sie gehen!« Er bemerkte ihren verständnislosen Blick und fügte hinzu: »Sie sind im Cariboo Memorial Hospital in Williams Lake! Sie sind im Krankenhaus, Miss Barnett!«

Von der Krankenschwester erfuhr sie, dass sie am vergangenen Abend mit einem Hubschrauber ins Cariboo Memorial gebracht worden war. Nach der Schießerei hatte ihre Mutter sie mit dem Hundeschlitten nach Hause gebracht und sofort die RCMP alarmiert. Der Corporal war kein Risiko eingegangen und hatte den Hubschrauber vom Tatla Lake gerufen. Die Großfahndung nach den Bankräubern lief bereits. Emily Barnett blieb bei ihrer verletzten Tochter und versprach sobald wie möglich nach Anahim Lake zurückzukehren.

»Mom, da bist du ja!«, rief Jessica mit feuchten Augen, als ihre Mutter mit Blumen und einem bunten Luftballon zur Tür hereinkam. »Ich hatte schon Angst, du wärst auch getroffen worden!«

»Jess!«, sagte Emily nur und zerdrückte fast die Blumen, als sie sich zu ihr hinunterbeugte und sie in die Arme nahm. »Ich hatte solche Angst um dich! Warum bist du nicht zum Waldrand gegangen, wie ich's dir gesagt habe? Du bist genau in die Schusslinie gelaufen!« Sie schluchzte leise und drückte sie noch fester. »Du hast mir das Leben gerettet, Jess! Wenn du nicht zurückgerannt wärst, hätten sie mich mit dem ersten Schuss getötet!« Sie schluchzte wieder. »Zum Glück ist dir nichts passiert!«

Emily stellte die Blumen in eine Vase und wischte sich die Tränen aus den Augen. »Die Kugel hat dich nur gestreift«, sagte sie. »Morgen früh darfst du nach Hause! Ein Brummschädel für ein paar Tage, das ist alles, sagt der Arzt. Gott sei Dank! Ich hätte mir ewig Vorwürfe gemacht!« Sie lächelte ihre Tochter aufmunternd an. »Spürst du noch was? Du hast doch keine Schmerzen, oder?«

»Nur so ein dumpfes Pochen«, antwortete Jessica, »aber das ist nicht schlimm! Das krieg ich mit Aspirin weg.« Sie griff nach dem Becher auf ihrem Nachttisch und trank etwas Tee. Ihre Mutter zog sich einen Stuhl heran. »Habt ihr die Bankräuber gefunden?«, fragte Jessica. »Das müssen skrupellose Burschen sein! Was hatten die überhaupt da zu suchen? Woher wussten sie, dass da eine Hütte liegt? Und wie kommen sie an die Maschine? Können sie fliegen?«

Emily konnte schon wieder lachen. »Du willst ja mehr wissen als die Reporter!«, meinte sie amüsiert. »Aber du hast Recht! Niemand hätte gedacht, dass sich die Bankräuber ausgerechnet in den Chilcotins verstecken. Sieht so aus, als würden sie sich in unserer Gegend auskennen. Bei Chilcotin Flyers haben sie die Männer nicht erkannt. Sie sahen anders aus als auf den Bildern, die im Fernsehen und in der Zeitung waren, viel älter und die Haare hatten sie auch anders. So genau hat die Angestellte sie auch nicht angesehen. Sie hatten gefälschte Papiere mit anderen Namen. Keine Ahnung, wo sie die herhaben. Die hohen Tiere in Vancouver untersuchen das gerade. Ich nehme an, sie haben jemand im Zuchthaus kennen gelernt, der sich mit so was auskennt. Der Schwerere von beiden, sagen sie bei Chilcotin, hatte jedenfalls einen Flugschein. Das muss Stockwell sein.«

»Möchte nur wissen, warum die sich so gut in den Chilcotins auskennen«, sagte Jessica. »Die Hütte kennen nicht mal alle Indianer! Oder kommt einer der Männer aus unserer Gegend?« Sie blinzelte in das Neonlicht. »Aber das müssten wir doch wissen!«

»Das prüfen unsere Leute gerade nach«, erklärte Emily. »Ich bin sicher, es dauert nicht mehr lange, bis sie die Ausbrecher schnappen. Jetzt wissen wir, wie sie im Moment aussehen und was für Papiere sie haben. Jede Dienststelle kennt die Nummer ihrer Beaver. Sobald sie irgendwo runtergehen, haben wir sie. Und wenn sie irgendwo in der Wildnis landen, kriegen wir sie auch! Sie mussten ihre Kisten mit den Vorräten stehen lassen. Sie müssen irgendwo landen und Lebensmittel kaufen. Die entkommen uns nicht mehr!« Sie berührte ihre Tochter vorsichtig an der rechten Schulter. »Aber darüber würde ich mir an deiner Stelle sowieso keine Gedanken machen, Jess! Noch eine Nacht und du hast alles überstanden. Soll ich dir was aus dem Shop besorgen? Eine Flasche Cola? Schokolade oder so was?«

»Nein, schon gut, Mom«, wehrte Jessica sanft ab, »ich hab alles, was ich brauche. Bleibst du heute Nacht in Williams Lake?«

Ihre Mutter nickte. »Witwe Baxter hat eine Kusine in der Stadt, bei der kann ich schlafen. Sie wohnt nur ein paar Straßen von hier. Morgen früh um neun Uhr hole ich dich ab. Ich hab mein Handy dabei. Ruf mich an, falls irgendwas ist.« Sie schwieg eine Weile und sagte dann: »Es tut mir Leid, dass so etwas passiert ist!

Du weißt, ich wollte das ganz bestimmt nicht! Es tut mir wirklich Leid.«

»Du kannst doch nichts dafür, Mom. Woher sollten wir denn wissen, dass die Männer in unsere Gegend kommen? Ausgerechnet zu der verlassenen Hütte! Wenn wir nicht so weit gefahren wären, hätten wir die verdammten Kerle nie getroffen!« Sie starrte auf das Bild an der gegenüberliegenden Wand, das Foto eines Wolfsrudels im Winter. Die Tiere liefen im Gänsemarsch über einen Hügelkamm und hoben sich wie Scherenschnitte gegen das flackernde Nordlicht am Horizont ab. »Ich hoffe nur, dass ihr sie bald erwischt. Sie haben eine Frau umgebracht!«

»Die Kassiererin«, bestätigte ihre Mutter. »Und wer weiß, wen sie noch alles auf dem Gewissen haben. Ein Inspektor in Calgary versucht immer noch Larry Hatcher wegen des Mordes an seiner Freundin dranzukriegen. Ich bin sicher, er hat sie getötet!«

Die Tür ging auf und die Krankenschwester erschien mit dem Abendessen. »Hm, das sieht ja lecker aus!«, meinte Emily beim Anblick des Salats spöttisch. »Okay, ich lass dich jetzt allein, Jess!« Sie deutete auf den Fernseher an der Wand. »Sieh fern oder lies ein bisschen, dann geht die Zeit schneller vorbei. Und träum was Schönes! Morgen früh hol ich dich ab.«

Jessica stieg vorsichtig aus dem Bett. Sie wartete geduldig, bis ihr nicht mehr schwindlig war, und setzte sich an den einfachen Holztisch am Fenster. Der Salat schmeckte besser, als sie befürchtet hatte, und mit viel Milch und Zucker war sogar der Tee zu genießen. Nach dem Essen blieb sie eine Weile still sitzen. Das Pochen in ihrem Kopf hatte nachgelassen und sie spürte kaum noch Schmerzen. Erst jetzt wurde ihr bewusst, wie knapp sie dem Tod entgangen war. Ein Schritt weiter und die Kugel hätte sie in die Stirn getroffen. Sie erschauderte und fühlte heillose Wut in sich aufsteigen. Sie wäre mit den bloßen Händen auf die Bankräuber losgegangen, wenn sie in diesem Augenblick ins Zimmer gekommen wären. Sie zwang sich zur Ruhe. Rachegefühle haben in meinem Job nichts zu suchen, hatte ihre Mutter einmal gesagt, sie vernebeln dein Gehirn und verleiten dich dazu, Fehler zu begehen. Die RCMP kümmert sich um die Männer, tröstete Jessica sich, bald sind sie wieder hinter Schloss und Riegel!

Aus dem Flur drangen die Schritte der Schwestern und Pfleger und das Klappern von Geschirr herein. Eine Schwester betrat das Zimmer. »Na, hat es geschmeckt?«, kam die übliche Frage und sie antwortete brav: »Nicht übel.« Dann war sie allein. Sie starrte das Bild mit den Wölfen an und dachte an die Worte der greisen Indianerin. Waren die Wölfe wirklich auf ihrer Seite? Wobei würden sie ihr helfen? Woher wusste Wolfsfrau das alles?

Sie blickte aus dem Fenster und sah die verschneiten Dächer einiger Häuser im schmutzigen Licht der Straßenlampen. In Williams Lake gab es keine Wölfe, man hörte sie nicht mal. Hier ballte sich die Zivilisation, gab es Einkaufszentren und Schulen, Hotels und Restaurants, erstrahlten die breiten Straßen im gelben Neonlicht. Hier traf man sich jeden Samstag im Einkaufszentrum und im Supermarkt, ging man ins Kino und anschließend ins Steakhaus oder zum Italiener und die jungen Leute vergnügten sich in der Hoteldisco. Für die Urlauber aus Vancouver oder Calgary war Williams Lake ein verschlafenes Nest mitten in der Wildnis. Für die Leute aus den Bergen war die Stadt ein Außenposten der Zivilisation, ihre Verbindung zum übrigen Kanada.

Jessica mochte die Einsamkeit. Für sie existierte nichts Schöneres, als mit dem Hundeschlitten oder im Sattel eines Pferdes durch den Busch zu streifen und die Natur zu genießen. Verschneite Berghänge, riesige Gletscher, rauschende Flüsse, stille Seen. Den klagenden Laut des Loons, eines geheimnisvollen Vogels, der wie kein anderes Lebewesen für die Einsamkeit des Nordens steht. Sie flog gern nach Vancouver, genoss das »süße Großstadtleben«, wie ihre Mutter es nannte, in vollen Zügen, kaufte in den schicken Läden der Robson Street ein und tanzte in den angesagten Diskotheken. Sie hatte keine Angst davor, dort zwei oder drei Jahre zu leben und die Hotelfachschule zu besuchen. Aber sie wusste auch, dass sie in den Busch zurückkehren würde. Der Posten einer Managerin auf der Clearwater Ranch war ein Traumjob, und wenn sie genug Geld gespart hatte, würde sie eine eigene Lodge aufmachen und jeden Samstag ein »Drei-Sterne-Gourmet-Dinner« servieren.

Sie kehrte ins Bett zurück und schaltete den Fernseher ein. Gelangweilt zappte sie sich durch mehrere Programme, amüsierte sich über einige Szenen einer neuen Comedy-Show und erwischte die Sieben-Uhr-Nachrichten eines großen Senders. Die Anschläge einer Terrorgruppe im Nahen Osten, die Ankündigung der Israelis, einen blutigen Vergeltungsschlag zu führen, und dann kam schon das Neueste von den Bankräubern.

»... endlich eine Spur von den Ausbrechern, die vor einigen Tagen die Royal Bank in Kamloops beraubten und eine Kassiererin erschossen. In der Nähe von Kleena Kleene, einem kleinen Ort am Highway 20, landeten die Männer mit einer Beaver, die sie unter falschem Namen bei Chilcotin Flyers am Nimpo Lake angemietet hatten. Wie sich erst jetzt herausstellte, hat einer der beiden Verbrecher einen Pilotenschein. Anscheinend wollten sie einige Tage in einer verlassenen Blockhütte untertauchen, wurden dabei jedoch von Constable Emily Barnett und ihrer neunzehnjährigen Tochter Jessica beobachtet. Die Männer verletzten das Mädchen mit einem Streifschuss am Kopf, bevor sie mit der Beaver fliehen konnten. Jessica liegt im Cariboo Memorial Hospital von Williams Lake und ist außer Lebensgefahr. Die RCMP hat Großalarm gegeben. Es wird vermutet, dass die flüchtigen Verbrecher mit ihrer Maschine nördlich des Highways 20 gelandet sind. Wir sprachen mit Corporal Lesley G. West von der RCMP in Anahim Lake.« Der Corporal erschien im Bild und sagte: »Glauben Sie mir, wir haben alle Hebel in Bewegung gesetzt um die Ausbrecher festzusetzen. Wir nehmen an, dass sie sich irgendwo in der Wildnis verstecken. Wir überprüfen alle Blockhütten in einem Umkreis von ein paar hundert Kilometern. Weiter können sie mit der Beaver nicht gekommen sein. Ein hartes Stück Arbeit, ich weiß, aber wir finden die Burschen, darauf können Sie sich verlassen!«

Die Reporterin, eine junge Frau mit strohblonden Haaren, gab an den Nachrichtensprecher zurück und der berichtete von neuen Erkenntnissen im Mordfall der jungen Prostituierten, die Larry Hatcher angeblich erstochen hatte. »Mehr wollte die RCMP in Calgary zu diesem Zeitpunkt nicht sagen. Es gilt aber als wahrscheinlich, dass ein Zeuge, der sich damals für den mutmaßlichen Mörder verbürgte, seine Aussage geändert hat. Für ein Interview war niemand erreichbar. Wir nehmen an, dass die RCMP den Zeugen in Schutzhaft genommen hat. Und jetzt zum Wetter: Mary Ann, schneit es morgen wieder?«

Jessica schaltete den Fernseher aus und wollte gerade das Licht löschen, als es an der Tür klopfte und die Reporterin mit den strohblonden Haaren in der Tür erschien. Sie setzte ihr Fernsehlächeln auf und meinte: »Jessica Barnett? Wir dürfen doch reinkommen? Nur ein kleines Statement für die Frühnachrichten, dann sind wir gleich wieder weg!« Noch bevor Jessica antworten konnte, standen auch der Kameramann und sein Assistent im Zimmer und ein Scheinwerfer flammte auf. Die Reporterin strahlte weiter: »Wir sind bei Jessica Barnett, der neunzehnjährigen Tochter der Polizistin, die Dean Stockwell und Larry Hatcher in ihrem Versteck in der Wildnis aufstöberte. Jessica, die Verbrecher haben dich mit einem Streifschuss erwischt. Wie geht es dir?« Jessica kannte derlei Befragungen aus dem Fernsehen und wusste, dass ihr nichts anderes übrig blieb als mitzuspielen. »Es geht mir schon besser! Ein bisschen Kopfweh hab ich noch, aber das vergeht wieder! Morgen darf ich nach Hause!« Das Lächeln der Reporterin veränderte sich kaum. »Du freust dich sicher deine Mutter wiederzusehen!« Was sollte man darauf schon antworten?

»Natürlich! Sie war vorhin hier und wir haben uns erst mal umarmt! Das hätte leicht schief gehen können! Aber ich kann meiner Mutter keinen Vorwurf machen. Wir sind zufällig auf die Verbrecher gestoßen. Wer konnte denn ahnen, dass sie sich ausgerechnet am Highway 20 verstecken würden!« Sie merkte, dass die Reporterin noch weiter fragen wollte, und sagte schnell: »So, jetzt muss ich aber schlafen, sonst bekommen Sie es mit meinem Doc zu tun. Ich brauche viel Ruhe, hat er gesagt!«

Diese Antwort nahm der Reporterin allen Wind aus den Segeln. Ihr blieb nichts anderes übrig, als sich freundlich zu verabschieden und das Zimmer zu verlassen. Kaum war sie gegangen, erschien die Krankenschwester und entschuldigte sich: »Tut mir Leid, Jessica, aber bevor ich den Arzt anrufen konnte, war die Reporterin schon bei Ihnen im Zimmer!« Sie lachte. »Wie wär's mit einem heißen Tee mit Milch und Zucker und ein paar Schokoladenkeksen? Ihre Mutter sagt, dass Sie so was mögen!«

»Gute Idee!«, stimmte Jessica zu. »Und wenn wieder eine Reporterin kommt, geben Sie ihr eine Beruhigungsspritze, okay?«

»Mach ich«, versprach die Schwester lächelnd.

Zehn Minuten später kehrte sie zurück. Sie streckte vorsichtig den Kopf ins Zimmer und sagte: »Ich weiß, Sie wollen keinen Besuch mehr, aber dieser junge Mann besteht darauf, Sie zu sehen! Er ist drei Stunden durch Schnee und Eis gefahren, nur um Sie zu besuchen! Er heißt Joey Rockwell … soll ich ihn reinlassen?«

»Joey …«, flüsterte sie. Und lauter: »Natürlich, Schwester!«

Joey erschien in seinem bunten Anorak und brachte den Tee und die Kekse herein. Er stellte beides auf den Nachttisch. »Jess!«, meinte er verstört. »Ich hab solche Angst um dich gehabt! Wir haben im Radio gehört, dass die Verbrecher dich angeschossen haben, und dann hat deine Mutter angerufen und uns gesagt, dass du im Krankenhaus liegst … da bin ich gleich losgefahren! Kathryn hat mir den Jeep gegeben.« Er streichelte behutsam ihre Stirn und bekam feuchte Augen. »Wie geht es dir, Jess? Geht es dir gut? Es ist nur ein Streifschuss, oder? Deine Mutter hat gesagt, wir sollen uns keine Sorgen machen, aber …«

»Joey!«, unterbrach sie seinen Redefluss.

»Ja?«

»Mir geht es gut, Joey! Die Kugel hat meine Schläfe gestreift und ich hab nur ein bisschen Kopfweh, weiter nichts! Morgen werde ich entlassen!« Sie lächelte ihn aufmunternd an. »Was ist los, Joey? Ich dachte, ihr Städter seid einiges gewöhnt! Gibst du mir jetzt endlich einen Kuss oder muss ich erst darum betteln?«

Sie legte beide Arme um seinen Hals und zog ihn sanft zu sich hinunter. Seine Lippen waren weich und nachgiebig, und als sie seine salzigen Tränen auf ihrer Zunge spürte, musste auch sie weinen und sie umarmten sich noch fester und inniger. »Ich hab dich lieb, Joey!«, flüsterte sie. »Ich hab dich furchtbar lieb!«

»Und dir ist es immer noch egal, dass ich aus L. A. komme und mich wie ein arroganter Städter aufgeführt habe?«, fragte er, als sie sich voneinander gelöst hatten und er ihr dabei zusah, wie sie den heißen Tee trank und die Kekse verspeiste.

»Das muss ich mir noch überlegen«, antwortete sie

fröhlich, »die Probezeit läuft erst an deinem letzten Urlaubstag ab!« Sie beugte sich nach vorn und küsste ihn auf die Nasenspitze. »Bleibst du heute Nacht in Williams Lake oder fährst du auf die Ranch zurück?«

»Ich fahre zurück«, meinte er, »in L. A. sind wir das Autofahren gewöhnt. Ich schalte das Radio ein, dann ist es nicht so langweilig. An die Countrymusic werde ich mich schon noch gewöhnen.« Er strahlte sie an. »Kommst du morgen auf die Ranch?«

»Sobald wir zu Hause sind, schaue ich bei euch nach dem Rechten«, versprach sie. »Mach inzwischen keine Dummheiten!«

»Mal sehen«, meinte er. Und dann beugte er sich wieder zu ihr hinunter und sie küssten sich, bis sie keine Luft mehr bekam.

15

Eisiger Wind pfiff durch das Krankenzimmer. Im schwachen Schein der Digitalanzeigen wirbelten Schneeflocken und die Bettdecke war mit einer dünnen Eisschicht bezogen. Jessica lag zitternd im Bett, die Hände in das klamme Laken gekrallt, und blickte starr vor Angst auf die gelben Augen, die unter dem offenen Fenster in der Dunkelheit leuchteten. Auf der Fensterbank zeichnete sich die Gestalt eines Wolfes gegen das Halbdunkel auf der Straße ab. Zwischen den knurrenden Raubtieren stand ein Mann, das Gewehr schussbereit in beiden Händen, und legte auf sie an. »Diesmal kriege ich dich!«, flüsterte er. Dann löste sich ein Schuss. Sie ruderte in panischer Angst mit den Armen, fegte den Teebecher und die Keksschachtel vom Nachttisch und schreckte aus dem Schlaf.

Die Tür wurde geöffnet und das Neonlicht flammte auf. »Jessica! Was ist passiert«, rief die Nachtschwester erschrocken. Sie kam näher und legte eine Hand auf ihre schweißnasse Stirn. »Sie haben geträumt, Jessica! Beruhigen Sie sich! Sie haben geträumt!« Sie lächelte aufmunternd und fragte: »Soll ich Ihnen ein Beruhigungsmittel geben, Jessica? Soll ich den Arzt rufen?«

Jessica schüttelte den Kopf. »Nein, danke! Es geht schon wieder! Ich hab wirklich nur geträumt.« Sie atmete durch. »Tut mir Leid wegen des Bechers! Hätten Sie vielleicht einen neuen? Etwas heißer Tee wäre jetzt nicht schlecht! Mit Milch und Zucker!«

»Bringe ich Ihnen sofort«, versprach die Nachtschwester. Sie war schon etwas älter und sprach mit ausländischem Akzent. »Ich habe gehört, was passiert ist. Kein Wunder, dass Sie Albträume haben! Und Sie wollen wirklich kein Beruhigungsmittel?«

»Ich bin okay«, versicherte Jessica ihr.

Nachdem sie den heißen Tee getrunken hatte, ging es ihr etwas besser und die schrecklichen Bilder verschwanden. Aber sie ließ dennoch die kleine Lampe auf dem Nachttisch an und fand erst in den frühen Morgenstunden etwas Schlaf. Noch vor dem Frühstück kam der Arzt herein und untersuchte ihre Wunde. »Sehr schön«, zeigte er sich zufrieden, »das sieht wirklich gut aus. Und die kleine Narbe können Sie mit den Haaren verdecken.« Er blickte sie prüfend an. »Sie hatten heute Nacht einen Albtraum?«

Sie nickte schwach. »Den werde ich wohl noch öfter haben, bis die Verbrecher endlich hinter Schloss und Riegel sind.« Sie lächelte. »Ich brauche keinen Psychologen, wenn Sie das meinen. Meine Mutter ist bei der RCMP und hat noch ganz andere Sachen erlebt! Wir sind hart im Nehmen. Aber Sie könnten mir was gegen die Kopfschmerzen mitgeben! In meinem Kopf pocht es noch!«

»Das geht in ein paar Tagen vorbei«, versicherte ihr der Arzt. »Ich schreib Ihnen was auf, okay? Auf Wiedersehen, Miss Barnett!«

»Auf Wiedersehen«, sagte Jessica, »und danke!«

Als ihre Mutter kam, saß sie angezogen auf der Bettkante und blätterte in der Morgenzeitung, die ihr die Schwester gegeben hatte. Ein Foto, das sie gemeinsam mit ihrer Mutter zeigte, war auf der Titelseite. Jessica erschrak. Das Foto war vor zwei Jahren beim Rodeo aufgenommen worden und sie hätte gern gewusst, wie die Zeitung an das Bild gekommen war. Erst in diesem Augenblick fiel ihr ein, dass sie die Frühnachrichten versäumt hatte. Aber auf das kurze Interview, das die blonde Reporterin im Krankenzimmer mit ihr geführt hatte, konnte sie leicht verzichten – auch wenn die Schwester ihr später beim Abschied sagte: »Ich hab sie in den Nachrichten gesehen. Sie waren wunderbar!«

In dem Zeitungsartikel stand nichts Neues. Die RCMP hatte noch immer keine heiße Spur, versicherte aber alles Menschenmögliche zu unternehmen, um die Bankräuber auf dem schnellsten Weg zu finden. Auf der zweiten Seite waren die tote Prostituierte und eine andere junge Frau zu sehen. Ein Reporter hatte die beste Freundin der Ermordeten aufgespürt und berichtete genüsslich über den Lebenswandel der jungen Frauen. »Der Dreckskerl hat sie ermordet, da bin ich ganz sicher«, wurde die Freundin zitiert, »aber das hab ich den Bullen schon damals gesagt! Möchte bloß wissen, warum sie dieser verdammten Vietnamesin geglaubt haben! Das konnte doch ein Blinder sehen, dass die lügt! Die hat für das Alibi kassiert, ganz sicher!«

Doch die Vietnamesin, die Larry Hatcher das Alibi gegeben hatte, war nicht mehr aufzufinden. Anscheinend war sie in ihre Heimat zurückgekehrt. Auch der Verkäufer aus dem Schnapsladen war unbekannt verzogen. Jessica glaubte fest daran, dass die Reporter beide finden würden. »Die fliegen auch nach Vietnam, wenn sie eine gute Story wittern!«, sagte sie zu ihrer Mutter. »Eine Vietnamesin, die einen Bankräuber und Mörder deckt, das ist doch was! Damit verkaufen sie mehr Zeitungen als mit den langweiligen Storys über uns beide!« Sie warf die Zeitung auf das abgezogene Bett. »Ich möchte bloß wissen, wo sich die Mistkerle versteckt haben! Weit können sie nicht sein! Jetzt weiß doch jeder, wie sie aussehen.«

Emily war pünktlich um neun Uhr gekommen. Sie umarmte Jessica liebevoll und in ihren Augen war unglaubliche Dankbarkeit dafür zu erkennen, dass ihre Tochter nicht ernsthaft verletzt war. Nachdem sie sich von den Schwestern verabschiedet und die geschäftlichen Dinge geregelt hatten, gingen sie gemeinsam zum Wagen. Es war noch kälter geworden und vereinzelte Schneeflocken rieselten vom schiefergrauen Himmel. Der Wind war böig und trieb nassen Schnee über den Asphalt. Sie stiegen rasch in den Blazer und waren froh, dass die Heizung noch warm war und sie kein Eis von den Scheiben kratzen mussten. Emily ließ den Motor an und sagte: »Ich habe gerade mit dem Corporal telefoniert. Es hat sich einiges getan seit gestern Abend. Sie haben herausbekommen, dass Dean Stockwell eine Stiefschwester in Williams Lake hat.«

»Hier in Williams Lake?«, erwiderte Jessica überrascht. »Aber wenn er hier gewohnt hat, müssten wir ihn doch kennen. Ein gemeiner Verbrecher aus Williams Lake, das wüsstet ihr doch!«

»Er kommt aus Seattle«, klärte Emily ihre Tochter auf. »Sein Vater war mit einer Amerikanerin verheiratet, bevor er nach Kanada ging und dort seine zweite Frau kennen lernte. Dean Stockwell blieb damals in den Staaten. Das Verbrechen, für das er im Zuchthaus saß, hat er in Vancouver begangen. Wir überprüfen gerade seine Verwandten, könnte ja sein, dass er und sein Kumpan sich bei einem von ihnen verstecken. Ich soll die Stiefschwester verhören. Von einem Mitgefangenen wissen wir, dass Stockwell sie kaum gekannt hat, aber wir wollen auf Nummer sicher gehen. Du hast doch nichts dagegen, dass wir bei der Frau vorbeifahren? Wenn du willst, setze ich dich im Einkaufszentrum ab, und du kannst dir was kaufen und in dem kleinen Coffee-Shop warten, bis ich komme. Es dauert nicht lange.«

Jessica klappte die Sonnenblende herunter und blickte in den Schminkspiegel. Das Pflaster an ihrer Schläfe störte sie, aber der Arzt hatte ihr gesagt, dass es noch zwei Tage auf der Wunde bleiben müsse.

Dann würde der »Kratzer« besser verheilen. »Ich komme lieber mit, Mom. Es sei denn, die Kerle halten sich dort versteckt und schießen wieder auf uns!« Sie lächelte flüchtig. »Aber dann wären sie ziemlich blöde, was? Die können sich doch denken, dass die RCMP alle Leute überprüft, die sie kennen.«

»Außerdem müssten sie irgendwo mit der Beaver landen«, erklärte ihre Mutter. »Wir haben überall Straßensperren errichtet. Selbst wenn sie irgendwo auf einer Wiese landen, kommen sie nicht unbemerkt in die Stadt. Aber was sein muss, muss sein. Ich stelle der Frau ein paar Fragen und dann fahren wir weiter.«

»Wie wär's, wenn wir danach ins Steakhaus gehen? Ist noch ein bisschen früh für die Lunchpause, aber ich hab einen Bärenhunger! Das Essen im Krankenhaus war zum Abgewöhnen!«

»Gute Idee!«, stimmte ihre Mutter zu. Sie fuhr vom Parkplatz und reihte sich in den Verkehr ein. An diesem Morgen war wenig los und sie kamen zügig voran, trotz des leichten Schneetreibens und der dicken Schneeschicht, die auch die Straßen in der Innenstadt bedeckte. Sie waren es nicht anders gewöhnt. Ihre Kleidung war winterfest und die eiskalten Winter in den Chilcotins konnten ihnen kaum etwas anhaben. »Da muss schon ein ausgewachsener Blizzard kommen um uns aus der Spur zu werfen«, hatte Jessica einer jungen Frau aus Arizona erklärt, die ihren ersten Winterurlaub auf der Ranch verbracht und schon beim bloßen Anblick der verschneiten Berge und Täler gezittert hatte.

Die Stiefschwester des Bankräubers wohnte außerhalb der Stadt, nur ein paar hundert Meter vom Highway entfernt in einer Sackgasse, die vor dem Zaun eines Schrottplatzes endete. Die Häuser waren klein und schäbig, in einem der verschneiten Vorgärten lag ein Fahrrad und mitten auf der Straße bewarfen sich einige Kinder mit Schneebällen. Emily fuhr um sie herum, zuckte nicht mal zusammen, als ein Schneeball ihre Windschutzscheibe traf, und parkte hinter einem rostigen Toyota. »Das müsste es sein«, sagte sie und deutete auf ein zweistöckiges Holzhaus, von dem die blaue Farbe abblätterte. Sie stiegen aus und gingen zur Tür.

Es dauerte eine ganze Weile, bis jemand auf ihr Klopfen reagierte. Eine junge Frau öffnete ihnen und fragte unhöflich: »Was wollen Sie?« Sie war ungefähr dreißig, trug eine dunkle Wollhose und einen ausgefransten Pullover und hielt eine Zigarette in der Hand. Unter ihren farblosen Augen lagen dunkle Ränder. Ihre rotblonden Haare waren hochgesteckt. Hinter ihr war ein Wohnzimmer mit einer alten Couch und einem flachen Tisch zu sehen, auf dem zerfledderte Zeitschriften lagen. »Hab ich was verbrochen?«

Emily war froh ihre Uniform angezogen zu haben und bemühte sich um einen amtlichen Tonfall. »Es geht um Ihren Stiefbruder, Mrs Gilbert. Ich möchte Ihnen ein paar Fragen stellen.«

»Ich weiß nichts«, wehrte die Frau missgelaunt ab.

»Sie haben doch sicher gehört, dass er aus dem Zuchthaus ausgebrochen ist«, ließ Emily nicht locker. »Hat er sich bei Ihnen gemeldet? Sie wissen, dass Sie sich strafbar machen, wenn Sie die Polizei bei der Aufklärung eines Verbrechens behindern.«

»Er hat sich nicht gemeldet! Und jetzt gehen Sie bitte!«

Emily schob rasch ihren Fuß nach vorn, bevor Mrs Gilbert ihr die Tür vor der Nase zuschlagen konnte. »Ich kann Ihnen auch eine Vorladung schicken, dann müssen Sie aufs Revier kommen und werden notfalls von den Kollegen geholt. Das wollen sie doch sicher nicht! Viel einfacher wäre es, uns hineinzubitten und meine Fragen zu beantworten. Es dauert nicht lange.«

»Also schön«, gab die Frau nach, »kommen Sie rein!« Sie blickte unruhig nach hinten, als sie die Tür aufzog, und schien sich gar nicht wohl in ihrer Haut zu fühlen. Jessica nahm an, dass sie sich für die Unordnung schämte. »Meine Tochter Jessica«, sagte Emily beiläufig. Sie setzte sich in einen der Sessel und wartete geduldig, bis Mrs Gilbert ihr gegenüber auf der Couch saß. Sie wirkte immer noch nervös. In ihrem Gesicht waren die Spuren einer anstrengenden Nacht zu erkennen. Daran änderte auch das gedämpfte Licht wenig.

»Wohnen Sie allein, Mrs Gilbert?«

»Ich bin geschieden. Ich lass keinen Kerl mehr rein!«

»Wovon leben Sie?«

»Ich arbeite in einem Supermarkt. Diese Woche hab ich die Nachtschicht. Was sollen diese blöden Fragen, Constable? Ich hab nichts verbrochen. Was kann ich denn dafür, wenn mein Stiefbruder ein Krimineller ist? Warum lassen Sie mich nicht in Ruhe?«

»Reine Routine, Mrs Gilbert.« Emily hatte einen Notizblock auf den Knien liegen und hielt einen Bleistift in der Hand. Jessica war zum ersten Mal bei einem

Verhör dabei und bewunderte die Ruhe ihrer Mutter. »Wann haben Sie Ihren Stiefbruder zum letzten Mal gesehen? Sind Sie sicher, dass er sich nicht gemeldet hat?«

»Das hab ich doch schon gesagt«, wurde die Frau ungeduldig, »er hat sich nicht gemeldet! Ich würde ihn wahrscheinlich nicht mal erkennen. Ich hab ihn eine halbe Ewigkeit nicht gesehen! Wenn ich's mir recht überlege, hab ich ihn überhaupt nur einmal getroffen. Zehn Jahre muss das her sein, als sie unseren Vater unter die Erde gebracht haben. Dad hatte einen Unfall, wissen Sie, fuhr besoffen in einen Lastwagen, nun ja, er hatte selber Schuld und ich kenn keinen, der um ihn geweint hat. Dean schon gar nicht! Der kam nur, weil er dachte, es gäbe was abzustauben. Keinen Penny gab es, nicht einen einzigen Penny! Seitdem hab ich ihn nicht mehr gesehen.« Sie zog nervös an ihrer Zigarette und drückte sie im Aschenbecher aus. Durch den Rauch fragte sie: »Die Kassiererin ist gestorben, nicht wahr? Dann werden sie wegen Mordes angeklagt, was?«

»Das stimmt, Mrs Gilbert.« Emily schrieb etwas auf ihren Block und überlegte eine Weile. »Was ist Dean für ein Mensch? Was glauben Sie? Warum hat er die Bank in Kamloops überfallen?«

Die Frau zündete sich eine neue Zigarette an und paffte hastig. »Keine Ahnung, Constable. Ich hab ihn nur das eine Mal gesehen. Für mich war er ein Fremder, der zufällig mit mir verwandt war. Er wohnte ja nie bei uns und zu Besuch kam er auch nicht. Dad wollte wohl nichts mehr von ihm wissen und meine Ma auch nicht. Der verdammte Bengel erinnert mich an meine Ex, schimpfte er manchmal. Er sprach kaum über ihn. Ich wusste 'ne Zeit lang gar nicht, dass es ihn gab! Er war mein Stiefbruder, was soll ich sagen? Als er sein erstes Ding in Vancouver drehte und für zwei Jahre in den Knast kam, sagte mein Dad, der blöde Hund hat es nicht anders verdient, wenn er sich so dumm anstellt! Mir war das egal. Ich kannte ihn nicht. Mein Vater war ein Säufer, der erzählte den ganzen Tag irgendwelchen Blödsinn! Meine Ma kann froh sein, dass er tot ist. Sie wohnt jetzt drüben in Neufundland, ist mit einem Leuchtturmwärter an die Küste durchgebrannt.« Sie lachte.

»Als Sie ihn damals trafen, Mrs Gilbert, bei der Beerdigung Ihres Vaters … haben Sie irgendwelche Eigenarten an ihm festgestellt? Trank er viel Bier? Kaute er Kaugummi? Hatte er ein Mädchen? Was war Ihr Bruder für ein Mensch? Damals, meine ich.«

»Mein Stiefbruder«, verbesserte sie. Sie rauchte wieder, viel zu hastig, wie Jessica auffiel, die während des Verhörs ruhig in ihrem Sessel saß und viel Zeit hatte, die Frau zu beobachten. »Was soll er für ein Mensch gewesen sein? Er hatte keinen Colt dabei, wenn Sie das meinen, und wie Al Capone sah er auch nicht aus! Er war ein ganz gewöhnlicher Mann. Miese Laune hatte er, das weiß ich noch, weil es nichts abzustauben gab, und über mich machte er sich lustig, von wegen wie kannst du nur in diesem langweiligen Kaff leben, und dann war er plötzlich wieder weg. Aber die Kassiererin hat er nicht getötet! Er nicht!«

»Woher wollen Sie das wissen, Mrs Gilbert?«

»Ich weiß es eben.«

Emily blickte der Frau prüfend in die Augen. »Kennen Sie die alte Blockhütte nördlich von Kleena Kleene? Die Trapperhütte?«

»In den Chilcotins gibt's viele Trapperhütten.«

»Waren Sie mal in Kleena Kleene?

»Ich bin mal durchgefahren«, antwortete die Frau. »Warum?«

»Weil sich Ihr Stiefbruder und sein Komplize dort verstecken wollten. Haben Sie keine Nachrichten gesehen? Sie haben dabei auf uns geschossen und meine Tochter an der Schläfe verletzt!«

Die Frau warf einen Blick auf Jessica und schaute schnell wieder geradeaus. Anscheinend hatte sie wirklich keine Nachrichten gesehen. »Das wusste ich nicht«, meinte sie kleinlaut, »tut mir Leid.« Jessica glaubte zu bemerken, dass sie nervös den Kopf wandte, als hätte sie Angst, es könnte jemand aus dem Schlafzimmer kommen. Sie drückte die halb gerauchte Zigarette aus, merkte gar nicht, dass sie sich an der Glut verbrannte. »Sie meinen wohl, die Männer hätten das Versteck von mir? Ich kenne die Hütte nicht, von der Sie reden, Constable. Also kann ich das Versteck auch nicht verraten haben.« Sie stand auf und wirkte noch zerfahrener als bisher. »Ich bin gleich wieder da, okay?«

Mrs Gilbert ging ins Badezimmer und verschloss die Tür. Emily und Jessica blickten sich an. »Ganz koscher ist die nicht«, flüsterte Jessica. »Hast du gesehen, wie nervös sie ist? Sie hat bestimmt was zu verbergen! Ich wette, ihr Stiefbruder hat angerufen und sie hat ihm von der alten Trapperhütte erzählt.«

»Das glaube ich nicht«, antwortete ihre Mutter ebenso leise. »Ich bin mir beinahe sicher, dass sie die

Hütte nicht kennt. Die haben die Männer wahrscheinlich zufällig gefunden. Aber dass sie in die Chilcotins geflohen sind, hat sicher mit ihr zu tun. Ich glaube auch, dass Dean Stockwell bei ihr angerufen hat. Oder die beiden Männer waren hier.« Sie machte sich eine Notiz und sah ihre Tochter an. »Alles in Ordnung mit dir, Jess? Tut es noch weh?«

»Der Kratzer? Den spüre ich kaum noch.«

Emily blickte zur Badezimmertür. Sie hatte plötzlich einen Verdacht und rief: »Mrs Gilbert? Sind Sie im Bad? Melden Sie sich!«

Die Frau gab keine Antwort.

»Mrs Gilbert! Sagen Sie etwas!«

Als immer noch keine Antwort kam, stand Emily auf und zog ihren Revolver. Im gleichen Augenblick sprang der Motor des Toyotas an. Sie stürzten beide zum Fenster und beobachteten, wie Mrs Gilbert ihren Wagen wendete und mit Vollgas davonfuhr.

16

»Das gibt's doch nicht! Die will abhauen!«, rief Jessica entsetzt. Ohne zu überlegen folgte sie ihrer Mutter nach draußen. Sie sprang auf den Beifahrersitz des Blazers und schnallte sich an, hielt sich mit beiden Händen an der Ablage fest, als Emily das Gaspedal durchtrat und dem Toyota folgte. »Nimm mein Handy!«, rief Emily. »In meiner rechten Jackentasche! Ruf die RCMP an!«

Jessica wählte die Nummer der Polizei und wartete,

bis sich jemand meldete. »Einen Augenblick bitte«, sagte sie hastig. Sie reichte das Telefon an ihre Mutter weiter. »Hier Constable Barnett«, erklärte Emily, »vom Außenposten in Anahim Lake. Ich verfolge eine Frau, die mit Dean Stockwell und Larry Hatcher in Verbindung stehen könnte. Sie ist in einem braunen Toyota Corolla über die Barnard Street nach Westen unterwegs. Sie ist die Stiefschwester von Stockwell und flüchtete während eines Verhörs.« Sie beschrieb die Frau und den Wagen, lenkte den Blazer mit einer Hand und warf das Handy in Jessicas Schoß, als der Toyota in eine scharfe Rechtskurve ging und über einen Fußgängerweg schleuderte, haarscharf an einem älteren Mann mit einem Krückstock vorbei. »Sag ihnen, wo wir sind! Beeil dich!«

»Wir fahren jetzt über die First Avenue in Richtung Norden«, berichtete Jessica so nüchtern wie möglich. Sie fühlte sich in einen wilden Actionfilm versetzt, erinnerte sich an eine Verfolgungsjagd, die sie im Fernsehen gesehen hatte. Mehrere Streifenwagen, die einen flüchtigen Mafiakiller in einem Porsche gejagt hatten und dabei in Hauswände, einen Tankzug und in andere Autos gerast und in Flammen aufgegangen waren. Wenn man so etwas im Fernsehen sah, konnte man sich kaum vorstellen, jemals selbst bei einer solchen Hetzjagd dabei zu sein. So etwas gab es nur in Filmen und jeder sagte, in Wirklichkeit kommt die Frau keine hundert Meter weit, weil ihr Wagen in der ersten Kurve von der Straße schleudert.

Doch Mrs Gilbert war eine gute Fahrerin oder hatte einfach nur Glück und vergrößerte in jeder Kurve ihren Vorsprung. Ihr Toyota schoss in einer Schneewolke über eine Kreuzung und ließ einen fluchenden Fußgänger zurück, der vor lauter Schreck ausrutschte und in den schmutzigen Schnee stürzte. Emily wich dem Mann aus und blieb der Frau auf den Fersen. Sie fuhr vorsichtiger, bremste vor Kreuzungen um niemanden zu gefährden und fluchte ungeniert, weil ihr Abstand zu dem Toyota immer größer wurde. Sie nahm ihrer Tochter das Telefon aus der Hand. »Wir sind jetzt auf der Mackenzie Avenue in Richtung Norden!«, rief sie aufgebracht. »Unternehmt endlich was, sonst geht sie uns durch die Lappen. Sie darf uns nicht entkommen!«

Die Frau war ungefähr hundert Meter vor ihnen. Sie überholte einige Personenwagen und schleuderte direkt vor einem Truck auf die rechte Fahrbahn zurück. »Die hat den Verstand verloren!«, rief Emily. Unvermittelt riss die Frau das Lenkrad nach rechts. Der Toyota stellte sich quer und sie schleuderte wie eine Rallyefahrerin in die Comer Street. In einer nassen Schneewolke machte sie sich davon. Emily trat voll auf die Bremse, drehte sich einmal um die eigene Achse und landete im verschneiten Vorgarten eines gepflegten Einfamilienhauses. Wie durch ein Wunder rammte sie keinen anderen Wagen. Das wütende Gehupe der übrigen Verkehrsteilnehmer folgte ihr. Der Wagen blieb stehen und sie sank erschöpft auf das Lenkrad. »Verdammter Mist!« Sie griff nach dem Handy und schimpfte: »Ich hab sie verloren!«

Jessica stieg aus und stellte erleichtert fest, dass dem Wagen nichts passiert war. Der niedrige Holzzaun des Vorgartens war eingerissen und die Reifen hatten sich tief in den Boden gegraben und dunkle

Erde aufgewühlt. Ein weißhaariger Mann trat aus dem Haus. »Was fällt Ihnen ein?«, fuhr er Jessica an. »Das werden Sie teuer bezahlen! Jawohl! Sie werden mir den Schaden ersetzen, und wenn ich Sie vor Gericht schleifen muss!« Er drehte sich zu seiner Frau um. »Ruf die Polizei, Emma! Sie sollen den Schaden aufnehmen und diese beiden Frauen verhaften!« Er redete sich immer mehr in Rage. »Wissen Sie, was so ein Zaun kostet?«, fragte er scharf. »Ein Vermögen, jawohl, der Zaun kostet ein Vermögen, zumindest für einen alten Mann wie mich! Emma! Nun ruf endlich die Polizei! Beeil dich!«

»Ich bin von der Polizei«, erwiderte Emily. Als der alte Mann jetzt fassungslos auf ihre Uniform starrte, lächelte sie unbehaglich. »Natürlich ersetzen wir den Schaden! Hier!« Sie reichte dem Mann ihre Visitenkarte. »Schicken Sie die Rechnung an mich, ich leite sie dann an die Zentrale weiter. Tut mir Leid um Ihren Zaun, Mister, aber wir waren dabei, eine wichtige Zeugin zu verfolgen, und ich hab leider die Kontrolle über das Fahrzeug verloren.« Sie stieg in den Wagen und lenkte ihn rückwärts auf die Straße zurück. Jessica verabschiedete sich von dem Mann, murmelte: »Na, so schlimm ist es ja nicht!«, und kletterte in den Blazer. »Nichts wie weg hier!«, sagte sie zu ihrer Mutter. Sie stand immer noch unter dem Eindruck der wilden Verfolgungsjagd und hielt sich mit beiden Händen fest, obwohl sie jetzt sehr langsam fuhren.

Vielstimmiges Sirenengeheul signalisierte ihnen, dass man die flüchtige Frau gefasst hatte. Bereits an der nächsten Kreuzung sahen sie die flackernden Warnlichter. Drei Streifenwagen standen quer auf der

Straße und keilten den Toyota ein. »Sie haben die Frau erwischt!«, meinte Emily zufrieden. Jessica hielt sich immer noch fest und beobachtete, wie zwei Polizisten die Frau mit vorgehaltener Waffe zwangen ihren Wagen zu verlassen und ihr Handschellen anlegten. »Bleib im Wagen!«, sagte Emily, als sie neben einem Streifenwagen hielt und ausstieg. Ein Polizist wollte sie auffordern die Straße zu verlassen und nickte mürrisch, als er ihre Uniform sah. Jessica war viel zu neugierig um im Wagen zu bleiben, stieg aus und blieb an der Absperrung stehen, die man wegen der vielen Schaulustigen errichtet hatte.

Ihre Mutter sprach mit einem ranghöheren Polizisten, der gerade lautstark befohlen hatte die festgenommene Frau in einem Streifenwagen wegzubringen. Jessica verstand nicht, was ihre Mutter sagte, vermutete aber, dass sie Mrs Gilbert dringend sprechen wollte und den Corporal bat sie verhören zu dürfen. Die Frau spielte ein trickreiches Spiel und wusste ganz sicher, wo sich ihr Stiefbruder und sein Komplize befanden. Wenn man sie erst im Hauptquartier verhörte, verging wertvolle Zeit. Emily hatte mit der Frau gesprochen und wusste am besten, wie man sie nehmen musste.

Jessica bückte sich unter der Absperrung hindurch. Sie versuchte dem Constable, der sie aufhalten wollte, klar zu machen, dass die Polizistin bei der Gefangenen ihre Mutter war, und nickte erleichtert, als man sie durchließ. Emily gab ihrem Kollegen zu verstehen, dass sie nichts dagegen hatte, wenn ihre Tochter bei dem Verhör dabei war. Sie wandte sich an Mrs Gilbert.

Die junge Frau war nicht mehr so aggressiv wie bei sich zu Hause und der Anblick von Emily schien sie vollends einzuschüchtern. Sie war den Tränen nahe, als sie sagte: »Dean hat mich bedroht! Ich wollte das alles nicht! Er hat gesagt, dass er mich erschießen wird, wenn ich ihn und seinen Freund verrate! Sie kennen Dean nicht! Der bringt seine eigene Mutter um, wenn genug Kohle dabei rausspringt!«

Emily gab den beiden Polizisten, die Mrs Gilbert hielten, einen Wink und wartete, bis sie gegangen waren. »Dean Stockwell und Larry Hatcher waren in Ihrem Schlafzimmer, als wir bei Ihnen waren, stimmt das? Sie wollten uns mit Ihrer Flucht nur ablenken!«

Mrs Gilbert blickte an Emily vorbei, suchte verzweifelt nach einem Ausweg. Schließlich gab sie weinend nach. »Was sollte ich denn machen? Sie hätten mich umgebracht, wenn ich sie verraten hätte! Sie hätten mir eine Kugel in den Kopf gejagt! Und Ihnen und Ihrer Tochter auch! Ich hab Ihnen das Leben gerettet, Constable!«

»Und warum fahren Sie dann durch die halbe Stadt?«, fuhr Emily die Frau an. »Sie hätten an der nächsten Kreuzung stehen bleiben und uns die Wahrheit sagen können! Dann hätten wir die Verbrecher vielleicht noch erwischt. So haben Sie sich der Beihilfe schuldig gemacht, Mrs Gilbert, ist Ihnen das klar?«

Die Frau senkte den Kopf. Anscheinend wurde sie sich der Schwere ihres Vergehens erst jetzt bewusst. Sie begann zu weinen und meinte stockend: »Haben Sie eine Zigarette für mich?«

Emily wandte sich an einen Kollegen, ließ sich eine

Zigarette anzünden und steckte sie der Frau zwischen die Lippen. Sie wartete geduldig, bis Mrs Gilbert einige Züge gemacht und sich wieder einigermaßen beruhigt hatte. »Wo sind die Männer, Mrs Gilbert?«, fragte sie, nachdem sie ihr die Zigarette aus dem Mund genommen hatte. Sie sprach leise, aber sehr eindringlich.

»Ich weiß es nicht, Constable!« Sie zerrte an den Handfesseln, die ihre Arme hinter dem Rücken zusammenhielten, und jammerte: »Warum nehmen Sie mir die Dinger nicht ab? Ich hab doch gar nichts getan! Ich bin keine Verbrecherin, verdammt!«

Emily hielt die Zigarette so, dass ihr der Rauch nicht ins Gesicht wehte. »Sie haben zwei gefährliche Verbrecher gedeckt und sind wie eine Verrückte durch die halbe Stadt gerast! Sie haben unschuldige Menschen gefährdet, von den Sachschäden ganz zu schweigen!« Emily wusste natürlich, dass man die Frau freisprechen würde, wenn sie einigermaßen kooperierte, wollte aber kein Risiko eingehen und sie einschüchtern, damit sie endlich antwortete. »Wohin sind die Männer gefahren, Mrs Gilbert?«

»Ich weiß es nicht, ich weiß es wirklich nicht!«, jammerte die Frau. Sie blickte auf die qualmende Zigarette und zog gierig daran, als Emily sie ihr wieder zwischen die Lippen steckte. »Sie haben doch kaum mit mir gesprochen! Sie wollten eine Weile bei mir untertauchen und ich sollte ihnen einige Sachen aus dem Supermarkt besorgen, Brot und Käse und so 'n Zeug … sogar Haarfärbemittel sollte ich mitbringen.« Sie lachte kurz. »Sie wollten mir Geld dafür geben! Na ja, und dann tauchten Sie mit Ihrer Tochter auf und sie wurden plötzlich sehr böse und der Kerl mit dem Pferdeschwanz zog einen Revolver und forderte, ich solle Sie hinhalten und dann ins Bad gehen und so laut wie möglich mit dem Toyota wegfahren. Sonst würde er mich töten!«

Das hatte Emily schon vermutet. »Und sie haben nicht gesagt, wo sie sich verkriechen wollten? Oder wollten sie länger bei Ihnen bleiben? Sagen Sie mir die Wahrheit, Mrs Gilbert! Es hat ja keinen Zweck, wenn Sie lügen! Sie müssen doch irgendwas verraten haben! Hatten Sie einen Wagen?« Mrs Gilbert reagierte nicht und Emily fragte noch einmal: »Hatten Sie einen Wagen?«

»Sie … sie kamen zu Fuß«, antwortete die Frau.

»Zu Fuß? Haben sie ein Flugzeug erwähnt? Eine Beaver?«

»Nun ja …«

»Ob sie das Flugzeug noch haben, Mrs Gilbert! Wenn Sie uns helfen die Verbrecher dingfest zu machen, lässt sich der Staatsanwalt vielleicht erweichen und Sie kommen mit einer milden Strafe davon! Sind die Männer in einem Flugzeug geflohen?«

»Ich weiß es nicht … ich nehme es an.« Die Frau blickte sich um, als hätte sie Angst, die Bankäuber könnten noch in der Nähe sein. »Die schießen mich über den Haufen, wenn ich es Ihnen sage!«

»Wir passen auf Sie auf, Mrs Gilbert!«, versicherte Emily der Frau. »Die Männer tun Ihnen nichts! Wenn Sie uns sagen, wohin sie geflohen sind, verhaften wir sie noch heute Abend! Ehrlich!«

»Die Beaver haben sie noch«, antwortete die Frau zögernd. »Ich hab gehört, wie Dean gesagt hat, dass sie die Maschine auf einer Lichtung geparkt haben. Da findet sie niemand, hat er behauptet. Und dann … und dann hat er noch gemeint, dass sie verschwinden würden, sobald ich die Sachen aus dem Supermarkt besorgt hätte, und dass man sie dort bestimmt nicht suchen würde. Welche Gegend er damit gemeint hat, weiß ich nicht! Ehrlich nicht! Sie wollten sich die Haare färben, wenn sie erst mal auf der Fähre sind, für alle Fälle, hat Dean gesagt. Bis die Bullen was merken, sind wir über alle Berge!«

»Fähre? Er hat die Fähre erwähnt?«

»So hab ich's verstanden, Constable.«

Emily wandte sich an den Corporal, der das Verhör interessiert verfolgt hatte, und sagte: »Dann kommen sie nicht weit! Wir brauchen nur die Anlegestellen zu besetzen, dann laufen sie uns früher oder später in die Arme! Jetzt schnappen wir sie, Corporal!«

Ihr Vorgesetzter war derselben Meinung und löste einen neuen Großalarm aus. Die RCMP würde alle Posten an der Küste in höchste Alarmbereitschaft versetzen und die geeigneten Vorkehrungen treffen, um die Bankräuber an ihrer Flucht zu hindern. »Vielen Dank für Ihre Hilfe!«, sagte der Corporal, als Emily sich verabschiedete. »Und melden Sie sich gleich bei Ihrer Dienststelle, wenn Sie nach Hause kommen! Wir brauchen jetzt jeden Mann! Und jede Frau«, fügte er mit einem verlegenen Lächeln hinzu.

»Dann muss wohl ein Burger genügen«, seufzte Jessica. Sie folgte ihrer Mutter zum Blazer und kletterte auf den Beifahrersitz. »Die hast du ganz schön rangenommen! Wie die Cops im Fernsehen. Eine Verfolgungsjagd, ein Verhör … richtig aufregend!«

»Wir sind aber nicht im Fernsehen! Bleib nächstes Mal im Wagen, wenn ich dich darum bitte!« Und als ihre Tochter nickte: »Okay, dann lass uns bei McDonald's vorbeifahren und einen Big Mac essen! In den Supermarkt gehen wir auch. Ein paar Sachen einkaufen. Wer weiß, wann wir wieder in die Stadt kommen.«

Sie fuhren zum Highway zurück und erholten sich bei McDonald's von dem anstrengenden Vormittag. Das Lokal war überheizt und sie zogen ihre Anoraks, Mützen und Handschuhe aus, bevor Jessica zu der Theke ging und bestellte. Auf dem Rückweg zu ihrem Tisch ließ sie beinahe das Tablett fallen. Sie blickte aus dem großen Fenster und sagte: »Ich werd verrückt! Da ist Dad!«

Ihre Mutter hatte ihren Exmann noch nicht entdeckt und war jetzt genauso entsetzt wie sie. »Jack! Um Gottes willen? Ich dachte, der wäre längst wieder in Vancouver! Was will der denn noch hier?«

Sie starrten beide wie gebannt nach draußen. Jack Barnett hatte sie nicht gesehen und fuhr langsam auf einen Parkplatz, ging um den Wagen herum und öffnete die Beifahrertür. Heraus stieg eine junge Frau um die dreißig. Sie trug dunkle Hosen, einen unscheinbaren Anorak und pelzbesetzte Winterstiefel. Ihr lockiges Blondhaar quoll unter einer wollenen Skimütze hervor. Selbst aus der Ferne sahen sie, dass ihre Lippen auffallend rot waren. Sie lachte fröhlich. »Wer ist denn das?«, fragte Jessica.

»Seine neue Freundin«, antwortete ihre Mutter kühl. »Als er gesehen hat, dass er bei uns nicht landen kann, hat er sich eine Neue gesucht. Das ist sein gutes Recht. Komm, lass uns verschwinden!« Sie wollten aufstehen und durch die Seitentür hinausgehen, aber da waren Jack Barnett und die Frau bereits im Lokal. Ihre Blicke trafen sich über die anderen Tische hinweg. Jack blieb nichts anderes übrig als zu ihnen zu kommen.

»Hallo, Emily! Hallo, Jess!«, meinte er. Er nestelte an seinem Mantel herum. »Ich hätte nicht gedacht, dass ich euch hier treffe.«

»Das sehe ich«, erwiderte Emily und blickte die Frau an.

»Oh, das ist Rose«, stellte ihr Exmann seine Begleiterin vor. »Ich hab sie in der Hotelbar kennen gelernt.« Er räusperte sich verlegen. »Rose war hungrig und da dachten wir, wir gehen schnell mal zu McDonald's und fassen einen Cheeseburger.«

»Ich liebe Cheeseburger!«, sagte Rose. Sie sprach im breiten Dialekt der amerikanischen Südstaatler und erinnerte Jessica an eine Countrysängerin, die Werbung für Cornflakes machte.

»Rose ist Countrysängerin«, erklärte Jack Barnett und Jessica hätte beinahe laut gelacht. »Sie kommt aus Alabama. Letztes Jahr hatte sie einen Song in der Hitparade! Sie hat in der Hotelbar gesungen und wir haben uns ein bisschen angefreundet.«

»Das sehe ich«, sagte Emily wieder.

»Das geht ja ziemlich schnell bei dir«, meinte Jessica. Sie musterte die Sängerin und redete sich ein, dass es ihr vollkommen egal sei, mit wem ihr Vater seine Tage und Nächte verbrachte. Ihre Mutter hatte ihn abgewiesen und es stand ihm frei, mit jeder Frau auszugehen, die ihm gefiel. Ihr kam es dennoch seltsam vor, dass er wenige Tage nach seinem Auftauchen in Kleena Kleene mit einer neuen Freundin umherzog. Und dann noch in Williams Lake, wo viele Leute ihn und Emily kannten.

»Jack ist ein wundervoller Mann!«, sagte Rose strahlend. Sie schien nicht zu wissen, dass die Exfrau und die Tochter ihres neuen Freundes vor ihr standen. »Stellen Sie sich vor, er hat mich gebeten mit ihm nach Vancouver zu gehen! Er kennt einen Produzenten und will mir helfen eine neue Plattenfirma zu finden. Meine Firma hat mir gekündigt, wissen Sie. Kaum hatte ich einen Hit, haben sie mich rausgeworfen.« Sie lächelte gekünstelt. »Nun ja, es war kein wirklicher Hit. Wir waren in den Independent Charts, das stimmt schon, aber das sagt nicht viel ...«

Jack Barnett räusperte sich verlegen. »Wir müssen weiter«, meinte er ungeduldig. »Wir wollen heute noch nach Vancouver!«

»Gute Fahrt!«, wünschte Emily ihm.

Die beiden verschwanden ohne etwas zu kaufen und Emily und Jessica blickten ihnen nach, bis sie in ihren Mietwagen gestiegen und vom Parkplatz gefahren waren. Dann wurden ihre Blicke von einer weißen Beaver mit blauen Streifen unter den Tragflächen abgelenkt, die über die Stadt nach Westen flog.

17

Kaum war das Flugzeug verschwunden, rief Emily in Anahim Lake an und informierte ihren Chef. »Eine Beaver mit blauen Streifen, das müssen die Verbrecher sein!«, sagte sie aufgeregt. Der Corporal beschloss sofort nachzuprüfen, ob noch andere Maschinen von Chilcotin Flyers in Williams Lake waren, und bat Emily so schnell wie möglich zur Station zu kommen. »Wenn sie wirklich nach Bella Coola fliegen, ist hier bald der Teufel los!«, meinte er. »Aber pass auf, wir haben ziemlich schlechtes Wetter hier draußen! Sieht nach einem Blizzard aus!«

»Bin schon unterwegs«, erwiderte Emily. Sie steckte das Handy in die Halterung zurück, hielt trotz ihrer Eile am Supermarkt und sagte: »Ich bin gleich wieder da. Nur ein paar dringende Sachen!«

»Ich bleibe hier«, meinte Jessica. Sie wartete, bis ihre Mutter im Supermarkt verschwunden war, und griff nach dem Handy. Die Nummer der Clearwater Ranch kannte sie auswendig. Kathryn Hansen war am Apparat. »Hallo, Kathryn. Hier spricht Jessica …«

»Jess!«, unterbrach die Ranchbesitzerin sie überschwänglich. »Mein Gott! Wir haben uns schon Sorgen um dich gemacht! Bist du wieder gesund? Joey sagt, dass du großes Glück gehabt hast! Geht es wieder? Bleib ruhig zu Hause, wenn du noch ein bisschen Erholung brauchst, und mach dir wegen deines Lohns keine Sorgen! Wir zahlen dir Schmerzensgeld.« Sie lachte. »Wie geht es dir, Jess?«

Jessica hatte einen solchen Gefühlsausbruch nicht erwartet und war verlegen. »Es war nicht so schlimm«, spielte sie die Schießerei herunter, »mir ist nichts passiert. Nur eine kleine Schramme …«

»Eine kleine Schramme, sagst du? Wir haben dich im Fernsehen gesehen, Jess! Danke dem Schicksal, dass es dir einen Schutzengel geschickt hat!« Ihre Stimme wurde etwas leiser. »He, Bernie! Jess ist dran! Es geht ihr gut! Hol schnell Joey, er will sie bestimmt sprechen!« Und wieder lauter: »Ich hole Joey ans Telefon, okay?«

Natürlich hatte Jessica auch deshalb angerufen. »Ich komme morgen früh zur Arbeit, Kathryn. Nur keine Bange, ich bin wieder vollkommen okay!« Sie verabschiedete sich von Kathryn und war froh, dass niemand sah, wie sie errötete, als Joey sich meldete. »Jessica?«

»Hi, Joey! Gut nach Hause gekommen gestern?«

»Na klar. Geht es dir besser?«

»Ich bin okay«, wiederholte sie ein bisschen zu fröhlich, »und morgen komme ich wieder auf die Ranch. Kannst du inzwischen reiten?«

»Keine Ahnung. Heute hat es den ganzen Tag geschneit und wir mussten zu Hause bleiben. Aber ich hab die anderen beim Pokern geschlagen! Stell dir vor, ich hab zwei Dollar fünfzig gewonnen!«

»Dann können wir ja groß ausgehen! Sonst alles klar?«

Er zögerte. »Ich vermisse dich, Jess!«

Ihre Stimme wurde weich. »Ehrlich?«

»Ganz ehrlich, Jess! Du magst mich doch, oder?«

»Für einen Angeber aus L. A. hast du dich ganz schön gemausert!«, zog sie ihn auf. »Ich hätte nicht gedacht, dass ich mich in einen City Slicker wie dich verlieben könnte!« Sie merkte erst jetzt, wie offen sie ihre Gefühle ausgedrückt hatte, und wieder schoss ihr das Blut ins Gesicht. »Ich meine, du bist ganz okay …«

»Wir haben noch anderthalb Wochen, Jess!«, sagte er rasch. »Und dann leg ich dir Handschellen an und nehm dich mit nach L. A.! Oder ich verlege mein Büro in das kleine Blockhaus am See!«

Sie hätte ihm gern von der Verfolgungsjagd erzählt, dass sie den Verbrechern dicht auf den Fersen gewesen waren und sie wie in einem Actionfilm durch die halbe Stadt gejagt hatten. Gerade noch rechtzeitig erinnerte sie sich daran, dass der Corporal in Williams Lake darauf bestanden hatte, niemandem etwas von diesen Vorfällen zu erzählen. Er wollte sie vor der Presse geheim halten, auch wenn das nur für kurze Zeit möglich war. Die Reporter würden schnell herausfinden, dass die Bankräuber in Williams Lake gewesen waren, und irgendwann würde sich auch herumsprechen, dass sie sich in einer Beaver nach Westen abgesetzt hatten. Dann würden ganze Fernsehteams in den Chilcotins auftauchen und für Unruhe sorgen. Und die Reporterin mit den blonden Locken würde sich vielleicht an sie erinnern und sie noch einmal interviewen. Davor grauste ihr. Sie stand ungern im Mittelpunkt und fand nichts Aufregendes dabei, ihr Gesicht in den Nachrichten zu sehen. Vielleicht in ein paar Jahren, wenn sie die Hotelfachschule hinter sich hatte und Managerin auf der Clearwater Ranch war. Oder ein Drei-Sterne-Restaurant eröffnete.

Sie blickte aus dem Seitenfenster und sah ihre Mutter aus dem Supermarkt kommen. »Ich muss aufhören, Joey!«, sagte sie hastig. »Wir sehen uns morgen, okay? Vielleicht ist das Wetter morgen besser, dann zeig ich dir, wie man auf Schneeschuhen läuft.«

»Und wenn es stürmt, zeige ich dir, wie man pokert«, erwiderte er lachend. »Bis morgen, Jess! Und pass auf dich auf, hörst du?«

»Mach ich, Joey! Bis dann.«

Jessica steckte das Handy in die Halterung zurück und fragte: »He, Mom! Alles bekommen?« Sie beobachtete, wie ihre Mutter die Tüte mit den Lebensmitteln auf die Rückbank legte und in den Wagen stieg. Sie wollte rasch ein anderes Thema anschneiden, bevor das Gespräch auf Joey kommen konnte. Ihrer Mutter war keineswegs entgangen, dass sie das Handy benutzt hatte, und sie konnte sich natürlich auch denken, dass sie auf der Ranch angerufen hatte. Jessica war es peinlich, sich ausgerechnet in den jungen Mann aus Los Angeles verliebt zu haben, über den sie vor ein paar Tagen noch so geschimpft hatte.

Doch ihre Mutter neckte sie gern und ließ sich die Gelegenheit nicht entgehen. Sie fragte: »Hast du auf der Ranch angerufen?« Und als ihre Tochter ein beiläufiges »Ja« murmelte: »Und? Ist alles okay? Hast du ihnen gesagt, dass du morgen wieder kommst?«

»Mir geht's gut. Was soll ich zu Hause?«

Ihre Mutter lächelte. »Wie geht es dem Jungen?«

»Welchem Jungen?«

»Na, Joey! Dem Angeber aus L. A.?«

»Er ist kein Angeber, Mom! Ich glaube, er hatte nur Angst, sich so zu geben, wie er wirklich ist. Diese Werbefritzen müssen sich doch dauernd verstellen. Auf ihren Meetings markieren sie den großen Mann und werfen mit Fachausdrücken um sich, und wenn sie dann irgendwo anders sind, kommen sie aus ihrer Rolle nicht mehr raus. Joey ging's wohl genauso. Eigentlich ist er ganz nett!«

»Du hast dich in ihn verliebt, was?«

»Na ja, er ist okay.«

Emily bog auf den Highway 20 und trieb ihren Blazer die Steigung zur Brücke hinauf. Das Schneetreiben war heftiger geworden und sie hatte die Scheibenwischer auf der schnellsten Stufe laufen. Der Allradantrieb hielt sie in der Spur. Böiger Wind wirbelte den Schnee auf und rüttelte am Wagen. »Bei so einem Wetter müssen sie runtergehen«, überlegte sie laut. Natürlich sprach sie über die beiden Bankräuber in ihrer Beaver. »Bis zur Küste kommen die heute bestimmt nicht mehr!«

»Dann müssen sie irgendwo im Busch landen«, erwiderte Jessica. »Wenn ihr Glück habt, bauen sie eine Bruchlandung und bleiben im Schnee liegen. Würde ihnen recht geschehen! Dann braucht ihr sie nur noch einzusammeln!«

»Oder der liebe Gott nimmt uns die Arbeit ab und lässt sie erfrieren! Um die Mistkerle wäre es bestimmt nicht schade! Aber daran glaube ich nicht. Sieht ganz so aus, als wäre dieser Dean Stockwell ein erfahrener Pilot. Würde mich nicht wundern, wenn er bei der Air Force gedient hätte. Da lernen sie, wie man in der Wildnis überlebt. Nein, so leicht werden sie es uns sicher nicht machen!«

Sie fuhren über die Brücke und Emily meisterte einige glatte Stellen durch geschicktes Gegensteuern. Im Winter war dies die gefährlichste Stelle zwischen Williams Lake und Kleena Kleene. Hier wehte der Wind am stärksten und auf der Brücke bildete sich tückisches Glatteis. Dahinter wurde der Highway flacher und die dichten Fichten zu beiden Seiten milderten den heftigen Wind.

Jessica lehnte sich zurück. »Also wenn ich einer der

Verbrecher wäre, würde ich vor derselben Hütte landen wie gestern. Wo der eine auf uns geschossen hat. Da sucht die Polizei bestimmt nicht!«

»Daran hab ich auch schon gedacht«, räumte ihre Mutter ein. Sie griff nach dem Handy, drückte die eingespeicherte Nummer ihrer Dienststelle und verlangte Corporal West zu sprechen. »Hi, hier Emily. Ich bin unterwegs.« Sie sprach ohne den Blick von der Straße zu nehmen. »Habt ihr schon mal bei der Blockhütte nachgesehen? Genau, die Hütte von gestern. Wär doch möglich, dass sie dort gelandet sind! Die müssen runter bei dem Wetter, oder?«

»Die haben wir gerade überprüft«, antwortete der Corporal so laut, dass auch Jessica ihn verstand. »Nichts.«

»Ich fahr noch mal vorbei, sobald ich in Kleena Kleene bin«, erwiderte Emily. »Ruf mich auf dem Handy an, wenn du was Neues hast, ja?« Sie verabschiedete sich, bevor der Corporal etwas gegen ihren Vorschlag einwenden konnte, und legte das Handy zurück.

Auch in dem dichten Schneetreiben kamen sie zügig voran. Emily kannte jeden Meter des Highways 20 und wusste genau, wo sie aufpassen musste. Sie hätte den Verlauf der langen Straße aus dem Gedächtnis aufzeichnen können. Doch je weiter sie nach Westen kamen, desto schlechter wurde das Wetter, und als sie hinter Alexis Creek den Schneeräumer überholten, lag der Schnee so hoch, dass sie auf einen Rastplatz fahren und die Schneeketten aufziehen mussten. Wie alle Autofahrer in Kanada hatten auch Emily und Jessica damit keine Schwierigkeiten. Bereits nach wenigen Minuten waren sie fertig. Sie legten die Werkzeugtasche unter die Rückbank und wuschen sich die Hände im Schnee.

Bevor sie in den Blazer stiegen, blieben sie stehen und blickten ahnungsvoll in den Flockenwirbel. Obwohl der Wind zwischen den Bäumen nicht so stark war, spürten sie, dass sich das Wetter noch verschlechtern würde. »Das sieht nicht gut aus«, sagte Emily. »Da brauchen wir die Hubschrauber gar nicht zu rufen! Wir werden wohl mit Hundeschlitten und auf Schneeschuhen nach den Bankräubern suchen müssen!« Jessica stöhnte nur. »Mistwetter!«

Sie wollte gerade einsteigen, als sich die Wölfe zurückmeldeten. Ihr Heulen geisterte als hundertfaches Echo durch das Tal und brach sich an den fernen Felswänden. Jessica erschrak und hielt sich am Wagen fest. Hier unten klang das Wolfsgeheul besonders unheimlich und so laut, dass sie glaubte die Wölfe jeden Augenblick auf dem Rastplatz auftauchen zu sehen. Sie blickte ängstlich über den verschneiten Parkplatz und seufzte erleichtert, als keines der hungrigen Tiere zu sehen war. Denn hungrig waren sie, das stand fest. Während der letzten Tage war es immer kälter geworden und in diesem stürmischen Wetter fiel es selbst Wölfen schwer, etwas Essbares zu finden. Jetzt musste man sogar damit rechnen, dass vereinzelt Tiere auf den Ranches auftauchten und ein krankes Tier oder ein Kalb rissen. Selbst ein Mensch, der ihnen in der Wildnis begegnete, war vor ihnen nicht mehr sicher.

»Sie kommen ins Tal«, sagte Jessica leise. »Würde mich nicht wundern, wenn sie sich über unseren Abfall hermachten!«

»Der liegt im Container, da kommen sie nicht ran«, erwiderte ihre Mutter. Aber sie wusste natürlich, was ihre Tochter meinte. Wenn die Wölfe in die Täler kamen, musste man höllisch aufpassen.

Von düsteren Gedanken geplagt fuhren sie weiter. Die Ketten machten ihnen das Vorwärtskommen leicht, zwangen sie aber auch dazu, besonders langsam und vorsichtig zu fahren. Sie fuhren einige Kilometer schweigend dahin, hörten dem Geräusch zu, das die Ketten im Schnee verursachten. Am Tatla Lake kamen sie an eine Straßensperre. Constable John Bosley stand mit einem Gewehr vor der Absperrung und grüßte freundlich, als er seine Kollegin erkannte. Emily ließ das Seitenfenster herunter.

»Hi, Emily! Jessica!«, sagte er. »Hab schon gehört, was Ihr alles hinter euch habt! Wenn du so weitermachst, kriegst du noch 'nen Orden und musst ins Fernsehen zu diesen ganzen Talkshows ...«

»Keine Bange«, erwiderte Emily, »bevor mich die Typen vom Fernsehen erwischen, versteck ich mich mit meinen Hunden im Busch!« Sie grinste. »Gibt's was Neues? Habt ihr 'ne heiße Spur?«

Der Constable schüttelte den Kopf. »Keine Ahnung, wo sie sind. Bei dem Wetter hast du mit 'ner Beaver oder 'nem Hubschrauber keine Chance! Sie werden sich in irgendeiner Hütte verkrochen haben. Wenn sie sich 'nen Wagen schnappen, krieg ich sie, darauf kannst du wetten! Aber ich glaub eher, dass sie mit der Beaver abhauen wollen. Dieser Stockwell war bei der Air Force!«

»Hab ich mir doch gedacht«, fühlte Emily sich bestätigt, »dass wir darauf nicht früher gekommen sind!

Dann weiß er auch, wie er in der Wildnis überleben kann. Sind die Leute von der Zentrale hier?«

Der Constable schüttelte den Kopf. »Bis die losfliegen wollten, war das Schneetreiben schon zu stark. Nee, die bleiben in ihren warmen Büros und überlassen uns die Dreckarbeit! Aber sie telefonieren alle paar Minuten mit dem Corporal.« Er rieb sich einige Schneeflocken von der Nase. »Wenn du mich fragst, wird es verdammt schwer, die Kerle zu fassen! Die Chilcotins sind groß!«

»Und wir sind nur zu viert«, ergänzte Emily bitter. »Scheißspiel! Konnte ja auch niemand ahnen, dass sie in die Chilcotins kommen!«

Emily verabschiedete sich und sie fuhren weiter. Sie erreichten ihr Blockhaus am frühen Nachmittag und parkten hinter dem eingeschneiten Jeep der Clearwater Ranch, der immer noch vor dem Haus stand. Schon von fern hörten sie das aufgeregte Bellen der Hunde. »Hi, Rusty!«, begrüßte Emily ihren Leithund. »Du hast wohl gedacht, wir kommen gar nicht mehr nach Hause, was?« Sie ging in die Knie und schloss ihn in die Arme, ließ sich bereitwillig von ihm das Gesicht ablecken. »Schon gut, Rusty! Wir gehen gleich auf Tour! Wir sind im Einsatz, weißt du? Wir müssen nach den verdammten Mistkerlen suchen, die auf Jessica geschossen haben! Du weißt doch, was das bedeutet! Ihr müsst ganz leise sein, wenn wir in die Nähe der Hütte kommen!« Sie kraulte sein weiches Fell und stand auf. »Hilf mir beim Einspannen!«, bat sie ihre Tochter. »Ich hab wenig Zeit.«

Während Emily mit dem Schlitten davonfuhr, kehrte Jessica ins Haus zurück. Sie wusch sich die

Hände und blickte in den treibenden Schnee hinaus. Wenn die Bankräuber in der Nähe blieben, hatte ihre Mutter sicher einige lange Tage und Nächte vor sich. Zum Glück hatte es keinen Blizzard gegeben und der Wind war nicht so heftig, dass er ihrer Mutter und dem Hundegespann gefährlich werden konnte.

Sie legte die Lebensmittel, die ihre Mutter im Supermarkt gekauft hatte, in den Kühlschrank und schenkte sich selbst einen Tee ein. Mit etwas Käse und Brot ging sie ins Wohnzimmer. Sie schaltete den Fernseher ein und erwischte die Nachrichten. Das Bild flimmerte, aber die Stimme der Sprecherin war deutlich zu verstehen. »... kam es zu einer wilden Verfolgungsjagd in der Innenstadt von Williams Lake. Die Polizei wollte sich zu dem Vorfall nicht äußern, aber wie wir aus zuverlässiger Quelle erfuhren, war die Stiefschwester des Bankräubers Dean Stockwell daran beteiligt. Anscheinend wollte sie davon ablenken, dass sich die beiden Verbrecher bei ihr versteckt hielten. Während ein Constable der RCMP, dessen Namen wir leider nicht in Erfahrung bringen konnten, ihren Wagen verfolgte, flohen die flüchtigen Bankräuber in einer Beaver der Chilcotin Flyers nach Westen.«

Jessica ließ sich auf einen Sessel sinken. Zum Glück haben sie nicht herausgefunden, dass Mom und ich sie verfolgt haben, dachte sie erleichtert. Und das Schneetreiben würde sie davon abhalten, ihren Hubschrauber in die Chilcotins zu schicken. Mit ihren Lieferwagen kamen sie höchstens bis zur ersten Straßensperre. Constable John Bosley würde sie aufhalten, er würde es zumindest versuchen. Sie trank von dem heißen Tee und blickte auf den flimmernden Bildschirm. Die Stimme der Sprecherin ging für ein paar Sekunden in dem Rauschen unter, dann war sie wieder deutlich zu hören. »... weisen inzwischen alle Indizien darauf hin, dass Larry Hatcher auch für den Mord an seiner Freundin verantwortlich ist. Die Prostituierte wurde vor einigen Jahren ermordet in ihrem Apartment in Calgary aufgefunden. Der Verkäufer, der damals für den mutmaßlichen Mörder aussagte, hat seine Aussage widerrufen. Die Polizei spürte ihn in einem Nachtclub in Halifax auf. Er gab an, von Larry Hatcher mit einer größeren Summe, über deren Höhe nichts bekannt wurde, bestochen worden zu sein. Die Vietnamesin, die ebenfalls für Larry Hatcher aussagte, hat Kanada vor fünf Jahren verlassen und lebt in einer kleinen Stadt in Vietnam. Die Polizei gab nicht bekannt, ob die kanadische Regierung mit den dortigen Behörden in Kontakt steht.«

Die Stimme verschwand erneut und Jessica schaltete einen anderen Kanal ein. Auch dort liefen die Nachrichten. »... wurde bekannt, dass Dean Stockwell bereits in seiner Jugend mehrfach wegen kleinerer Delikte mit dem Gesetz in Konflikt kam. Unter anderem musste er wegen grausamer Tierquälerei eine Jugendstrafe absitzen. Er soll schon immer großen Spaß daran gehabt haben, hilflose Tiere zu quälen. Er tötete die beiden Wolfshunde eines Nachbarn auf bestialische Weise, und eine frühere Nachbarin erzählt, dass er ihr gegenüber einmal damit prahlte, einen verletzten Wolf in den Rocky Mountains gefunden und mit Benzin übergossen zu haben. Das hilflose Tier verbrannte bei lebendigem Leib. ›Wenn ich ein Indianer wäre, würden sie mich Wolfskiller nennen‹, habe er bei dieser Gelegenheit gesagt. Wir fragten den Psychologen Alan Blackwell nach …« Die Stimme verschwand und Jessica schaltete den Fernseher aus. »Scheißkerl!«, sagte sie.

18

Jessica stand mit sorgenvoller Miene am Küchenfenster. Als sie das Gebell der Hunde hörte, setzte sie Kaffee auf und wartete ungeduldig, bis ihre Mutter die Hunde ausgespannt und ins Haus gekommen war. Sie reichte ihr den dampfenden Becher. »Und?«

»Nichts«, antwortete Emily, »in der Hütte sind sie nicht.« Sie griff dankbar nach dem Becher und nahm einen kräftigen Schluck. »Aber ich hab einen Wolf gesehen. Muss ein Einzelgänger sein.«

»Ein Wolf?«, erschrak Jessica. »So weit unten? Dann wird es jetzt gefährlich! Wir müssen Doug anrufen! Er muss was unternehmen!«

Ihre Mutter schüttelte den Kopf. »Doug ist unterwegs. Ich hab auf der Halfway Ranch angerufen.« Sie klopfte auf das Handy in ihrer Anoraktasche. »Als einer von Susans Cowboys auf Wolfsspuren stieß, zog er gleich los. Die Rancher spielen verrückt. Denen sind die Bankräuber egal. Die haben nur Angst um ihre Rinder.« Sie stellte den halb leeren Becher auf den Tisch und lächelte flüchtig. »Wird wohl nichts aus unserer Einladung am Sonntag. Und bevor wir die Bankräuber nicht gefasst haben, darf ich sowieso nicht nach Hause. Ich packe ein paar Sachen zusammen.« Sie ging ins Schlafzimmer, holte eine Tasche aus dem Schrank und packte Kleidung für eine Woche und ihr Waschzeug ein. »Kümmerst du dich um die Hunde, solange ich weg bin?«, fragte sie ihre Tochter.

»Kein Problem«, antwortete Jessica, »ich drehe jeden zweiten Abend eine Runde mit ihnen. Vielleicht nehme ich Joey mit. So 'ne Tour würde ihm bestimmt gefallen! Mal was anderes als jeden Tag mit dem Auto quer durch Los Angeles zu fahren. Darf ich?«

»Ja, aber sei vorsichtig und fahr nicht zu weit in den Wald rein!«, rief ihre Mutter aus dem Schlafzimmer. »Die Bankräuber müssen irgendwo in den Chilcotins gelandet sein. Sie können überall auftauchen. Steck dein Handy ein und vergiss den Revolver nicht! Ruf mich sofort an, wenn du irgendwas Verdächtiges bemerkst! Keine Alleingänge, versprichst du mir das?«

»Natürlich, Mom! Ich hab genug vom Cowboy-und-Indianer-Spielen! Die Schießerei und die Verfolgungsjagd haben mir gereicht!«

Emily kam aus dem Schlafzimmer, die gepackte Tasche in der Hand, und nickte zufrieden. »Okay, dann mach's gut! Ich melde mich. Schließ immer die Türen ab, wenn du im Haus bist, und nimm den Revolver mit, wenn du zu den Hunden gehst! Auch wegen der Wölfe! Ich will nicht, dass sie Lefty oder Snowball reißen! Die beiden sind zu schwach, die haben keine Chance gegen ein hungriges Rudel! Na, du weißt schon, was zu tun ist!« Sie legte ihr lächelnd die freie Hand auf die Schulter. »Manchmal vergesse ich, dass du schon neunzehn bist. Ist noch gar nicht so lange her, da hast du draußen auf den Schulbus gewartet.«

Sie verabschiedeten sich und Emily fuhr in ihrem Geländewagen davon.

Jessica ging ins Haus zurück. Sie räumte in der Küche auf und blieb eine Weile am Fenster stehen und sah den Hunden zu. Sonny und Speedy stritten sich um einen zerkauten Tennisball, der zwischen ihren Hütten lag, und Snowball hatte sich in seiner Leine verheddert und versuchte umständlich sich zu befreien. Lefty jaulte den Wald an. Es schneite nicht mehr so stark. Jessica blickte nervös zum grauen Himmel empor und kehrte mit einem Becher heißen Tee ins Wohnzimmer zurück. Sie ließ sich auf die Couch fallen und blätterte in einer alten Zeitschrift. Im Reiseteil war der Strand von Santa Monica abgebildet, und sie ertappte sich dabei, unter den vielen Leuten, die in der Brandung badeten oder im Sand lagen, nach Joey zu suchen. Sie blickte von der Zeitung auf. Ob sie auf der Ranch wussten, dass die Bankräuber in die Chilcotins geflohen waren? Was geschah, wenn die RCMP allen Ranches und Hotels empfahl ihre Gäste nach Hause zu schicken?

Man konnte es den Gästen der Clearwater Ranch nicht einmal verübeln, wenn sie den nächsten Flieger nahmen. Gefährliche Bankräuber, die in die Chilcotins geflohen waren und jederzeit irgendwo auftauchen konnten, und dann noch die Wölfe, die aus den Bergen kamen und in den Tälern nach Nahrung suchten. Sogar Einheimische wurden bei diesen Nachrichten nervös. Sie griff nach dem Telefonhörer, wollte die Nummer der Ranch wählen und nach Joey fragen und legte rasch wieder auf. Es sieht aufdringlich aus, wenn ich ihn anrufe, dachte sie. Wenn er früher nach

Hause fliegt, ruft er mich bestimmt an. Sie blätterte wieder in der Zeitung ohne die Bilder zu sehen und ohne etwas zu lesen und rief nach einigem Zögern doch die Ranch an. »Hallo, Kathryn«, sagte sie, als die Ranchbesitzerin abnahm, »hier ist Jess. Ich wollte nur sagen, dass ich jetzt zu Hause bin. Irgendwas Neues auf der Ranch?«

Ihre Vermutung wurde bestätigt. »Die Jacksons wollen abreisen«, erklärte Kathryn. »Sie haben die Frühnachrichten gesehen. Angeblich sollen die Bankräuber in die Chilcotins geflohen sein. Ich hätte dich sowieso noch angerufen. Würdest du die Jacksons morgen früh zum Flughafen bringen? Sie haben keine Angst, aber sie wollen kein unnötiges Risiko eingehen. Sie wollen im Januar wiederkommen. Ich hab ihnen einen Gutschein gegeben.«

»Ich bin um acht bei euch«, antwortete sie bereitwillig. Ihr Herz klopfte. »Was ist mit Joey? Will er auch nach Hause fliegen?« Sie hatte Angst vor der Antwort. »Ist er da? Könnte ich ihn sprechen?«

»Joey ist bei den Pferden. Er will reiten lernen. Kaum hatte das Schneetreiben nachgelassen, war er bei Danny oben. Noch mal blamiere ich mich nicht, hat er gesagt. Obwohl ...« Kathryn zögerte einen Augenblick und fuhr dann fort: »Nun ja, ich sag's dir lieber gleich. Seine Firma hat ihn angerufen. Ich hab nicht gelauscht, aber ich hab mitbekommen, wie er von den Bankräubern erzählte und wie sie auf dich geschossen hätten.«

»Sie wollen, dass er nach L. A. zurückfliegt?«

»Keine Ahnung«, meinte Kathryn ehrlich. »Morgen fliegt er bestimmt nicht, so viel glaub ich zu wissen.

Sonst würde er sich nicht den ganzen Nachmittag auf dem Gaul abquälen. Aber es kann natürlich sein, dass er eine Woche früher fliegt. Gesagt hat er nichts.« Sie zögerte wieder und hatte wohl das Gefühl, Jessica aufmuntern zu müssen. »Aber ich würde mir keine unnötigen Sorgen machen. Wenn sich da wirklich was Ernstes zwischen euch anbahnt, ruft er dich auch aus L. A. an. Du wirst sehen, er lädt dich zu Weihnachten und Silvester ein. Dann liegst du unter Palmen und sonnst dich, während wir uns hier sonst was abfrieren!«

»Ich weiß nicht«, zweifelte Jessica.

»Joey mag dich«, machte Kathryn ihr Mut, »so was merke ich. Hier kommen so viele Menschen durch, da entwickelt man 'nen sechsten Sinn für solche Dinge! Hab ich dir nicht gleich gesagt, dass er ein guter Junge ist? Ein echter Stinkstiefel hätte sich anders benommen. Der wär gar nicht erst auf den Gaul gestiegen! Der hätte sich die Ranch niemals angesehen! Ein echter Stinkstiefel hätte sich einen Tag in seiner Hütte eingeschlossen und wäre am nächsten Morgen wieder nach Hause geflogen. Er war nahe dran, aber er hat es nicht getan. Und die Angeberei haben wir ihm doch schnell genug ausgetrieben, oder? Der Snowmobil-Ausflug kam gerade recht. Nicht dass ich ihn extra in den Schnee geschickt hätte …«

»Zuzutrauen wär's dir«, lachte Jessica. Die Worte der Ranchbesitzerin hatten ihr neuen Mut gegeben und sie fühlte sich schon wesentlich besser. Joey würde bleiben. Wenn ihm nur ein bischen an ihr lag, würde er durchhalten. Und vielleicht wurden die Bankräuber ja bis dahin gefasst. »Okay«, verabschiedete sie sich von Kathryn, »dann bis morgen früh um acht! Ich sag dir Bescheid, wenn ich irgendwas Neues über die Bankräuber höre.«

»Danke, Jess. Bis morgen!«

Jessica legte auf und nahm einen Schluck von ihrem Tee. Ihr Blick ging zu Rusty, der gelangweilt auf seinem Lieblingsplatz lag und sich die Pfoten leckte. »Ein Scheißspiel, Rusty, was?«, meinte sie. »Da taucht endlich mal einer auf, der einem gefallen könnte, und dann kommen diese blöden Bankräuber und machen alles zunichte. Hoffentlich fangen sie die Mistkerle!« Sie griff nach der Fernbedienung und schaltete den Fernseher ein, zappte gelangweilt durch mehrere Kanäle und blieb an einem alten Western hängen. John Wayne stand einer ganzen Horde von Banditen gegenüber und schaltete einen nach dem anderen mit seinem Colt aus. »Möchte wissen, was John Wayne bei der alten Hütte gemacht hätte«, sagte sie zu Rusty. »Ich glaube, der hätte auch einen Streifschuss abbekommen. Die Bankräuber hätten ihn für tot gehalten und er hätte sie quer durch die Kakteenwüste verfolgt und einen nach dem anderen getötet.«

Rusty war nicht besonders angetan von ihrer Theorie. Er hatte seinen Kopf auf die Vorderpfoten gebettet und starrte ins Leere.

»Ich weiß, so einfach geht das nur im Kino«, räumte sie ein. Sie verdrängte die Vorstellung, ihre Mutter könnte womöglich allein auf die Verbrecher treffen und der Mann mit dem Pferdeschwanz würde das Feuer eröffnen. Ihre Mutter war nicht John Wayne und das verschneite Land am Highway 20 hatte mit der Wildnis in einem Hollywood-Western nur wenig gemein. Hier gab es Wölfe, die keinen Unterschied zwischen Bankräubern und Polizisten machten, wenn sie hungrig waren, und bei einer Schießerei siegte nicht automatisch das Gute. Sie hatte Angst um ihre Mutter, auch wenn es ziemlich unwahrscheinlich war, dass sie den Verbrechern noch einmal allein begegnete. Jetzt war eine riesige Armee hinter den beiden Männern her, und wenn es hell wurde und der Sturm ausblieb, würden Suchflugzeuge und Hubschrauber die ganzen Chilcotins absuchen. Sie würden die Bankräuber finden.

Jessica wollte noch einmal nach den Hunden sehen und trat im Anorak vor die Tür. Die Dämmerung lag über der verschneiten Lichtung und kündigte den Abend an. Außer dem Gebell des munteren Sonny durchdrang kein Laut die abendliche Stille. Sie blickte zum verhangenen Himmel empor, kniff die Augen gegen vereinzelte Schneeflocken zusammen und wiegte den Kopf. Sie lebte lange genug in der Wildnis um erkennen zu können, dass die Gefahr eines Schneesturms noch nicht vorüber war. Dies konnte auch die sprichwörtliche Ruhe vor dem Sturm sein. Sie ging zu den Hunden, überprüfte die Leinen und wechselte ein paar Worte mit ihnen. »Morgen Abend drehen wir eine Runde«, versprach sie den aufgeregten Tieren. »Ich bringe Joey mit, okay? Und wehe, ihr benehmt euch nicht! Joey kommt aus L. A., da gibt es keine Schlittenhunde. Er hat sicher große Angst, auf unserem Schlitten mitzufahren, auch wenn er das nicht zugeben wird. Also macht keinen Unsinn und geht nicht so scharf in die Kurven, sonst fällt er in den Schnee und wir bekommen Ärger!« Sie dachte an seinen Unfall mit dem Snowmobil und grinste.

Das Heulen der Wölfe ließ sie zusammenfahren. Der unheimliche und zugleich vertraute Laut tönte durch die Wälder und brachte einige Hunde dazu, mit eingekniffenem Schwanz in ihren Hütten zu verschwinden. Snowball und Lefty jaulten ängstlich. Das Heulen wurde leiser, schwoll noch einmal an und erstarb. Die Stille, die sich jetzt über die Lichtung legte, schien noch tiefer und vollkommener als vorher zu sein. Snowball senkte winselnd den Kopf.

Jessica erschauderte und kehrte rasch ins Haus zurück. Ihr fiel ein, dass sie den Revolver in der Schublade gelassen hatte. Sie holte ihn heraus und legte ihn griffbereit auf die Anrichte. Dann verschloss sie die Tür und zog den Anorak aus. »Keine Bange!«, beruhigte sie den aufgeregten Dusty. »Doug ist ja draußen. Wenn die Wölfe uns zu nahe kommen, vertreibt er sie mit dem Gewehr. Oder er erschießt einen!« Sie rieb ihre kalten Hände gegeneinander und ging in die Küche. Sie war nicht besonders hungrig, aß ein Sandwich mit Salami und Käse im Stehen und kehrte mit einem Becher heißen Tee ins Wohnzimmer zurück. Bei diesem Wetter konnte sie gar nicht genug Tee bekommen. Sie setzte sich vor den Fernseher und wartete auf die Nachrichten und sah gar nicht hin, als das Raumschiff Voyager auf irgendeinem Kabelkanal durch das Universum flog.

Das Telefon klingelte und sie hätte beinahe »Joey!« gerufen, als sie den Hörer abnahm. Ihre Mutter war dran. »Alles okay, Jess?«, fragte sie. Und als Jessica bejahte: »Bei uns auch. Wir glauben, dass die Bankräuber irgendwo den Schnee abgewartet haben und bald wieder in die Luft gehen. Wundere dich nicht, wenn morgen früh unsere Suchflugzeuge und Hubschrauber über den Chilcotins kreisen. Ich muss gleich aufhören, Jess! Hier ist der Teufel los! Wollte dir nur sagen, dass alles in Ordnung ist. Pass auf dich auf!«

»Du auch, Mom!« Jessica legte auf und schaltete den Fernseher aus. Die Nachrichten würden sowieso nichts Neues bringen. Sie brachte den Becher in die Küche zurück. »Ich geh schlafen«, sagte sie zu Rusty, »war ein anstrengender Tag. Pass schön auf und schlag Alarm, falls sich die Wölfe blicken lassen oder die Bankräuber kommen, okay?« Sie löschte das Licht und ging ins Schlafzimmer, zog sich aus und fand nicht einmal mehr die Kraft, ins Badezimmer zu gehen und sich die Zähne zu putzen. Sie sank müde aufs Bett und schlief wenige Minuten später ein.

Das Motorengeräusch eines Wagens, der die Auffahrt hochkam, weckte sie. Und selbst im Halbschlaf konnte sie hören, dass es nicht der Wagen ihrer Mutter oder ein Jeep der Clearwater Ranch war. Sie sprang aus dem Bett und rannte zum Fenster, sah die Umrisse eines Lieferwagens und zwei Gestalten, die aus dem Fahrerhaus stiegen. Im trüben Schein der Innenbeleuchtung erkannte sie eine Frau mit blonden Locken und einen Mann mit einer großen Videokamera auf der Schulter. »Auch das noch!«, stöhnte sie entsetzt. »Die Nachrichtentante!« Sie zog sich in Windeseile an, fuhr sich mit den gespreizten Fingern einer Hand durch die Haare und ging ins Wohnzimmer. »Easy, Rusty!«, beruhigte sie den Husky, der knurrend von seiner Decke aufgestanden war und misstrauisch zur Tür blickte. »Ich rufe dich, wenn ich dich brauche!«

Ohne das Licht einzuschalten ging sie zur Tür. Sie öffnete und rief: »Sie brauchen gar nicht auszupacken! Ich gebe kein Interview! Ich hab schon genug geredet! Fahren Sie zur RCMP nach Anahim Lake, wenn Sie etwas wissen wollen! Ich sage nichts! Gehen Sie!«

»Bei der Polizei waren wir schon«, erwiderte die Reporterin. Sie stakste wie ein Storch durch den tiefen Schnee und verzog das Gesicht, als die Kälte durch ihre Jeans drang. »Die RCMP hat eine Nachrichtensperre verhängt. Wir können von Glück sagen, dass uns der Constable in Alexis Creek durchgelassen hat. Hat mich mein schönstes Lächeln gekostet!« Ihre Stimme verlor den verbindlichen Klang. »Hören Sie, Miss! Würden Sie wohl so freundlich sein und das Licht anmachen? Man sieht ja nicht, wo man hintritt!«

»Ich hab Sie nicht gebeten hier rauszukommen!«, erklärte Jessica barsch. Dann knipste sie doch das Licht an und konnte sich ein schadenfrohes Grinsen nicht verkneifen, als sie sah, dass die Reporterin vom Weg abgekommen und in den angewehten Schnee geraten war. »Sie können mich nicht zwingen mit Ihnen zu reden!«, betonte Jessica. »Mein Gesicht war in allen Zeitungen. Ich hab keine Lust, es jeden Tag in den Nachrichten zu sehen!«

»Dann lassen Sie uns wenigstens rein und spendieren Sie uns einen heißen Kaffee!«, bat die Reporterin und ihr Flehen klang so echt, dass Jessica sich erweichen ließ und die beiden hereinbat. »Aber das Ding bleibt aus!«, sagte sie zu dem jungen Kameramann. »Ich bin keine Rodeo Queen und wollte nie eine werden!« Sie deutete auf die Couch. »Setzen Sie sich! Ich mache Kaffee.«

Sie ging in die Küche und setzte Wasser auf. Mit dem heißen Kaffee und Milch und Zucker kehrte sie ins Wohnzimmer zurück. »Die Verbrecher sind irgendwo in den Chilcotins«, meinte sie, »mehr weiß die Polizei auch nicht. Und ich schon gar nicht! Ich war zufällig dabei, als sie auf meine Mutter schossen … mehr nicht!«

»Und was war heute Morgen?«, fragte die Reporterin.

»Was soll da gewesen sein?«

»Die Verfolgungsjagd in Williams Lake. Wir wissen, dass Ihre Mutter und Sie in dem einen Wagen saßen! Es war nicht schwer, das herauszufinden. Sie haben die Stiefschwester von Dean Stockwell verfolgt! Haben Sie die Männer gesehen, Miss Barnett?«

Jessica musste zugeben, dass die Reporterin ihr Handwerk verstand. »Nein«, antwortete sie energisch, »und wir haben auch nichts Neues von der Frau erfahren! Dass die Männer in die Chilcotins geflohen sind, wissen Sie doch inzwischen. Mehr kann ich Ihnen auch nicht sagen! Parken Sie bei der RCMP in Anahim Lake und warten Sie, bis sie die Bankräuber in Handschellen aufs Revier bringen, dann sind Sie immer noch die Ersten! Mit mir kriegen Sie keine höheren Einschaltquoten! Und jetzt gehen Sie bitte! Ich hab einen anstrengenden Tag hinter mir und will endlich schlafen!«

»Die Öffentlichkeit hat ein Recht auf Information«, erwiderte die Reporterin. »Warum beantworten Sie uns nicht wenigstens eine klitzekleine Frage? Ich möchte nur wissen, wie Sie sich während der Verfolgung gefühlt haben! Eine winzige Frage, Miss Barnett, damit ich nicht umsonst hier war!« Sie gab dem Kameramann ein scheinbar flüchtiges Zeichen und der hatte die Kamera geschultert und eingeschaltet, bevor Jessica dagegen protestieren konnte.

»Sie haben es in den Nachrichten gehört«, begann die Reporterin routiniert, »vor zwei Tagen entging Jessica Barnett, die Tochter der Polizistin Emily Barnett, nur knapp den Kugeln der mutmaßlichen Bankräuber Dean Stockwell und Larry Hatcher. Jetzt trieb sie das Schicksal erneut in die Arme der gefährlichen Verbrecher. Jessica und ihre Mutter waren nur wenige Meter von den Männern entfernt, als sie der Stiefschwester von Dean Stockwell einen Besuch abstatteten. Nur weil Mrs. Gilbert sie durch ihre überstürzte Flucht ablenkte, kam es nicht zu einer blutigen Schießerei. Bei einer wilden Verfolgungsjagd durch Williams Lake half die tapfere Polizistin Emily Barnett, die mutmaßliche Komplizin der Verbrecher festzunehmen. Jessica, Sie saßen während der Verfolgungsjagd neben Ihrer Mutter. Was war das für ein Gefühl?«

»Mir war kotzübel«, antwortete Jessica nüchtern, ließ die verdutzte Reporterin stehen und verschwand im Schlafzimmer. »Machen Sie die Tür zu, wenn Sie gehen!«, rief sie ihr zu.

19

Um halb acht Uhr morgens brach Jessica auf. Sie versteckte den Revolver in der Schublade und ging noch einmal zu den Hunden, bevor sie in den Jeep stieg.

»Heute Mittag drehen wir eine Runde«, versprach sie. »Ich bringe Joey mit, also benehmt euch! Das gilt auch für dich, Snowball!« Sie verschloss die Haustür und stieg in den Jeep. Nach einem prüfenden Blick in den Innenspiegel löste sie das Pflaster von ihrer Schläfe und bedeckte die Schramme mit einer Haarsträhne. Die Wunde schmerzte kaum noch. Sie fuhr zum Highway hinunter und ließ sich auch durch das schlechte Wetter nicht die Laune verderben. Der Himmel war düster und grau, aber es schneite kaum und sie würden zumindest in der näheren Umgebung der Ranch mit den Schneeschuhen üben können. Sie freute sich auf das Wiedersehen mit Joey. Sobald sie die Jacksons zum Flughafen gebracht hatte, würde sie mit ihm durch den Tiefschnee stapfen. Sie bog zur Ranch ab und hielt vor dem Haus. Die Hunde begrüßten sie überschwänglich. Ihr Gebell lockte Kathryn vor die Haustür. »Hallo, Jess!«, grüßte sie. »Holst du Joey? Ich glaube, er hat verschlafen! Sag ihm, dass wir mit dem Frühstück auf ihn warten! Es gibt Pfannkuchen mit Ahornsirup!«

Am verständnisvollen Lächeln der Ranchbesitzerin erkannte Jessica, dass sie Joey absichtlich nicht gerufen hatte. Kathryn wusste ja, wie es um die beiden stand, und hatte Verständnis dafür, dass sie für einen Augenblick allein sein wollten. Sie lief zu der Blockhütte hinab und klopfte zögernd. »Fünf Minuten«, antwortete Joey verschlafen, »ich bin gleich so weit!« Jessica hörte den Wasserhahn rauschen und einen Rasierapparat summen. Einige Minuten später näherten sich tapsende Schritte und Joey öffnete die Tür. »Ich hatte verschlafen«, entschuldigte er sich, dann erkannte er

Jessica und seine Augen begannen zu strahlen. »Jess! He, Jess! Wenn ich gewusst hätte, dass du das bist ...« Er umarmte sie zärtlich und sie küssten sich leidenschaftlich. »Du schmeckst nach Zahnpasta!«, sagte Jessica lachend. Sie küssten sich noch einmal und dann sagte sie: »Die anderen warten mit dem Frühstück auf uns! Es gibt Pfannkuchen mit Ahornsirup!«

»Besser als die langweiligen Muffins, die ich in L. A. immer esse!« Er blickte zum Himmel. »Gilt unsere Verabredung noch? Du wolltest mir zeigen, wie man auf Schneeschuhen läuft! Ich meine ... ich hab gehört, dass diese Bankräuber in die Chilcotins geflohen sind. Mit einem Flugzeug, stimmt's? Ist unser Ausflug dann nicht zu gefährlich?«

»Ich habe mein Handy dabei«, beruhigte sie ihn, »wir bleiben in der Nähe der Ranch. Und heute Nachmittag wollte ich dich auf eine Hundeschlittentour mitnehmen. Du hast doch keine Angst?«

»Ein bisschen«, räumte er ein, »aber Kneifen gilt nicht!« Er lächelte sie von der Seite an. »Ich hab gestern mit J. M. gesprochen. Ich hab ihm gesagt, dass es mir super gefällt und ich am Montag in einer Woche wieder im Büro bin.«

Jessicas Herz machte einen Sprung. »Du fliegst nicht früher? So wie die Jacksons? Du bleibst die ganze nächste Woche?«

»Es sei denn, du hast was dagegen.«

»Ich freu mich, wenn du bleibst«, sagte sie ehrlich. »Mal sehen, vielleicht machen wir noch einen echten Wildnismenschen aus dir! Sobald sie die Bankräuber haben, gehen wir auf große Tour!«

Jessica genoss die Nähe ihres neuen Freundes. Es

war schon erstaunlich, wie sehr er sich in den letzten Tagen verändert hatte. Er war ein vollkommen anderer Mensch als das arrogante Scheusal, das vor knapp einer Woche aus dem Flugzeug gestiegen war. Kathryn Hansen hatte Recht. Die Wildnis veränderte die Menschen. Selbst eingefleischte Städter gewöhnten sich in der Abgeschiedenheit an einen anderen Rhythmus, vergaßen die Hetze und den Stress des Alltags und genossen die Nähe zur Natur. Nach einigen Tagen brauchten sie keinen Fernseher und kein Telefon mehr und kaum einer surfte noch im Internet. Eine ausgiebige Wanderung, ein Picknick in den Bergen oder ein gemütlicher Abend am knisternden Kaminfeuer war viel schöner.

Das Frühstück war köstlich. Nach dem Krankenhausessen und den Sandwiches der letzten Tage schmeckten Jessica die Pfannkuchen besonders gut. Bernie Hansen fragte die Jacksons, ob sie nicht bedauerten früher abzureisen und versuchte noch einmal sie zum Bleiben zu überreden, aber Frank Jackson hatte Angst um seine Frau, die letzte Nacht über leichte Herzschmerzen geklagt hatte und jeder größeren Aufregung aus dem Weg gehen wollte. »Wir kommen in zwei Monaten wieder, wenn sie die Bankräuber geschnappt haben!« Er bedankte sich für den Gutschein. Beim Abschied umarmten er und seine Frau die Hansens und versprachen sich so bald wie möglich zu melden, bevor sie in den Wagen stiegen. »Ich fahre mit«, sagte Joey zu den Hansens, »dann ist Jess auf der Rückfahrt nicht so allein!« Er kletterte auf den Beifahrersitz und lächelte etwas verlegen, als er das verschmitzte Grinsen der Jacksons sah.

Sie brachten die Jacksons zum Flughafen in Anahim Lake und verabschiedeten sich. Während das Ehepaar in die Maschine stieg, gingen der Kopilot und die Stewardess an ihnen vorbei. Die junge Frau bemerkte gerade: »Gut, dass es zu schneien aufgehört hat. Heute Abend soll das Wetter wieder schlechter werden!« Und ihr Begleiter antwortete: »Mein Bruder wohnt in Alexis Creek, ein paar Kilometer den Highway runter. Da kann morgens die Sonne scheinen und ein paar Stunden später bist du im schlimmsten Blizzard des ganzen Jahres! Aber keine Bange! Für unseren Flug haben sie gutes Wetter vorausgesagt.« Auf dem Rückweg zum Wagen hörten sie, wie einer der Gepäckträger zu seinem Kollegen sagte: »Also wenn ich ein Bankräuber wäre, säße ich längst in meiner Beaver auf dem Weg zur Grenze!« Der andere Mann erwiderte: »So wird's sein. Die haben irgendwo den Schnee abgewartet und jetzt sind sie wieder in der Luft. Kanada ist groß, da muss die RCMP schon Glück haben, wenn sie die Scheißkerle finden will. Auch mit den Hubschraubern!« Sein Kollege meinte: »Ich rieche den nächsten Sturm schon. Wenn die Bankräuber sich nicht beeilen, müssen sie wieder runtergehen, und wenn sie dann keine Hütte finden, kann es ungemütlich für sie werden!«

Jessica und Joey stiegen in den Wagen und fuhren zurück. »Da arbeitet meine Mutter«, sagte sie, als sie am Gebäude der RCMP vorbeifuhren. Normalerweise hätte sie angehalten, aber während eines solchen Alarms waren keine Besucher erwünscht und ihre Mutter war sicher viel zu beschäftigt um sich mit ihnen zu unterhalten. Vom Parkplatz stieg ein Hubschrauber auf. Vor dem Haus standen einige Polizisten und unterhielten sich angeregt. Sie nahm an, dass einige »große Tiere« gelandet waren. »Die werden den Laden ordentlich aufmischen!«, bemerkte sie mit einem Blick auf die uniformierten Männer. Sie fuhr an einer Lodge vorbei und musste lachen, als sie den Wagen der Fernsehstation vor dem Eingang stehen sah. Die hübsche Reporterin und ihr Kameramann lehnten untätig an einem Kotflügel und aßen Sandwiches. »Die sind mir gestern Abend auf die Pelle gerückt«, sagte sie amüsiert. Sie berichtete Joey von dem seltsamen Interview. »Du bist einmalig, Jess!«, lachte er. »In L. A. hätte sich jedes Mädchen darum gerissen, in die Nachrichten zu kommen!«

»Ich hab kein Interesse daran, von einem Produzenten in Hollywood entdeckt zu werden«, meinte sie, »eine Julia Roberts reicht! Ich hab gehört, diese Stars stehen den ganzen Tag im Studio rum und langweilen sich, bis der Regisseur endlich ›Aufnahme!‹ schreit.«

»Für zwanzig Millionen Dollar würde ich auch zwei Tage rumstehen«, erwiderte er. »Es sei denn, du wartest irgendwo auf mich!«

»So gefällst du mir schon besser«, sagte sie.

Sie erreichten die Ranch und begegneten Danny, der gerade von einem Ausritt zurückkehrte. »He, Danny! Lange nicht gesehen! Was meinst du? Wird das Wetter halten? Sieht eigentlich ganz passabel aus.« Sie deutete zum Himmel ohne nach oben zu blicken. »Ich will Joey zeigen, wie man auf Schneeschuhen läuft!«

Danny hielt den Schecken an und schob seine Mütze aus der Stirn. »Wird auch nötig sein, wenn er weiterhin so oft vom Pferd fällt wie gestern. Irgendwann hat der Gaul keine Lust mehr, ihn zu tragen!« Er grinste frech, sah jedoch, dass mit Jessica nicht mehr zu spaßen war, wenn es um ihren neuen Freund ging. »Okay, okay, er hat sich ganz ordentlich angestellt«, räumte er ein. »Gib ihm ein paar Tage und er kann sich beim Rodeo anmelden.« Er blickte Joey an und unterdrückte ein Grinsen. »Wollen wir morgen wieder?«

Joey wechselte einen schnellen Blick mit dem Mädchen. »Ein kleiner Ausflug wäre nicht übel. Aber zuerst muss ich auf den Hundeschlitten! Jess will unbedingt, dass ich ein Trapper werde!«

»Fahrt nicht zu weit nach Norden!«, warnte der Indianer. Er tätschelte seinem Schecken den Hals und flüsterte ihm etwas zu. »Ich hab Wolfsspuren gesehen. Doug ist irgendwo da oben, aber ich würde kein unnötiges Risiko eingehen!« Er schmunzelte. »Obwohl ... Wolfsfrau sagt, dass die Wölfe gekommen sind um dir zu helfen.« Er blickte Jessica an und seine Miene verriet, dass er selbst nicht an die Worte seiner Urgroßmutter glaubte. »Weiß der Teufel, wie sie darauf kommt! Sie wollen eine alte Rechnung begleichen, hat sie gesagt, und tun sich mit dem weißen Mädchen zusammen! Meine Urgroßmutter ist eine kluge Frau und ich mache jede Wette, dass sie wirklich mit den Geistern reden kann, aber manchmal erzählen die Geister lauter Unsinn!«

Jessica zuckte mit den Schultern. »Solange die Biester mir nicht auf die Pelle rücken, ist alles okay. Doch ich nehme wohl besser einen Revolver mit!« Sie ging mit Joey zum Haus und drehte sich noch einmal zu dem Indianer um. »Sag deiner Urgroßmutter einen schönen Gruß! Sag ihr, ich passe auf! Und wenn sie schon mit den Geistern spricht, soll sie dafür sorgen, dass es heute Abend keinen Sturm gibt! Bis später, großer Häuptling!«

Sie gingen ins Haus und unterhielten sich bei einem heißen Tee mit Bernie. Kathryn war mit einem der Jeeps unterwegs und holte die Post bei der Witwe Baxter. Bernie hatte den Fernseher laufen und sagte nur: »Nichts Neues. Keine Spur von den Bankräubern!« Sie sprachen über die Wölfe und das Wetter und den guten Wein, den Bernie von seiner letzten Reise nach Europa mitgebracht hatte, einen französischen Cabernet Sauvignon, dann räumte Jessica das Geschirr weg und ließ sich einen Revolver von dem Ranchbesitzer geben. »Für alle Fälle. Wegen der Wölfe!«

Jessica steckte die Waffe in ihre Umhängetasche, in der auch eine Taschenlampe, ein Feuerzeug und eine Thermoskanne mit heißem Tee verstaut waren. »Bis später, Bernie! In zwei Stunden sind wir zurück! Wir wollen noch eine Runde mit dem Hundeschlitten drehen, bevor es dunkel wird. Ich hab Mom versprochen mich um die Hunde zu kümmern und Joey wollte sowieso mal auf Tour.« Sie schmunzelte. »Nun ja, ich hab ein bisschen nachgeholfen …«

Sie holten die Schneeschuhe aus dem Schuppen und hingen sie sich über die Schulter. Auf dem geräumten Weg gingen sie am See entlang. Schon nach wenigen Metern verstummte das Gebell der Hunde hinter ihnen und sie waren mit der Wildnis allein. Es war ein seltsames Gefühl, durch die verschneite Landschaft zu wandern und keinen Laut außer dem sanften Rauschen des Windes zu hören. Wenn sie stehen blieben, war die Stille beinahe vollkommen, und wenn sie durch den Schnee stapften, kam ihnen der Klang ihrer Schritte laut und unheimlich vor.

»So 'ne friedliche Stimmung hab ich noch nie erlebt«, flüsterte Joey. Er wagte kaum zu sprechen, trat vorsichtig auf um die andächtige Stimmung nicht zu zerstören. Auf der anderen Seite des Sees schnallten sie die Schneeschuhe an.

Jessica war schnell damit fertig. Joey fiel mehrmals in den Schnee und seufzte erschöpft, als er die Lederriemen endlich geschlossen hatte. »Und mit den Tennisschlägern soll ich vorwärts kommen?«, fragte er ungläubig. Die Schneeschuhe bestanden aus gebogenen Rahmen, die mit einem Netz aus künstlichen Sehnen bespannt waren, um ein Einsinken in den tiefen Schnee zu verhindern. »Damit komm ich keinen Meter weit!« Er ließ sich von Jessica aufhelfen, weil er schon nach dem ersten Schritt wieder hingefallen war, und blieb auf wackeligen Beinen stehen. »Du musst breitbeinig laufen«, wies Jessica ihn an, »so ist es besser! Weiter so!«

Nach einigen Metern war Joey sicherer auf den Beinen. Jetzt hielt er das Gleichgewicht auch ohne mit den Armen zu rudern und er stürzte nur noch, wenn der Weg zu steil oder der Schnee so locker war, dass er mit einem Schneeschuh einsackte. »Früher liefen die Indianer und die Fallensteller den ganzen Winter auf Schneeschuhen rum«, übertrieb Jessica etwas, »die wussten im Frühjahr gar nicht mehr, wie man sich in normalen Stiefeln oder in Mokassins bewegt!« Joey schüttelte ungläubig den Kopf. Er war schon nach wenigen Minuten ins Schwitzen geraten und konnte sich nicht vorstellen, in diesen unbequemen Schuhen auf die Jagd zu gehen. Im Wohnzimmer der Clearwater Ranch hing ein Gemälde, das einen Trapper auf der Jagd zeigte, wie er auf Schneeschuhen im tiefen Schnee stand und auf einen kapitalen Elch anlegte. Allein der Rückstoß des Gewehrs hätte Joey zu Boden geworfen. »Wenn jetzt ein Elch käme, hätte er leichtes Spiel mit mir«, keuchte er, als sie am Ufer eines zugefrorenen Baches entlangstapften.

»Elche fressen keine Menschen«, beruhigte ihn Jessica, »die keilen höchstens mit den Hufen aus, wenn man ihnen in die Quere kommt! Normalerweise gehen sie uns aus dem Weg!«

Jessica lief voraus und ebnete den Weg. Sie befanden sich jenseits des Sees, ungefähr einen Kilometer von der Ranch entfernt. Und doch kam es selbst ihr so vor, als wären sie irgendwo in der Wildnis, eine halbe Ewigkeit von der Zivilisation entfernt. Ein bewaldeter Hügel versperrte ihnen den Blick zum Ranchhaus und vor ihnen ragte ein verschneiter Berggipfel auf. Einige Wolken umgaben ihn, hingen wie Nebelschwaden an den schroffen Felswänden. Das Land wirkte geheimnisvoll wie die Kulisse aus einem Fantasyfilm, und das Krächzen eines einsamen Raubvogels klang unnatürlich laut und ließ Joey erschaudern. Er hatte Angst, obwohl er das niemals zugegeben hätte, und er fror trotz seines teuren Skianoraks und der dicken Wollmütze. Er blickte zu dem Berggipfel empor und konnte sich nicht daran erinnern, jemals etwas so Eindrucksvolles und Erhabenes gesehen zu haben. Nicht einmal im Grand Canyon oder im Yosemite National Park.

Jessica drehte sich alle paar Meter nach Joey um und lächelte ihm aufmunternd zu. »He, das geht doch nicht schlecht! Aus dir wird noch ein Trapper!« Im selben Augenblick stürzte er nach vorn und riss sie zu Boden. Sie hielt sich an ihm fest und sie lagen sich lachend in den Armen und küssten sich den Schnee vom Gesicht. Als sie sich gegenseitig aufhelfen wollten, sahen sie, dass sie von sieben Wölfen umringt waren. Die Tiere standen abwartend im Schnee, ihre gelben Augen funkelten. Ihr Anführer, ein mächtiger Wolf mit einer Narbe über den Augen, knurrte leise, schien seinen Begleitern etwas mitzuteilen. Keiner der Wölfe bewegte sich.

Jessica erholte sich zuerst von dem Schock. »Nicht bewegen!«, raunte sie Joey zu. »Tu so, als wären sie nicht da! Sie dürfen nicht merken, dass du Angst hast!« Natürlich war ihr Freund dazu nicht in der Lage. Seine Hände verkrampften sich in ihrem Anorak und er wimmerte leise, schaffte es erst nach einer ganzen Weile, den Mund zu halten und die Augen zu schließen. Sie kümmerte sich nicht um ihn, behielt den Anführer der Wölfe im Auge und griff sehr langsam und vorsichtig in ihre Umhängetasche. Selbst wenn sie es schaffte, den Revolver zu entsichern, bevor die Wölfe angriffen, hatten sie kaum eine Chance. Gegen sieben hungrige Wölfe wäre sogar Doug machtlos gewesen. Doch er hätte es gar nicht so weit kommen lassen. Es war leichtsinnig von ihr gewesen, mit Joey herumzualbern und den verschneiten Hang aus den Augen zu lassen. Jetzt waren sie beide in Gefahr.

Sie bekam den Kolben des Revolvers zu fassen, doch irgendetwas hinderte sie daran, ihn aus der Tasche zu ziehen. Es waren die Augen des Anführers. Er schien zu wissen, was sie vorhatte, schien sie mit seinem stechenden Blick zu warnen. Sein Blick hypnotisierte Jessica und zwang sie den Revolver loszulassen. Die Augen des Wolfes veränderten sich, nahmen einen beinahe sanften Ausdruck an. »Warum schießt du nicht?«, jammerte Joey leise. »Verdammt, schieß doch endlich!« Jessica beachtete ihn nicht. »Sei still! Sie tun uns nichts!«, sagte sie, als sie sah, wie der Anführer die anderen Mitglieder des Rudels anknurrte und ihnen offensichtlich befahl sich zurückzuziehen. Ungläubig starrte sie den mächtigen Wolf an, der sie anzulächeln schien, bevor er wie ein Geistwolf der Indianer aus ihrem Blickfeld verschwand. »Sie sind weg!«, rief sie. »Die Wölfe sind verschwunden!«

Joey öffnete die Augen und konnte sein Glück nicht fassen. Er schämte sich für seine Angst und wischte sich verstohlen die Tränen vom Gesicht. Immer noch zitternd stand er auf. »Mann!«, stöhnte er nur. »Mann!« Als sie sich beide von dem Schrecken erholt hatten und auf dem Rückweg waren, fragte er: »Warum haben sie nicht angegriffen? Sie hatten uns doch in der Zange!«

»Wölfe sind manchmal unberechenbar!«, erwiderte Jessica. Doch in Gedanken sah sie immer noch den Ausdruck in den gelben Wolfsaugen und sie fragte sich: Hatte Wolfsfrau doch Recht? Waren die Wölfe ein Bündnis mit ihr eingegangen? Aber warum?

Sie wartete auf Joey und reichte ihm die Hand. »Ist ja gut gegangen! Jetzt hast du wenigstens was zu erzählen in deiner Firma!«

»Das glaubt mir niemand!«, seufzte er.

20

Während des Mittagessens redete Joey von nichts anderem als den Wölfen. Es gab Gemüsesuppe und Sandwiches mit Roastbeef und Käse. »Jess brauchte gar nichts zu tun! Die Wölfe sahen sie an und verschwanden! Als ob sie eine gute Freundin wäre!« Er löffelte seine Suppe und schüttelte ungläubig den Kopf. »Ich kam mir wie in einem Film vor! Habt ihr mal diesen Western mit Charlton Heston gesehen? Keine Ahnung, wie er heißt, läuft öfter mal im Fernsehen. Da kommen auch Wölfe, und Heston macht sich beinahe in die Hosen, als er sie sieht! Er erschießt einen der Wölfe und schwingt sich auf seinen Hundeschlitten, bevor sie ihm was tun können! Einfach unfassbar!« Er blickte Jessica an. »Jess blieb vollkommen cool! Wie Lara Croft in diesem Computerspiel! Sie hätte es auch mit Monstern aufgenommen!«

»Ihr hattet großes Glück«, meinte Kathryn Hansen, die natürlich spürte, dass Joey sich nur seine Angst von der Seele reden wollte. »Wenn die Wölfe wirklich Hunger gehabt hätten, wären sie wohl nicht so schnell abgezogen.« Sie sammelte die Suppentassen ein und brachte sie in die Küche. Mit den Sandwiches kehrte sie zurück. Sie wandte sich an Jessica und meinte: »Den Ausflug mit dem Hundeschlitten würde ich verschieben, Jess! Doug hat wohl Schwierigkeiten, die Wölfe auf Distanz zu halten. Möchte wissen, was die Biester so weit ins Tal treibt. So kalt ist es nun auch wieder nicht. Wenn es aufhört zu schneien, finden sie leicht eine Beute.«

Jessica schwieg. Sie konnte der Ranchbesitzerin schlecht erklären, was Wolfsfrau gesagt hatte. Dass die Wölfe gekommen waren um sie zu warnen. Kathryn war eine nüchterne Frau und glaubte nicht an die übernatürlichen Fähigkeiten der greisen Indianerin. Bei der Vorstellung, dass die Wölfe ein Geheimnis hüteten und nur gekommen waren, um Jessica bei etwas zu helfen, von dem sie selbst keine Ahnung hatte, hätte sie sicher laut gelacht. »Wie ich Doug kenne, kommt er morgen oder übermorgen aus den Bergen zurück«, sagte sie schließlich zu Kathryn und Joey, »dann können wir immer noch auf Tour gehen. Ich muss mich auch erst mal von dem Schrecken erholen, bevor ich wieder rausgehe! So cool war ich nämlich gar nicht. Ich hatte ganz schöne Angst!«

Nach dem Essen gingen Jessica und Joey auf dem zugefrorenen See spazieren. So nahe beim Ranchhaus brauchten sie keine Angst zu haben, den Wölfen noch einmal zu begegnen. Der kalte Wind weckte ihre Lebensgeister und half ihnen die dramatische Begegnung im Schnee zu vergessen, obwohl es Jessica sehr schwer fiel, die gelben Augen des Leitwolfs aus ihren Gedanken zu verdrängen. Für einen flüchtigen Moment hatten diese Augen einen beinahe vertrauenswürdigen Eindruck gemacht. Als hätte der Wolf sie erkannt und ihr sagen wollen, dass sie keine Angst zu haben brauche. Bisher hatte sie sich vor Wölfen gefürchtet. Sie waren so geheimnisvoll und gefährlich. Wenn sie ihr Opfer eingekreist hatten und mit gefletschten Zähnen näher kamen, gab es kein Entkommen. Sie schienen kein Mitleid mit den Tieren zu kennen, die sie rissen. Doch der mächtige Anführer des Wolfsrudels war anders.

Sie griff nach Joeys Hand und erwiderte sein Lächeln. Sie fühlte sich wohl bei ihm und nahm es ihm nicht übel, dass er beim Anblick des Wolfsrudels die Nerven verloren hätte. Das wäre wohl jedem Großstädter so gegangen, sogar den Machos, die am Strand in Santa Monica oder Malibu vor den Mädchen angaben. Wenn sie es recht überlegte, traute sie sogar Howie Epstein zu, in einer solchen Situation durchzudrehen. Auf ihre eigene Reaktion bildete sie sich nichts ein. Es lag wohl in ihrem Naturell, in einem solchen Augenblick nicht in Panik zu geraten und genau zu wissen, was sie tat. Oder hatte der Wolf sie doch verzaubert?

Joey blieb plötzlich stehen und seine Augen wirkten traurig, als er über den vereisten See blickte. »Es ist wunderschön hier, Jess«, sagte er. »Als ich aus dem Flugzeug stieg und mit euch zur Ranch fuhr, hätte ich nicht gedacht, dass ich mal so etwas sagen würde. Ich war nie ein Naturfreak, hab mich in der Stadt immer wohl gefühlt. In meinem Job muss man unter Leuten sein!« Er seufzte kaum wahrnehmbar und blickte sie liebevoll an. »Aber jetzt könnte ich mir gut vorstellen hier zu leben. In deiner Nähe! Leider kann ich aus L. A. nicht weg und hier oben gibt's keine Werbeagentur.« Er grinste leicht. »Hier draußen braucht man kein Red Velvet oder so was!«

Sie erwiderte seinen sanften Blick und spürte, wie sehr sie ihn mochte. »Ich bin keine flüchtige Urlaubsbekanntschaft für dich?«

»Natürlich nicht. Und umgekehrt?«

»Ich liebe dich, Joey! Ich liebe dich sehr!«

Sie küssten sich am Seeufer und es war ihnen in diesem Augenblick egal, dass man sie vom Ranchhaus sehen konnte. Nach ihrer Rückkehr würden sie wahrscheinlich bei dem bloßen Gedanken daran erröten. Sie küssten sich so sanft und voller Liebe, wie Jessica es noch nie erlebt hatte, und als sie sich voneinander lösten, fühlte sie einen leichten Schwindel, eine Beschwingtheit wie beim Geburtstag ihrer Mutter, als sie zu viel Champagner getrunken hatte, nur viel schöner. »Wir haben wohl ein Problem«, sagte er.

»Die Entfernung?« Sie schüttelte den Kopf. »Ich gehe sowieso auf die Hotelfachschule in Vancouver, und von Vancouver nach L. A. gibt's Billigflüge, da können wir uns jedes Wochenende sehen.«

»Und unter der Woche?«

»Wer weiß«, meinte sie lächelnd, »vielleicht mach ich ein Drei-Sterne-Restaurant in Kalifornien auf. In Santa Barbara oder Monterey, dann hab ich nur ein paar Kilometer nach Los Angeles.«

»Meilen«, verbesserte er grinsend.

Sie gingen langsam weiter und spürten, dass der Wind aufgefrischt hatte. Am Himmel ballten sich dunkle Wolken. Jessica blickte zu den Berggipfeln und meinte besorgt: »Wir kehren besser um. Sieht so aus, als würden wir doch noch einen Sturm bekommen! Siehst du die Wolken über den Bergen? Die bedeuten nichts Gutes. In einer halben Stunde haben wir einen ausgewachsenen Blizzard!« Sie griff nach seiner Hand und beschleunigte ihre Schritte. Die ersten Schneeflocken fielen, wirbelten durch die eisige Luft und wurden immer dicker.

Als sie nur noch wenige Meter vom Ranchhaus entfernt waren, war das Schneetreiben so dicht, dass sie kaum noch das Ufer sahen. Jessica senkte den Kopf gegen den eiskalten Wind und blickte erschrocken zum Himmel, als dicht über ihnen das laute Brummen eines Flugzeugmotors zu hören war. Die Maschine flog viel zu tief, befand sich nur knapp fünfzig Meter über dem Boden und wurde von einer heftigen Windböe erneut in die Luft gehoben. »Die Bankräuber!«, flüsterte sie entsetzt, als sie merkte, dass der Pilot gar nicht daran dachte, auf dem vereisten See zu landen. Doch in dem aufkommenden Sturm war das Flugzeug nur ein dunkler Schatten und sie konnte nicht erkennen, ob es sich um eine Beaver mit blauen Streifen unter den Tragflächen handelte.

Sie starrte der Maschine nach, beobachtete mit zunehmender Nervosität, wie sie erneut an Höhe gewann und mit schwankenden Tragflächen über die Bäume am anderen Ufer flog. Wie ein geheimnisvoller Vogel auf der Flucht vor Feinden verschwand sie im Schneetreiben. Jessica glaubte zu sehen, wie der dunkle Schatten über den Gletschern im Südwesten auftauchte, traute kaum ihren Ohren, als der Motor der Maschine noch einmal zu hören war und wenige Augenblicke später verstummte. Über den Gletschern schien für den Bruchteil eines Augenblicks ein Flammenblitz aufzuleuchten, dann sah sie nur noch die wirbelnden Schneeflocken und die drohenden Schatten der Berge. Sie schüttelte ungläubig den Kopf. »Hast du das gesehen? Die Maschine ist abgestürzt!«

»Woher willst du das wissen?«, fragte Joey erstaunt.

»Hast du nicht das Feuer gesehen? Da drüben, über den Gletschern!« Sie zeigte nach Südwesten. »Der Motor war plötzlich stumm und dann gab's eine Explosion! Hast du nichts gesehen?«

»Ich sehe nur Schnee! Das bildest du dir ein!«

Aber sie blieb dabei, und als sie wenige Minuten später das Ranchhaus erreichten, griff Jessica zum Telefon und rief ihre Mutter an. Sie berichtete von ihrer Beobachtung und fügte hinzu: »Vielleicht hab ich mich geirrt. Joey war bei mir und hat nichts gehört und gesehen. Ob es die Bankräuber waren, kann ich auch nicht sagen. Aber vielleicht sucht ihr mal bei den Gletschern ...«

»Wir suchen überall, Jess! Leider müssen wir die Maschinen bei diesem Wetter alle runterholen! Zu gefährlich! Wird wohl einige Zeit dauern, bis der Sturm vorbei ist. Aber ich mache natürlich sofort Meldung!«

Jessica verabschiedete sich und zog ihre Wintersachen aus. Sie kochte heißen Tee und stellte einen Teller mit Keksen auf den Tisch. »Ah, der tut gut«, sagte sie, als sie den ersten Schluck genommen hatte und ihre Hände um den Becher legte. Sie trat an das große Wohnzimmerfenster und blickte in den Sturm hinaus. Kein Unwetter wie vor einigen Tagen, als Danny und seine Urgroßmutter bei ihr aufgetaucht waren, aber heftig genug, um die RCMP bei ihrer Suche nach den Verbrechern zu behindern. Selbst wenn die Maschinen hochkamen, würde man in diesem Schneetreiben kaum zwei Männer auf der Flucht oder eine Spur im Schnee erkennen.

»Sie haben sich Ihren Urlaub sicher anders vorgestellt«, sagte Kathryn Hansen zu Joey. Auch sie hielt ihren Teebecher in beiden Händen. »Wie wär's, wenn ich Ihnen auch einen Gutschein gebe?«

»Für die Ranch?«, fragte er hoffnungsvoll.

»Eine Woche mit allem Drum und Dran! Über Ostern haben Sie doch sicher Zeit! Dann liegt kein Schnee und wir könnten einen Drei-Tage-Ritt in die Berge unternehmen! Wie echte Cowboys oder Fallensteller! Jess kommt auch mit! Was halten Sie davon?«

»Das nehme ich gerne an«, meinte Joey begeistert. Er wechselte einen raschen Blick mit Jessica. »Wie ich Danny kenne, setzt er mich nächste Woche sowieso auf ein Wildpferd! Sie werden sehen, bei dem Ausflug reite ich euch allen davon!« Er lachte mit den anderen und hüstelte verlegen, als das Gelächter leiser wurde. »Ich wollte mich noch entschuldigen, Kathryn, für neulich ...«

»Nicht der Rede wert«, unterbrach Kathryn ihn mit einer Handbewegung, »das hab ich längst vergessen. Okay?«

»Okay«, antwortete Joey.

Jessica räumte das Geschirr in die Spülmaschine und erledigte die Hausarbeit, während Joey in seine Blockhütte ging und eine heiße Dusche nahm. Bernie Hansen fuhr die Snowmobile, die er im Hof repariert hatte, in den Schuppen, und Danny brachte die Pferde in den Stall und fütterte sie mit frischem Heu. Kathryn Hansen zog sich für zwei Stunden ins Büro zurück und erledigte die Buchhaltung, bis es dunkel wurde und sie sich um das Abendessen kümmern musste. Obwohl außer Joey keine Gäste auf der Ranch waren, hatte sie Elchsteaks aufgetaut. »Du bleibst doch zum Essen?«, fragte sie Jessica. »Heute kannst du sowieso nicht mit den Hunden raus!« Jessica sagte dankbar zu und versprach einen Nachtisch aus Blätterteig und Beeren zu machen.

Sie war gerade dabei, das Gebäck in den Backofen zu schieben, als sie die Umrisse eines Pferdes vor dem Küchenfenster sah. Sie blickte genauer hin und erkannte Doug Winslow. Der Cowboy ritt zum Stall hinauf und kehrte mit dem Gewehr in der Hand zurück. Jessica öffnete die Tür und ließ ihn herein. »Hallo, Doug«, begrüßte sie ihn. »Gerade rechtzeitig zum Abendessen!«

Doug ließ sich in einen der schweren Ledersessel fallen und stopfte sich eine Pfeife. Niemand hatte etwas dagegen, dass er im Wohnzimmer rauchte. »Ich habe die Bankräuber gefunden«, sagte er so trocken, dass einige Zeit verging, bis die anderen ihn verstanden. »Ihre Beaver ist abgestürzt, oben bei den Gletschern. Ein Mann war schwer verletzt, der mit dem Zopf. Ich hab versucht erste Hilfe zu leisten, hab ihn in den Wald gezogen und Fichtenzweige auf ihn gepackt, aber es hatte keinen Zweck. Er muss innere Verletzungen gehabt haben. Der andere Bankräuber ist geflohen. Ich war zu lange bei dem Verletzten um ihn zu erwischen. Der Mann hatte zwei Stunden Vorsprung, wenn's reicht. Den Toten hab ich, so gut es ging, mit Steinen zugedeckt, wegen der Wölfe!«

Jessica blickte den Cowboy mit großen Augen an.

»Das musst du meiner Mutter erzählen! Sofort!« Sie holte das Telefon, wählte die Nummer der Polizeistation und fragte nach ihr. »Es ist furchtbar dringend, Constable! Ich hab Doug Winslow hier! Er hat sie gefunden, die Bankräuber! Sag ich doch, die Bankräuber! Meine Mutter, bitte!«

Emily Barnett kam an den Apparat und Doug wiederholte seinen Bericht. Er sprach so nüchtern und einsilbig, wie man es von ihm gewöhnt war, und ließ nicht erkennen, wie nahe er dem Tod gewesen sein musste. Beinahe widerwillig beantwortete er die Fragen der Polizei. »Ungefähr vor zwei Stunden, Emily. Oben bei den Gletschern, wo ich vor zwei Jahren den großen Grizzly erwischt hab. Die Maschine ist in den Wald gerutscht und an einem Baum zerschellt. Viel war von der Beaver nicht übrig! Der Tank ist explodiert. Ich war ungefähr 'nen Kilometer weg, als es passierte, und als ich endlich hinkam, war der eine Mann verschwunden und der mit dem Zopf lag im Schnee und war kurz davor, das Bewusstsein zu verlieren.« Er machte eine Pause und sagte dann: »Aber seinen Revolver konnte er noch auf mich richten! Erst wollte er mich umlegen, aber dann warf er den Revolver weg und bat mich heulend ihm zu helfen! Seine beiden Beine waren gebrochen und er hatte innere Verletzungen, nehme ich an. Er blutete stark. Ich hab versucht ihn zu retten, leider war da nichts zu machen. Ein unangenehmer Zeitgenosse dieser ...«

»Larry Hatcher«, ergänzte Emily, »der mit dem Zopf ist ... war Larry Hatcher. Er hat den Wärter erstochen und Jess ... Jess hat er ... na, du weißt schon. Der andere Mann ist Dean Stockwell!«

»Ja, Dean Stockwell«, wiederholte Doug, »auf den hat er die ganze Zeit geschimpft. Er hat ihn liegen gelassen und ist mit dem Geld abgehauen, der ganzen Beute. Er nannte ihn einen Scheißkerl. Dean Stockwell kennt sich in der Wildnis aus, hat er behauptet, und die Polizei würde ihn niemals finden. Der ist eine Nummer zu groß für euch, sagte er. Ein harter Bursche!«

»Wir werden sehen«, erwiderte Emily. »Sobald es aufklart, setzen wir Flugzeuge und Hubschrauber ein, die suchen das Gebiet systematisch ab. Weit kommt er in diesem Sturm nicht, da oben schon gar nicht. So hart kann er gar nicht sein, dass er … einen Augenblick, Doug!« Sie wandte sich an den Corporal, der mitgehört hatte, und sprach längere Zeit mit ihm. »Entschuldige, Doug!«, meldete sie sich dann zurück. »Wir haben einige Leute aus Vancouver und Kamloops hier. Wo liegt die Absturzstelle genau?«

Der Cowboy beschrieb die Stelle und Emily verstand ihn sofort. »Ich weiß, wo das ist«, sagte sie zu ihren Vorgesetzten, »ich zeichne es Ihnen gleich auf der Karte ein.« Einen Augenblick war aufgeregtes Stimmengewirr zu hören. »Doug, bist du noch dran? Gut. Bleib, wo du bist. Ich bin in einer knappen Stunde bei dir! Sie wollen, dass wir noch heute Abend nach Dean Stockwell suchen! Ich weiß, sie können dich nicht zwingen, aber ich hab ihnen gesagt, dass du mitmachst! Du lässt mich doch nicht im Stich, oder?« Sie wartete seine Antwort erst gar nicht ab und fügte hinzu: »Wir nehmen den Hundeschlitten, damit kommen wir bei diesem Wetter am besten vorwärts! Sag Jess, sie soll die Hunde einspannen und den

Schlitten zur Ranch fahren! Sie soll die Stirnlampen nicht vergessen!«

»Okay«, sagte der Cowboy. Er paffte nachdenklich an seiner Pfeife. »Hast du den hohen Herren auch gesagt, dass es ziemlich aussichtslos ist, in diesem Sturm und dann auch noch mitten in der Nacht nach einem einzelnen Mann zu suchen? Der kann sich sonst wo versteckt haben, Emily! In einer Höhle, in einer Hütte ...«

»Das weiß ich auch«, meinte sie nüchtern. »Sie wollen trotzdem, dass wir gehen. Ich hab damit angegeben, dass du jeden einzelnen Baum in den Chilcotins kennst, und jetzt glauben sie natürlich, dass wir den Kerl auch im Dunkeln finden. Schaden kann es nicht, Doug, und morgen früh schicken sie die Flugzeuge und die Hubschrauber los! Diesmal kriegen wir den Burschen!«

»Wird 'ne ungemütliche Nacht, Emily! Hab ich dir schon gesagt, dass die Wölfe in diesem Winter die reinste Plage sind? Ich hab einen von ihnen erschossen und sie sind immer noch im Tal!«

»Ich hab keine Angst vor Wölfen, Doug!«

»Okay, ich warte auf dich, Emily! Lass dir etwas Zeit, ich muss noch ein großes Elchsteak verdrücken, bevor es wieder losgeht!«

»Bis gleich, Doug!«

Jessica ahnte, was ihre Mutter gesagt hatte, und hatte ihren Anorak und die Handschuhe bereits angezogen. »Ihr braucht den Hundeschlitten, was? Ich bin gleich wieder da!«

21

Jessica stand vor dem Ranchhaus und blickte dem Hundeschlitten nach, der langsam im dichten Schneetreiben verschwand. Ihre Mutter stand auf den Kufen, die Knie gebeugt, und trieb ihren Leithund mit einem fordernden »Go, Rusty! Go! Go!« durch das heftige Schneetreiben. Doug saß auf dem Schlitten, das schussbereite Gewehr in beiden Händen. Die tanzenden Lichter ihrer Stirnlampen verblassten in der Dunkelheit. Sie verschwanden im Sturm, als hätte es sie niemals gegeben, und nicht einmal das Knarren der Schlittenkufen war noch zu hören.

Mit gemischten Gefühlen kehrte Jessica ins Haus zurück. Sie war froh, dass Doug bei ihrer Mutter war. Zu zweit hatten sie eine größere Chance, ihren Auftrag zu erfüllen, und wenn es tatsächlich zu einer Begegnung mit dem Bankräuber kam, konnte einer den anderen decken. Dennoch ängstigte es sie, ihre Mutter in dem heftigen Sturm zu wissen, mitten in der Nacht und in der ständigen Gefahr, den Bankräuber in seinem Versteck zu überraschen.

Sie legte ihren Anorak über einen Stuhl und holte sich ein Glas Milch aus dem Kühlschrank. »Wir hätten sie nicht gehen lassen sollen«, meinte sie betrübt, »es ist zu gefährlich!«

»Deine Mutter ist eine erfahrene Polizistin«, beruhigte Kathryn das Mädchen, »die tut nichts Unüberlegtes! Und Doug verbringt sowieso die meiste Zeit im Busch. Von so einem harmlosen Sturm lassen sich die beiden nicht unterkriegen! Die kennen sich da draußen aus!« Bernie war derselben Meinung. »Sobald der Sturm nachlässt, schickt die Polizei ihre Hubschrauber los! Morgen früh wimmelt es da oben von Flugzeugen!« Kathryn begann den Tisch zu decken. »Willst du heute Nacht hier schlafen?«

Jessica schüttelte den Kopf. »Vielen Dank, aber ich muss endlich mal wieder aufräumen, sonst sieht es bei uns bald wie in einer alten Trapperhütte aus. Beim Putzen vergeht die Zeit am schnellsten.« Sie dachte an Joey. »Aber ich komme morgen zum Frühstück, wenn das okay ist? Danach könnte ich Danny helfen Joey das Reiten beizubringen. Wer weiß, vielleicht klappt es dann schon nächste Woche mit einem Zwei-Tage-Ausflug. Bis dahin werden sie den Bankräuber ja wohl gefasst haben, oder?«

»Bestimmt«, glaubte Kathryn, »aber vergiss nicht, dass wir am Montag früh nach Williams Lake zum Einkaufen fahren wollten.«

»Steht schon auf meinem Kalender«, meinte Jessica.

Beim Abendessen saß Jessica neben Joey und jeder sah, wie gut die beiden sich inzwischen verstanden. Bernie und Kathryn schmunzelten still in sich hinein und Danny grinste breit, als er das zufriedene Lächeln des Mädchens bemerkte. Ein warnender Blick der Ranchbesitzerin hinderte ihn daran, eine spöttische Bemerkung zu machen. Beim Kaffee fragte er Jessica: »Fährst du bei meiner Urgroßmutter vorbei und bringst ihr den Tabak?« Er zog das Päckchen hervor, das er am Nachmittag bei der Witwe Baxter gekauft hatte. »Ich muss noch mal zu den Pferden. Die alte Stute hat was mit dem Magen. Doc Ryan will vorbeikommen.«

Jessica versprach es und steckte das Päckchen ein. Nachdem sie Kathryn geholfen hatte, das Geschirr abzuräumen und in die Spülmaschine zu stellen, zog sie sich an und verabschiedete sich. Sie verscheuchte Chilco und Rocky von der Haustür und stieg rasch in den Jeep. Mit aufgeblendeten Scheinwerfern fuhr sie über die Schotterstraße zum Highway hinauf. Der Scheibenwischer kämpfte gegen das Schneetreiben an. Es war dunkler als sonst um diese Zeit und auf der Hauptstraße kam ihr kein Fahrzeug entgegen. Die Vorstellung, wie ihre Mutter mit Doug durch diese Einsamkeit fuhr, bedrückte sie und verdrängte den Gedanken an Joey, der sehr traurig ausgesehen hatte, als sie das Ranchhaus verlassen hatte.

Sie bog auf die schmale Schotterstraße ab, die zum Blockhaus des Indianers und seiner Urgroßmutter führte, und parkte auf dem freien Platz.

In der Hütte brannte schwaches Licht. Sie klopfte und öffnete die Tür, als keine Schritte zu hören waren. Wolfsfrau saß vor dem Ofen in ihrem alten Schaukelstuhl, eine glimmende Zigarre zwischen den Lippen, und nickte zufrieden, als sie das Mädchen erkannte. »Ich wusste, dass du kommen würdest«, sagte sie mit heiserer Stimme. Sie hatte sich in eine bunte Decke gehüllt und einen Schal um den Hals gebunden. Ihre weißen Haare waren zu Zöpfen geflochten. Das Licht der trüben Lampe, die von der Decke hing, brannte in Jessicas Augen. »Hast du den Tabak dabei?«

Jessica zog ihre Handschuhe aus und reichte ihr das Päckchen. Wolfsfrau nickte erneut und deutete auf die Blechkanne neben dem Ofen. »In der Kanne ist heißer Kräutertee. Hol dir einen Becher aus der

Küche!« Jessica nahm dankend an und setzte sich mit dem dampfenden Becher auf die Couch. Der geblümte Polsterbezug war an mehreren Stellen eingerissen. »Du bist den Wölfen begegnet«, sagte die greise Indianerin unvermittelt. Es klang mehr wie eine Feststellung als eine Frage. »Ich habe in meinem Traum gesehen, dass sie dir nichts getan haben. Wölfe sind gute Tiere. Ich wollte, die Weißen wüssten das.« Sie deutete paffend zum Fenster. »Seit wann sind Doug und deine Mutter da draußen?«

»Woher weißt du, dass sie unterwegs sind?«, fragte Jessica überrascht. Wolfsfrau antwortete mit einem Lächeln. »Sie sind vor ungefähr einer Stunde gefahren«, fuhr Jessica fort. »Sie suchen den Bankräuber, der überlebt hat.« Sie berichtete vom Absturz der Beaver und dem überhasteten Aufbruch ihrer Mutter und des Cowboys. »Die RCMP will, dass sie heute Nacht nach ihm suchen während des Sturms, sie haben wohl Angst, dass er ihnen entwischen könnte. Die Flugzeuge und die Hubschrauber können bei diesem Wetter nicht hoch. Zu stürmisch.«

Wolfsfrau zog an ihrer Zigarre und blickte dem aufsteigenden Rauch nach. Ihre Miene wurde nachdenklich. »Heute Nacht werden sie niemand finden«, meinte sie nach einer Pause, »und niemand weiß, welchen Spuren sie morgen früh folgen werden. Wenn du nichts von ihnen hörst, wirst du sie suchen müssen! Morgen schon, kleine Schwester! Ich habe gesehen, wie dir die Wölfe helfen den bösen Mann zu überwinden, und ich weiß, welche Wahrheit in meinen Träumen liegt. Lache nicht über mich!«

»Ich lache nicht, Großmutter«, erwiderte Jessica und

verwendete die Anrede, die bei den Indianern als ein Zeichen großen Respekts galt. »Aber ich mache mir Sorgen um meine Mutter und Doug.«

»Ich weiß«, sagte Wolfsfrau. Mit ernster Miene fuhr sie fort: »Ich habe gehört, dass Doug Winslow einen Wolf erschossen hat. Er tötet fast jeden Winter einen Wolf. Oder einen Grizzly. Die Tiere mögen ihn nicht, aber sie respektieren ihn als ebenbürtigen Gegner. Wenn sie ihn sehen, greifen sie an! Doch er hat sein Gewehr dabei, ist es nicht so? Und bevor die Wölfe den Bankräuber nicht gefunden haben, brauchen er und deine Mutter sich keine Sorgen zu machen. Der weiße Mann, der aus dem Gefängnis ausgebrochen ist, soll sterben! Er darf nicht weiterleben! Die Wölfe wissen, was er einem von ihnen angetan hat, und dafür soll er mit dem Leben büßen!«

Jessica trank ihren Kräutertee und blickte in den leeren Becher. »Willst du sagen, dass sie ihn kennen?«, fragte sie ungläubig. »Dass sie wissen, was er getan hat? Es sind Wölfe, Großmutter! Woher sollen sie wissen, dass er einen ihrer Artgenossen mit Benzin übergossen hat? Ich dachte, nur Elefanten hätten ein solches Gedächtnis.«

»Wölfe sind geheimnisvolle Tiere«, antwortete die greise Indianerin, »und auch die klugen weißen Männer, die an der Universität studiert haben, konnten nicht herausfinden, was sie denken. Sie wissen, wie sie sich bei der Jagd verhalten und wie sie ihre Jungen aufziehen, und sie reden klug daher und sprechen von weiblichen und männlichen Alpha-Wölfen.« Sie verzog spöttisch den Mund. »Aber in die wahren Gedanken eines Wolfes werden sie niemals eindringen.

Nur wir Indianer wissen, dass diese Tiere von der Kraft des Großen Geistes durchdrungen sind und mehr wissen, als wir Zweibeiner jemals ahnen können.« Sie zog nachdenklich an ihrer Zigarre. »Du glaubst mir nicht, kleine Schwester, das weiß ich. Kein Weißer glaubt mir! Du respektierst mich, weil ich eine alte Frau bin, doch es fällt dir schwer, zu glauben, was ich in meinen Träumen sehe. Aber hast du nicht erlebt, wie die Wölfe dein Leben verschont haben? Wie sie sich von dir und dem Jungen abgewandt haben?«

Jessica dachte lange nach. »Ich habe es gesehen, Großmutter, und ich weiß, dass es Dinge zwischen Himmel und Erde gibt, die wir nicht verstehen. Du lebst wie deine Vorfahren, Wolfsfrau, du siehst Dinge, die wir Weißen nicht erkennen. Das weiß ich.«

»Du bist ein gutes Mädchen, kleine Schwester! Ich werde für dich beten und ein heiliges Lied singen, sobald du gegangen bist.« Sie beugte sich nach vorn und warf ihre Zigarre in den Ofen. Bedeutsam fügte sie hinzu: »Folge den Wölfen, wenn du sie rufen hörst! Du wirst sehen, wie den Bankräuber sein Schicksal ereilt, und du wirst auch deine Mutter finden! Daran glaube ich.«

Auf der kurzen Fahrt über den nächtlichen Highway dachte Jessica über die Worte der Indianerin nach. Wenn ein Städter wie Joey wüsste, was sie gesagt hatte, würde er den Kopf schütteln und vielleicht sogar darüber lachen. Wer so lange im kanadischen Busch lebte wie Jessica, war vorsichtiger. Auch wenn die Indianer in festen Häusern lebten und einen Fernseher und einen Kühlschrank besaßen, gab es immer noch Dinge, die sie von den Weißen unterschieden.

Nicht nur die Hautfarbe. Sie dachten anders. Sie hingen am Geisterglauben ihrer Vorfahren und sahen ihre Träume als zweite Wahrheit an. Es gab Schamanen unter ihnen, heilige Männer und Frauen, die als Hellseher und Geisterheiler geschätzt wurden. Wolfsfrau gehörte dazu.

Jessica bog zu ihrem Blockhaus ab und parkte vor der Tür. Sie senkte den Kopf gegen das Schneetreiben und ging zum Haus. Selbst im Rauschen des böigen Windes vermisste sie das laute Bellen der Huskys. Im Wohnzimmer zog sie ihren Anorak aus. Sie legte ihn zusammen mit der Mütze und den Handschuhen auf einen Sessel und rieb fröstelnd die Hände gegeneinander. Sie vermisste Rusty, sein hungriges Knurren und sein weiches Fell, wenn er um ihre Beine strich. In der Küche setzte sie Tee auf, so wie jeden Abend, wenn sie nach Hause kam, und obwohl es schon spät war, schaltete sie den Fernseher ein. Die Voyager flog immer noch durch den Weltraum, auf MTV kam ein altes Video mit Madonna, und in der Wiederholung der Lokalnachrichten war die blonde Reporterin zu sehen, wie sie vor einer Straßensperre der RCMP stand und verkündete, dass die Bankräuber in den Chilcotins abgestürzt waren und Larry Hatcher tödlich verunglückt war. Jessica fragte sich, woher sie diese Informationen hatte. Die Reporterin schien noch gewitzter und hartnäckiger zu sein, als sie angenommen hatte. »Leider können wir Ihnen keine Bilder von der Absturzstelle zeigen«, sagte sie gerade, »aber wir konnten in Erfahrung bringen, dass sich Dean Stockwell, der andere Verbrecher, noch immer auf freiem Fuß befindet und die Beute aus dem Bankraub bei sich trägt. Die Polizei sucht mit einem großen Aufgebot an Flugzeugen und Hubschraubern nach ihm.« Auf ihren Bericht folgte Werbung und Jessica schaltete ab.

Nachdem sie den Teebecher in die Küche gebracht und dort etwas aufgeräumt hatte, ging sie ins Bett. Erstaunlicherweise schlief sie sofort ein. Sie träumte von einem Wolf, der allein durch die Wildnis streunte und mit den Bäumen und Steinen sprach. Sie verstand seine Worte nicht. Um kurz nach vier Uhr schreckte sie aus dem Schlaf. Sie stand auf und trat ans Fenster, stellte erleichtert fest, dass der Sturm nachgelassen hatte und sogar einige Sterne zu sehen waren. Aber es schneite immer noch heftig. Sie presste ihr Gesicht gegen die kalte Scheibe und versuchte die Dunkelheit mit ihren Augen zu durchdringen. Irgendwo da draußen waren ihre Mutter und Doug Winslow. Mom war eine erfahrene Polizistin und Doug der beste Spurensucher und Jäger, den sie kannte, und doch machte sie sich große Sorgen.

In der Ferne heulte ein Wolf. Ein anderer antwortete ihm und dann schien die Nacht vom Geheul eines ganzen Rudels widerzuhallen. Jessica erschrak. Sie kniff die Augen gegen die Dunkelheit zusammen, aber außer einigen Schatten war nichts zu erkennen. Das Geheul verstummte, klang nur noch in ihren Ohren nach, als sie rückwärts zum Bett ging und sich langsam setzte. Der Radiowecker zeigte ihr, dass es vier Uhr siebzehn war. »Folge den Wölfen, wenn du sie rufen hörst!«, erinnerte sie sich an die Worte der greisen Indianerin. Ohne weiter nachzudenken zog sie sich an. Sie putzte sich die Zähne und band ihre Haare mit einem Gummi zusammen, dann ging sie nach unten und kochte Tee. Erst als sie sich an dem heißen Becher den Mund verbrannte, dachte sie über ihr Vorhaben nach. »Ich bin verrückt«, flüsterte sie. »Ich stapfe mitten in der Nacht durch die Wildnis, und das alles nur, weil eine alte Indianerin einen seltsamen Traum gehabt hat.« Doch sie zögerte nicht, schlüpfte in ihre Winterkleidung und füllte einen kleinen Rucksack mit einer Thermosflasche heißen Tee, einer Schachtel Kekse, einem Feuerzeug und etwas Verbandszeug. Sie überprüfte ihr Handy und steckte es in die Brusttasche ihres Anoraks. Auch die Taschenlampe wollte sie griffbereit haben. Den geladenen Revolver schob sie hinter ihren Gürtel. Sie stülpte sich das elastische Band mit der Stirnlampe über den Kopf, schrieb einen Zettel für ihre Mutter, falls sie früher nach Hause kam, und nahm die Schneeschuhe von der Wand. Sie würde zu Fuß gehen. Das Snowmobil wäre zu laut für ihren gefährlichen Ausflug.

Für den Weg zur Hauptstraße brauchte sie keine Schneeschuhe. Am Nachmittag war der Schneeräumer vorbeigekommen und sie kam gut voran. Die Wölfe hatten im Westen geheult, in den Ausläufern der Gletscher, die sich jenseits einiger Kahlschläge im Tweedsmuir Provincial Park erhoben. Nördlich vom Clearwater Lake stapfte Jessica über eine Forststraße in den Wald hinein. Die Fichten hielten die Flocken mit ihren dichten Kronen ab und der Schnee reichte ihr nur bis zu den Knöcheln. Der Lichtkegel ihrer Stirnlampe tanzte über den weißen Boden, warf geheimnisvolle Muster auf die dicht stehenden Bäume. Es waren keine Spuren zu sehen. Der Wind rauschte in den Wipfeln und gelegentlich klatschte nasser

Schnee von den Zweigen. Jessica hatte ihre Kapuze über die Wollmütze gezogen. Der verharschte Schnee knirschte laut unter ihren festen Stiefeln.

»Ich bin verrückt! Ich bin verrückt!«, flüsterte sie alle paar Meter und doch hätte nichts in der Welt sie aufhalten können. Auch wenn sie die greise Indianerin nicht besucht hätte, wäre sie ihrer Mutter und Doug Winslow gefolgt. Eine innere Stimme sagte ihr, dass sich die beiden in höchster Gefahr befanden und ihnen selbst die RCMP mit all ihren Flugzeugen und Hubschraubern nicht helfen konnte. Sie musste es selbst versuchen, auch wenn sich später herausstellen sollte, dass sie sich irrte, und man sie dafür tadeln würde. Warum tue ich das, schoss es ihr durch den Kopf. Ich bin meiner Mutter nie in die Wildnis gefolgt, wenn sie einen Einsatz hatte. Sie ist eine ausgebildete Polizistin und hat mir tausendmal eingeschärft ihr zu vertrauen. Polizisten mochten es nicht, wenn Zivilisten sich einmischten. Sie beschworen nur mehr Gefahr herauf. »Ich kann nicht anders, Mom!«, entschuldigte sie sich schon jetzt.

Sie versuchte sich auf ihre Aufgabe zu konzentrieren. Es hatte keinen Zweck, darüber nachzudenken, ob es richtig war, den Träumen von Wolfsfrau zu glauben und ihrer Mutter in die nächtliche Wildnis zu folgen. Solche Überlegungen lenkten nur ab und brachten sie unnötig in Gefahr. Im kanadischen Busch brauchte man alle Sinne, um eine mögliche Gefahr schon im Ansatz zu erkennen. Auch im 21. Jahrhundert war die Natur noch stärker als der Mensch, reichten selbst modernste technische Hilfsmittel nicht aus, um die tödliche Bedrohung durch einen Blizzard oder wilde Tiere auszuschließen. Und jetzt war Nacht und irgendwo in diesem dichten Schneetreiben wartete ein skrupelloser Bankräuber und Mörder.

Jessica erreichte den Waldrand und sah sich einem weiten Kahlschlag gegenüber. Hier reichte ihr den Schnee bis zu den Knien und sie schnallte ihre Schneeschuhe an um besser vorwärts zu kommen. Sie nahm ihre Taschenlampe aus der Brusttasche und leuchtete die Gegend ab. Schwarze Baumstümpfe und verkrüppelte Fichten ragten aus dem Schnee. Der Schnee wirkte wie ein weißes Laken, in das man Löcher gebrannt hatte. Sie schaltete die Lampe aus und steckte sie in die Tasche zurück. Der Lichtschein ihrer Stirnlampe reichte aus um die weite Senke zu durchqueren. Sie schlug ein schärferes Tempo an als vor einigen Tagen mit Joey, stapfte wie ein Trapper durch den Schnee, den das Jagdfieber gepackt hatte und der mit entsichertem Gewehr der Spur eines wilden Tieres folgte. Ihre festen Schritte ließen erkennen, dass sie oft auf Schneeschuhen gelaufen war.

Vor ihr tauchten die dunklen Schatten einiger Felsen auf. Sie kletterte eine Anhöhe hinauf und lehnte sich gegen den eiskalten Stein. »Ich bin verrückt«, stöhnte sie, »ich bin komplett verrückt!«

22

Die Nacht war dunkel und eisig kalt. Die wenigen Sterne, die zwischen den Wolken leuchteten, verloren sich in der unendlichen Weite des Himmels über der verschneiten Wildnis. Jessica schien allein auf der Welt zu sein, ein einsames Mädchen inmitten einer unermesslichen Wildnis, die am fernen Horizont mit der Dunkelheit verschmolz. Ihre Schneeschuhe gruben sich durch den tiefen Schnee und trugen sie nach Westen, am Waldrand entlang und über eine weite Ebene zum Ufer des zugefrorenen McLinchy Creek, der sich in zahlreichen Windungen durch den Busch zog.

Auf einer Anhöhe über dem schmalen Fluss blieb Jessica stehen. Sie blickte in die wirbelnden Schneeflocken und lauschte angestrengt. Eine Weile war nur das Rauschen des Windes zu hören. Er verfing sich in den Bäumen am Ufer und wehte feuchten Schnee von den Zweigen. Als sie die Böschung zum Fluss hinunterstieg und seinem Lauf nach Westen folgte, meldeten sich die Wölfe mit einem lang gezogenen Heulen. So laut und durchdringend war der unheimliche Laut, dass sie nach dem Revolver griff und ihn entsicherte. Die Wölfe schienen direkt vor ihr zu sein. Doch keines der Tiere ließ sich blicken und sie erkannte erleichtert, dass sie das Echo einer nahen Schlucht genarrt hatte. Sie steckte die Waffe langsam zurück. Als die Wölfe erneut heulten, hörte sie genau hin und entschied, dass sie ungefähr zwei oder drei Kilometer weiter westlich waren, wahrscheinlich in den Hügeln oberhalb des kleinen Sees, den der McLinchy Creek in den Ausläufern der Berge bildete. Aber sicher war sie nicht. Selbst Doug Winslow hatte sich in dieser Wildnis schon täuschen lassen. Sie sammelte neue Kraft und lief stetig weiter.

Die Sicht war gut und es gab kaum Hindernisse.

Nur einmal versperrte ihr ein umgestürzter Baum den Weg. Sie stieg hinüber und lief weiter. Als sie an einer Biegung stehen blieb und einen Schluck aus ihrer Thermosflasche nahm, erkannte sie einen Schatten am Ufer. Zuerst glaubte sie an eine Sinnestäuschung, dann sah sie erneut, wie sich etwas bewegte. Sie tat so, als hätte sie nichts bemerkt, legte die Thermosflasche in den Rucksack und schnallte ihn auf den Rücken. Mit einer langsamen Bewegung öffnete sie den Anorak und griff nach dem Revolver.

»Das würde ich schön bleiben lassen«, warnte sie eine Stimme aus der Dunkelheit. Der Lichtstrahl einer Taschenlampe traf sie mitten ins Gesicht und sie schloss erschrocken die Augen. Schritte näherten sich durch den Schnee. »Hab ich mir doch gedacht, dass du das bist! Jessica Barnett! Die blöde Göre, die Larry vor der Trapperhütte beinahe erschossen hätte! Ich hab dich im Fernsehen gesehen, Jessica! Bei meiner Stiefschwester. Hast mächtiges Glück gehabt, dass dich Larry nicht richtig erwischt hat! Das passiert ihm sonst nie!« Er lachte laut. »Und jetzt hast du wieder Glück! Ich erschieße dich nicht! Zumindest nicht gleich! Du bist meine Lebensversicherung! Solange du bei mir bist, schießen sie bestimmt nicht auf mich! Wenn sie nämlich schießen, bist du sofort tot, hast du verstanden?« Er wartete die Antwort des Mädchens nicht ab, sondern forderte: »Gib mir die Stirnlampe! Mach schon! Und dann bring mich hier raus!«

Er nahm ihr den Revolver weg und steckte ihn hinter seinen Gürtel. Ungeduldig verlangte er wieder die Stirnlampe. Jessica gab sie ihm und sah im flackernden Lichtschein, dass Dean Stockwell noch unsympathischer wirkte als auf den Bildern, die sie im Fernsehen gezeigt hatten. Er trug einen dicken Anorak, eine dicke Winterhose, feste Stiefel und eine gefütterte Mütze mit Ohrenklappen. Hinter seinem Gürtel steckten Handschuhe. In der rechten Hand hielt er einen Revolver. Als er das elastische Band mit der Stirnlampe über den Kopf zog und das Licht auf den Boden fiel, erkannte sie Schneeschuhe an seinen Stiefeln. Er war bestens gerüstet für eine Nacht in der verschneiten Wildnis, hatte wohl alle Vorkehrungen getroffen, um auch nach einer erzwungenen Landung in den Chilcotins überleben zu können. Dean Stockwell war kein dummer Städter, der in der Wildnis vor die Hunde gehen würde. Er war ein zäher Bursche. Er war aus einem der sichersten Zuchthäuser des Landes geflohen und hart genug um auch im Busch zu überleben. Gegen ihn kam sie nicht an.

»Was machst du hier draußen?«, fragte er. Er hielt immer noch den Revolver in der Hand. »Hast du nach mir gesucht? Wolltest dich wohl rächen, weil wir dir beinahe den Fangschuss gegeben hätten.«

Jessica überlegte, was sie sagen sollte. Er schien nicht zu wissen, dass ihre Mutter und Doug Winslow hinter ihm her waren, und durfte es auf keinen Fall erfahren. »Ich wollte die Wölfe vertreiben«, sagte sie schließlich, »ich will nicht, dass sie eines der Rinder oder Pferde reißen. Wir gehen alle auf Wolfsjagd, wenn sie so nahe sind!«

»Du willst mich wohl verarschen!«, erwiderte Dean Stockwell. Im Schein der Stirnlampe war sein breites Gesicht mit den grauen Augen deutlich zu erkennen. »Dafür gibt's Wolfsjäger! Ich hab noch nie erlebt, dass 'ne Göre wie du mitten in der Nacht in der Wildnis rumgeistert. Du hast gesehen, wie die Beaver abgestürzt ist, was? Hast wahrscheinlich die Polizei alarmiert! Und als du gehört hast, dass die Flugzeuge und die Hubschrauber bei dem Wetter nicht starten können, bist du selber losmarschiert, was?«

Jessica war froh, dass er trotz allem auf der falschen Fährte war, und zuckte lediglich mit den Schultern. Sie wunderte sich, wie gelassen sie reagierte. Ein anderes Mädchen, ob aus der Stadt oder dem kanadischen Busch, hätte vielleicht vor lauter Angst durchgedreht. Anscheinend besaß sie tatsächlich die seltene Gabe, im Augenblick einer großen Gefahr ruhig und überlegt zu reagieren. Ein Mensch, der in Panik geriet, machte alles nur noch viel schlimmer.

»Ich wusste nicht, dass Sie es waren.«

»Aber du hast dir die Hände gerieben, als du Larry gesehen hast, was? War er schon tot, als du ihn gefunden hast? Hat er dir vorgejammert, dass ich ihn im Stich gelassen hätte? Ich will dir was sagen, du verdammte Göre, er hätte genau dasselbe getan. Er hätte das Geld genommen und wäre verschwunden!« Er lachte wieder. »Aber er kennt sich in dieser verdammten Wildnis nicht aus! Er weiß nicht, was für 'ne Scheißgegend das ist! Selbst wenn er überlebt hätte, wäre er hier zugrunde gegangen!«

»Warum haben Sie die Kassiererin erschossen?«, fragte sie ihn und wusste selbst nicht, wie sie darauf kam. »Warum hat Larry Hatcher den Aufseher erstochen?« Sie wurde richtig wütend, als sie an die Toten dachte. »Warum müssen Sie dauernd morden?«

»Weil die verdammten Leute uns im Weg standen«,

antwortete er widerwillig. Er trieb sie mit einer Bewegung seines Revolvers an. »Und jetzt vorwärts! Du hast doch irgendwo einen Wagen stehen, einen Jeep oder so was! Bring mich hin, aber schnell!«

»Ich hab keinen Wagen«, erklärte Jessica. »Meine Mutter ist mit dem Blazer in Anahim Lake und einen Zweitwagen haben wir nicht.« Sie blieb stehen und blinzelte in das Licht seiner Stirnlampe. »Warum wollen Sie fliehen, Mr Stockwell? Die Polizei ist überall, und sobald es hell wird, schicken sie die Flugzeuge und die Hubschrauber! Sie kommen niemals von hier weg! Stellen Sie sich freiwillig, dann bekommen Sie vielleicht eine milde Strafe!«

Der Verbrecher lachte. »Das glaubst du doch selbst nicht, oder? Wenn sie mich erwischen, legen Sie mich um oder Sie sperren mich auf immer und ewig in eine Einzelzelle! Aber sie erwischen mich nicht! Weil du mich hier rausbringst! Hast du mich verstanden, verdammte Göre? Du findest einen Wagen und dann fahren wir zusammen weg! Und wenn du irgendwelche Tricks versuchst oder die Bullen auf mich schießen, leg ich dich um! Kapiert? Ich jag dir eine Kugel in den Kopf! Also streng dich an und führ mich zu einem Wagen, los!«

Jessica gehorchte und machte sich auf den Rückweg. Sie zermarterte sich ihr Gehirn nach einem Plan, wie sie den Verbrecher hintergehen und ihm entkommen könnte, aber ihr fiel nichts ein. Ihr blieb nichts anderes übrig als zu tun, was er von ihr verlangte. Niedergeschlagen stapfte sie über den zugefrorenen Fluss nach Osten zurück. Am fernen Horizont waren bereits die ersten hellen Streifen zu erkennen. In einer halben Stunde würde es hell sein und der erste Hubschrauber würde über der Absturzstelle auftauchen. Freuen konnte sie sich nicht darüber. Die Gefahr, dass Dean Stockwell die Nerven verlor und sie erschoss, wurde dadurch nur größer. Geiseln überlebten nur in Hollywoodfilmen.

Was würde Joey wohl sagen, wenn er erfuhr, dass sie sich in der Gewalt eines Mörders befand? Wie würden Bernie und Kathryn Hansen reagieren? Was würde ihre Mutter tun, wenn sie unverrichteter Dinge aus den Bergen zurückkehrte und erfuhr, dass Dean Stockwell ihre Tochter als Geisel genommen hatte? Jessica seufzte in Gedanken. Sie war selbst schuld, dass sie sich in dieser misslichen Lage befand. Nur eine Närrin nahm die Warnungen einer greisen Indianerin ernst und ging in der nächtlichen Wildnis auf Verbrecherjagd. Vor lauter Wut hätte sie sich am liebsten umgedreht und auf den Bankräuber gestürzt, aber ihre Vernunft siegte gerade noch rechtzeitig. »Sie sind ein Scheusal, Mr Stockwell!«, beschimpfte sie ihn stattdessen. »Sie sind ein gemeiner Mörder! Warum tun Sie das alles? Warum?«

»Halt's Maul!«, kam die ernüchternde Antwort. Die grimmige Miene des Bankräubers ließ keinen Zweifel daran, dass er bereit war die Waffe, die er immer noch in der ausgestreckten Hand hielt, auch zu gebrauchen. »Lauf weiter! Oder willst du, dass uns die Bullen aufspüren? Würde dir schlecht bekommen! Sobald sie auf mich schießen, knall ich dich ab!«

Jessica lief wortlos weiter. Sie blinzelte in die rotgoldene Sonne, die über den fernen Bergen aufging, und spürte, wie die ersten warmen Strahlen ihr neuen

Mut gaben. Sie folgte ihren eigenen Spuren, die noch deutlich im tiefen Schnee zu erkennen waren, die Böschung hinauf und drehte sich nach dem Verbrecher um. Im selben Augenblick sah sie die Wölfe. Dasselbe Rudel, das ihr gestern begegnet war, wie sie auf den ersten Blick erkannte. Sie kamen wie Gespenster über den zugefrorenen Fluss, mit federnden Schritten und aufgestellten Schwänzen und wie Soldaten, die einen Feind einkreisten. Das blutverschmierte Maul des Anführers war erwartungsvoll geöffnet, seine scharfen Reißzähne blitzten in der Morgensonne.

Sie hatten keine Chance gegen die sieben ausgewachsenen Tiere. Nicht einmal zwei tapfere Männer mit Schusswaffen hätten schnell genug schießen können um die Wölfe aufzuhalten. Das erkannte auch Dean Stockwell. »Verdammt!«, fluchte er, als er das verzerrte Gesicht des Mädchens sah und erschrocken herumfuhr. Ohne die geringste Warnung griffen die Wölfe an. Sie folgten dem lautlosen Befehl ihres Anführers und stürzten sich so plötzlich und mit einer solchen Entschlossenheit auf den Bankräuber, dass ihm keine Zeit blieb, einen Schuss abzufeuern. Bevor er den Abzug durchziehen konnte, hatte einer der Wölfe ihn am Handgelenk gepackt und zu Boden gerissen. Fauchend stürzten sich die anderen Wölfe auf ihr Opfer. Der Anführer biss ihm die Kehle durch.

Jessica stand wie zu Stein erstarrt. Fassungslos starrte sie auf die blutverschmierten Wölfe und ihr regloses Opfer. Dean Stockwell war tot und niemand würde ihr glauben, wie er gestorben war. Man würde annehmen, dass sie schamlos übertrieb, denn wie konnte ein Rudel in den Chilcotins wissen, was Dean

Stockwell vor vielen Jahren an einem ganz anderen Ort getan hatte? Nur Wolfsfrau, die greise Indianerin, würde sich genüsslich eine Zigarre anzünden und sagen: »So war es bestimmt.«

Immer noch unfähig sich zu bewegen beobachtete Jessica, wie die Wölfe den Ort des Grauens verließen. Die Tiere drehten sich nicht einmal nach ihr um, liefen davon, ohne sich weiter um den Toten zu kümmern, und verschwanden zwischen den Bäumen am Flussufer. Nur die blutige Spur, die sie im Schnee hinterließen, erinnerte noch an den Überfall. Sie zogen sich lautlos zurück, und als Jessica den leblosen Körper des toten Mannes mit Steinen und Fichtenzweigen zudeckte und der klagende Laut eines Wolfes durch die morgendliche Stille drang, schien er bereits weit entfernt zu sein.

Jessica steckte ihren Revolver hinter den Gürtel zurück. Die Waffe des Bankräubers und die Plastiktüte mit dem Geld verstaute sie in ihrem Rucksack. Erst jetzt fiel die scheinbare Ruhe von ihr ab. Sie lief ein paar Schritte und übergab sich mehrmals in den Schnee. Sie würgte, bis sie die bittere Galle auf ihrer Zunge schmeckte, öffnete rasch die Thermosflasche und trank von ihrem Tee. Nach ein paar Schlucken ging es ihr besser. Sie weinte nicht, fühlte lediglich, wie sich Erleichterung in ihr breit machte. Wolfsfrau hatte Recht gehabt. Die Wölfe waren auf ihrer Seite gewesen. Sie hatten den Bankräuber getötet, und wenn die alte Frau wirklich hellseherische Fähigkeiten besaß, würden sie ihr auch den Weg zu ihrer Mutter und Doug Winslow zeigen. Erwartungsvoll folgte sie den blutigen Spuren.

Das Handy war ihr keine Hilfe. In der Wildnis bekam sie kein Netz, und als sie auf einen Hügel kletterte und zumindest für einige Sekunden eine Verbindung hatte, hörte sie nur ein Rauschen. Sie beschloss auf ein altmodisches Mittel zurückzugreifen, spannte ihren Revolver und schoss mehrmals in die Luft. Ihre Mutter würde die Waffe am Klang erkennen. Sie schoss noch einmal um ihr zu zeigen, dass sie am Leben war, und verzog angewidert das Gesicht, als ihr der Pulverrauch in die Nase stieg. Sie steckte die Waffe zurück und wartete geduldig.

Nach einigen Minuten, die ihr wie eine halbe Ewigkeit erschienen, kam endlich Antwort. Drei Schüsse aus der Winchester von Doug Winslow. Den Klang dieser Waffe erkannte sogar Jessica. Ihre Mutter und der Cowboy waren ungefähr zwei Kilometer entfernt, südwestlich vom McLinchy Creek. Sie mussten Dean Stockwell dicht auf den Fersen gewesen sein. Jessica lief los, rannte beinahe und zwang sich erst langsamer zu gehen, als sie zweimal in den tiefen Schnee gefallen war. Sie lief querfeldein, folgte keinem vorgezeichneten Pfad und quälte sich über mehrere Hügel, bis sie den Schlitten in einer Senke stehen sah. »Mom! Doug!«, rief sie voller Freude und stolperte über den Hang nach unten, überschlug sich einmal und kam mühsam wieder auf ihren Schneeschuhen zu stehen. Sie erreichte den Hundeschlitten, stürzte wieder und rief: »Da seid ihr ja! Wo ist Mom? Wo ist Doug?« Sie blickte sich verzweifelt nach allen Seiten um.

Ein Stöhnen wies ihr die Richtung. Ihre Mutter und der Cowboy lagen unter einem Felsvorsprung auf einigen Fichtenzweigen, hatten sich mit entwurzeltem

Gestrüpp und einigen Steinen gegen das Schneetreiben geschützt. »Mom!«, rief Jessica erschrocken. Emily lag in den Armen des Cowboys, das linke Bein geschient und notdürftig verbunden, das Gesicht zu einem gequälten Lächeln verzogen. »Jess! Mein Gott, Jess!«, sagte sie nur. Jessica nahm sie vorsichtig in die Arme und drückte sie weinend und ihre Mutter beruhigte sie: »Ist halb so schlimm! Ich hab mir das Bein gebrochen, das ist alles! Das Schneetreiben war hier oben besonders stark und wir sind über den verdammten Abhang gestürzt!« Sie konnte schon wieder lachen.

Jessica richtete sich auf und wischte sich die Tränen aus den Augen. Sie blickte den Cowboy an. »Alles okay, Doug? Was ist mit eurem Funkgerät? Warum habt ihr nicht um Hilfe gerufen?«

»Das Funkgerät haben wir bei dem Sturz verloren«, antwortete Doug, »und allein lassen wollte ich deine Mutter nicht. Zu gefährlich! Wenn der Bankräuber gekommen wäre, hätte sie keine Chance gehabt. So schnell hätte ich nie Hilfe holen können!«

»Dean Stockwell ist tot«, erwiderte Jessica. Sie berichtete von dem Angriff der Wölfe und sagte mehrmals: »So war es wirklich!«, als sie die ungläubigen Mienen der anderen sah. Sie nahm den Rucksack ab und reichte ihrer Mutter die Plastiktüte mit dem Geld. »Das muss die Beute sein«, sagte sie.

Emily Barnett blickte ihre Tochter fassungslos an. Sie verzog das Gesicht, als sie sich bewegte, dann brachte sie ein Lächeln zustande und sagte: »Überleg dir das mit der Hotelfachschule! Vielleicht heuerst du besser bei der RCMP an! Die braucht tapfere Frauen wie dich!«

»Dieser eine Einsatz reicht mir, Mom! Ohne die Wölfe hätte ich es sowieso nicht geschafft! Wolfsfrau sagt, dass sie auf meiner Seite waren. Sie wollten sich an Dean Stockwell rächen, weil er ein grausamer Tierquäler war. Ich weiß, das klingt etwas abwegig …«

»Allerdings, Jess!«

Sie zündeten ein Feuer an und warteten geduldig, bis die Besatzung eines Hubschraubers sie entdeckte und neben ihnen landete. Die Männer schoben Emily auf einer Bahre in den Frachtraum und halfen Doug und Jessica auf ihre Sitze. In einer eleganten Kurve wendete der Pilot und hielt auf Anahim Lake zu.

»Würden Sie mich an der Clearwater Ranch absetzen?«, fragte Jessica den Piloten. Sie musste beinahe schreien um den Fluglärm zu übertönen. Zu ihrer Mutter und Doug Winslow sagte sie: »Ihr habt doch nichts dagegen, dass ich bei Joey vorbeischaue? Er weiß nicht, dass ich allein losgefahren bin, und wenn ich jetzt nicht zu ihm gehe, glaubt er vielleicht noch …«

»Schon gut«, schnitt Emily Barnett ihrer Tochter das Wort ab. Sie griff lächelnd nach Dougs Hand und fügte hinzu: »Wir wissen, wie das ist …«